惊鸿照影：

回望悠远历史里的十七个瞬间

沈东兴 著

北方文艺出版社

·哈尔滨·

图书在版编目（CIP）数据

惊鸿照影：回望悠远历史里的十七个瞬间 / 沈东兴
著 . —哈尔滨：北方文艺出版社，2022.8
ISBN 978-7-5317-5624-8

Ⅰ.①惊… Ⅱ.①沈… Ⅲ.①历史事件 - 中国 - 古代
Ⅳ.① K220.5

中国版本图书馆 CIP 数据核字（2022）第 096518 号

惊鸿照影：回望悠远历史里的十七个瞬间
JINGHONG ZHAOYING HUIWANG YOUYUAN LISHILI DE SHIQI GE SHUNJIAN

作　　者 / 沈东兴
责任编辑 / 富翔强　　　　　　　　　　封面设计 / 陈　姝

出版发行 / 北方文艺出版社　　　　　　邮　　编 / 150008
发行电话 / (0451) 86825533　　　　　经　　销 / 新华书店
地　　址 / 哈尔滨市南岗区宣庆小区 1 号楼　网　　址 / www.bfwy.com

印　　刷 / 涿州军迪印刷有限公司　　　　开　　本 / 710×1000　　1/16
字　　数 / 226 千字　　　　　　　　　　印　　张 / 17.5
版　　次 / 2022 年 8 月第 1 版　　　　　印　　次 / 2022 年 8 月第 1 次印刷

书　　号 / ISBN 978-7-5317-5624-8　　 定　　价 / 79.80 元

目　录

第一篇　商纣王朝歌乱政　姜太公牧野兴周

【典故与事件】酒池肉林；炮烙之法；虞芮之讼；西伯戡黎；孟津观兵；不食周粟；白鱼入舟；殷有三仁；以乱易暴；独夫民贼；牝鸡司晨；血流漂杵；牧野之战；求仁得仁

【经传与出处】《古本竹书纪年》《尚书》《逸周书》《史记》《吕氏春秋》《帝王世纪辑存》《说苑》《纣恶七十事发生的次第》《毛诗正义》《尚书大传》《水经注》《列女传》《韩诗外传》《〈六韬〉逸文》《〈国语〉伶州鸠所述武王伐纣天象及其年代》

帝辛，殷商末代君主，史称"商纣王"，是商朝第三十代君王帝乙的小儿子。帝辛名受，号受德。"纣"这个字，所谓"残义损善"，应该是世人为其后加的贬称，也有说法称是"受"字的演化，但确实不像是他的谥号。

按《吕氏春秋》的说法，原本帝乙想让帝辛的同母长兄微子启继承其位，但启母在生微子和次子中衍时还是妾的身份，后来成了帝乙的正妻才生下了受德，所以帝乙这一立长不立嫡的想法遭到了当时太史的强烈反对，最终帝乙作罢，立受为太子。但是，约一个半世纪以后，当司马迁写《殷本纪》的时候，他并不全部认同吕氏的说法。太史公因其落笔的惯常手法，一眼就看出启与纣同母的细节乃是吕不韦的臆造，实只为发一声"用法若此，不若无法"的感叹，而为其作为用法"当务"的理由。所以司马迁把启母和辛母分成了两个人，而只保留了嫡长子继为大宗的立嗣规则在商代就已成形的说法。

话说回来，即便历史上的帝辛果真如伪古文《泰誓》所称暴虐之极，难道帝乙就非得有先见之明立启而不立辛吗？而况微子尽管在史籍上饱受赞誉，与箕子及比干并称为殷商"三仁"，但现如今其早已背负了"里通外国"的恶名，以帝乙之远见卓识，他又该如何抉择。

史称帝辛识辨卓绝、才智敏捷；而且身材高大、膂力过人，可以徒手格挡猛兽，有"倒曳九牛，抚梁易柱"之能；以其睿智足以反驳群臣的谏议，凭其口才足以粉饰自己的过失；所以帝辛总在众臣面前自夸其能，以己声威自比天下，以为无人能出其右。帝辛即位之初，以西伯昌、九（鬼）侯、鄂（邢）侯为三公。为图江淮、东夷之地，以扫除后患为要，遂首先发兵据殷以北且亦显实力的有苏氏（今河北邢台沙河）部落。帝辛二年，有苏氏国君选择归降殷商，献其女妲己与帝辛，换得苏国暂时的安定。

史籍中一般都不会出现有关女性佳颜的描写，但从帝辛宠爱妲己的恶劣程度来看，要说有苏氏女长得不漂亮那是不可能的。按《列女传》所述，帝辛宠幸妲己是没有原则底线的，在其离宫别馆，只要是妲己喜欢的人就会得到重用，但如是妲己所憎之人则将遭到杀戮，所谓"忠谏者死，阿谀者赏"。所以说，帝辛完全已经到了唯妲己言听计从的地步。

除了喜爱美女，古代君王还有两大嗜好，就是酗酒和赏乐，帝辛当然不可能例外。为满足其与妲己纵酒声乐的欲望，帝辛下令在迤逦的沙丘（今河北邢台广宗）广建宫苑平台；在沫邑朝歌（今河南淇县）城筑南单之台，即所谓鹿台；还在沙丘以南、古黄河水道的东岸兴造了钜桥仓。史称商纣于各处营造倾宫琼室，前后工期达七年。为突显殷王无道，后世干脆把鹿台附会成为周围三里、高千尺的擎天巨建，倒反显夸张。

但论上古时代的经济产出，欲充盈鹿台、钜桥的钱粮却绝非易事。

作为当时最主要方国的君主，帝辛所能够做的唯一办法也就是加重民间赋税，以横征暴敛为其能事。结果，殷商的各处宫室充斥了狗马玩物、鸟兽珍禽；而且帝辛还别出心裁，在沙丘平台置"酒池肉林"，令男女侍从一丝不挂游逐其间，场内"牛饮者三千""无长幼之序、贵贱之礼"；在宫廷音乐方面，帝辛亦有新奇的追求，他强令当时的乐神师延演奏淫声艳曲，即所谓《北里》之舞和《靡靡》之乐；这还不算，帝辛又招集众多乐工优伶汇聚于沙丘宫，以伴乐长夜之饮。由于纵酒行乐无度，帝辛连当时的干支序日都忘了，也未尽其身为"王朝共主"而应当领衔敬奉神灵的职责，从而招致群臣诟病。当时的情形，正如诗中形容，"如蜩如螗，如沸如羹"。

时帝辛觊觎四方诸侯，扩张野心日益膨胀，其主要的开拓方向是东夷。但帝辛举兵东南方，几乎已经倾其国力的全部。为对付频生怨愤的百姓和不肯屈服的各路诸侯，帝辛一意孤行，实施重刑，竟以极度残忍的炮烙之法来处置囚徒和战俘。《列女传》中称所谓"炮烙之法"，是先在铜柱上遍涂膏油，再置于炭火之上烧烫。可能帝辛做过假如有人走过横柱便可以减轻或者赦免其罪的承诺，但当囚犯们走上又滑又烫的铜柱，大多数结果就是还走不到一半就会掉落到下面的炭火中被活活烧化。稍有怜悯之心的人见到如此场面至少也会心悸不适，但妲己却无动于衷，以笑置之。想必帝辛见此情景更不会有多余的表示。

当然，如果只往帝辛身上贴一张"纣王"的暴君标签，就过于狭隘了。作为当时中原地区最强大的奴隶制部落集团的总头目，在执政治国方面，帝辛亦有其强势且用意深刻的政治手腕。为加强自己的王权统治，帝辛刻意打压世袭贵族集团，提拔任用了一批出身一般但皆具特长的中下层官僚，如御者飞廉、猛士恶来、谋臣费仲、佞臣雷开及善营鱼盐的胶鬲等。飞廉、恶来是父子，是周代秦国王室的先祖，史称"恶来有力、飞廉善走"。而帝辛以西伯昌、九侯、鄂侯为三公的做法，则更显其驾驭外服的高明手段，如此既拉拢了四方诸侯，还将主要的政敌直接控制在陪都朝歌，使得外服诸侯几乎失去了机变的能力。另外，其沿袭帝乙遍祭先祖的周祭制度，借以压缩贵族势力可能的操作空间。直接见于史籍的，当然是帝辛推行的严刑峻法，这也是他巩固集权的手段之一。至于多项行政举措后来偏离了推进的初衷走了样，甚至引发了意料之外的恶果，那是在执行层面出了问题，在制度设计上还是很有针对性的。

史载九侯有一个贤惠的女儿，被帝辛看上纳在宫中。但因她不谙淫乐，触怒了帝辛，不但其女被杀，连累九侯也被帝辛一怒之下剁成了肉酱。鄂侯气愤不过，与帝辛强辩理论，说得急了一点，亦遭帝辛屠戮，其尸体被晒成了人干。西伯昌听闻变故，难免兔死狐悲，暗暗感叹殷王的无道。崇侯虎乘机向帝辛进谗言，说西伯昌私自"积善累德"，收买四方诸侯，长此以往会于殷王不利。于是帝辛立拘西伯昌，将之囚禁于羑里（今河南汤阴北）城中。

传说姬昌的长子伯邑考为质于殷，担任帝辛的近侍御者，在西伯昌遭囚的同时被抓，并很快遇害。帝辛令将伯邑考烹成肉汤，赐予西伯昌，说圣人是不会吃用自己的儿子做成的肉羹的。但姬昌还是吃了，未有其他表示。可能姬昌猜到了实情，而不顾失子之痛强行为之。帝辛得到禀报，志得意满，自言道，谁说西伯可堪圣人？吃了自己儿子的肉羹尚不知觉。

帝辛囚西伯昌七年，鉴于其在诸侯中的影响力，始终未下杀人决断。而姬昌身陷囹圄，心灵得到涤荡以致彻悟，虽心存忧患，亦潜心推演六十四卦，终成"周易"卦爻，进而在后来完善成其平衡阴阳的中道思想。

但是，人主遭禁，西伯昌的属臣闳夭、太颠、散宜生等人非常着急。满脸络腮胡子的闳夭跟散宜生等人最终商定的营救西伯昌的方案，是最古老也是最有效的办法，那就是向帝辛送礼。他们向有莘氏部落求得绝色美女，从骊戎部落觅得白肤红鬣、目如黄金的文马，从有熊氏部落征得九驷三十六匹骏马，还搜罗得来各类珍奇宝物，最后通过殷王宠臣费仲献与帝辛。帝辛见到美女、宝马和无数珍玩后大悦，说，只一物便足以保释西伯昌，何况还这么多！这一物，有可能指莘国美人，也可能是指骊戎文马，殷、周两国君臣对此心照不宣。

实际上，促使帝辛释放西伯昌的还有另外一个原因，就是当时多方诸侯为保姬昌，宁愿追随其一起被关到羑里城中。换句话说，就是姬周集团为营救西伯昌，联合四方诸侯给帝辛施加了巨大的政治压力，迫使帝辛最终让步。

西伯昌遇赦，帝辛不但给予了安抚，还赐予弓矢斧钺，授其代为征伐之权。帝辛亦为自己作了开脱，他告诉姬昌，说当年讲你坏话的人是崇侯虎，害你在羑里牢里虚度了这么多年。

此时的西伯昌却摆出了更高的姿态，他不计前嫌，表示愿意献出洛水（今陕西北洛河）西岸的土地，换请帝辛废除炮烙之刑。帝辛接受了这一请求，尽管他也知道这块飞地他是没法真正得到的。其实他还应该想到，这样做就会进一步增加姬昌在士人百姓心目中的好感。相传除了太颠、散宜生、南宫适、闳夭为"文王四友（四臣）"外，楚国先祖鬻熊还曾为文王之师，因为死得早，所以到周成王时期其曾孙熊绎才受封于楚，受子爵爵位。而史称帝辛此后更加倚重"善谀""好利"的费仲，致使国人离心；同期帝辛又启用一样善于"毁谗"的恶来，以致诸侯疏远。

姬昌返周，居于渭水北岸的程邑（今陕西咸阳东北），以太公望吕尚为师，共谋修德革殷经略。为增强国力，发展农牧生产，姬昌颁行"有亡荒阅"之法，约定如有奴隶逃亡，各部即展开联合搜捕，此法基本上改变了劳动力不断流失的状况，当然更得到了诸部方国首领及奴隶主阶层的普遍拥护。因为吕尚主责军事，所以如上之法并不见得出于其谋，但吕尚献与姬昌的兵谋奇计，却是西伯昌迅速在四方诸侯及百姓中建立威望的前提与基础。此后，各方归附甚多，只是在时机未显之前，西伯昌犹领六州诸侯朝贡于殷，以表示对帝辛一贯的臣服。

按《战国策》的说法，吕尚乃"齐之逐夫，朝歌之废屠，子良之逐臣"，七十岁还一事无成。其之所以成为西伯昌的重要谋臣，应该还是得益于姬昌求贤若渴的迫切之情。史载其志在"下屠屠牛，上屠屠国"，个人能力与才干毋庸置疑。司马迁在《史记·齐太公世家》里讲述了三种吕尚归于西岐的情形。第一种，已为世人耳熟能详，吕尚垂钓于渭水之滨的磻溪，西伯昌在出猎前先行占卜，签文预示将遇兴周之圣，后二人果然相见于渭水之阳。但是，这样两个地位悬殊的人在渭水之滨相遇相知一拍即合，从现实的角度理解，能够实现的概率太小了。在《水经注·清水》篇里，郦道元之于磻溪还有一说，称其位于汲郡（今河南卫辉西南）旧治城外西北，亦可能"太公尝钓于此"。第二种情形，称吕尚不愿在殷商为官，又难遇各路诸侯，遂投奔西伯昌。还有末一种情形似乎更接近于历史的本真，在姬昌被囚羑里的时候，吕尚即已与散宜生、闳夭相识，其亦参与了营救西伯昌的前期谋划及推进实施，后西伯昌返国，以吕尚为师。从现有历史材料判断，尽管吕尚后被封于东方的齐地，其先祖所生活的吕地亦可能在南阳一带，但就其本人的活动轨迹来看，朝歌、孟津、磻溪诸地明显与东方海滨相去甚远，所以其隐于海滨的说法可能与史实不符，当然也很难称其为"东海上人"。而更有可能的是，姜尚原本就生活于河东甚至关中渭水流域，以其博闻的名声，既与散宜生、闳夭等人熟识，姬昌对其至少也会有所耳闻，犯不着两人一定要在磻溪兹泉演绎所谓愿者上钩的把戏。

史称在吕尚等人的辅佐下，西伯昌修德行善，西岐政通人和、诸侯归附。其标志性事件，就是"断虞芮之讼"。当时河东地区最南端的两大方国虞（今山西平陆北）、芮（今陕西大荔县）两国为争夺一块土地而纠纷不断，始终无法平息。因为西伯昌宽仁为怀的美名已为天下所共知，所以虞芮两部首领一起入周寻求姬昌的公平裁决。但当他们进入周国地界，只见农人不占田埂，路人不挡通道；进入城邑，又见男人女人各行其路，白发老人不自提举；在西伯大庭，诸官以品阶为序，士谦让大夫，大夫谦让卿。二人相对怀惭，说："你我所争正是周人所耻；我等小人，踏入君子大庭，只会自取其辱。"不等西伯昌出来接见，两人立即罢讼东返。回国后，两国把原先争夺的土地空出来，以为"间原"。这件事情很快被广为传播，四方诸侯由此皆称西伯昌为受命之君，有四十多个部落先后归附于周。这一年，史称"文王受命"之年。

《诗经·大雅·绵》的九章前两句以"虞芮质厥成，文王蹶厥生"的诗文，对上述事件作了充分的肯定。但《尚书·周书》和《诗经·大雅》诸篇中反复提到文王接受商命乃至天命的诰誓与章句，其指向皆与文王之明德慎罚、勤政慈爱及赫赫武功有关，而后世著书立传者对文王受命元年的确立也多有各自的对错认同。延及近现代，一些学者以《逸周书·程寤》篇为据，置《尚书大传》及《史记》的说法于不顾而另开一说，找寻到了文王受命的新出处。实际上《逸周书》的"程寤"篇原已成佚文，因引录于多种典籍而存其片段，今有新出世的古代简牍而得以一些完善。"程寤"讲了一个占梦解梦的故事，但这一梦境是由文王正妃太姒叙述的。其梦见，在殷商朝堂，庭阙荒毁、荆棘丛生；其次子姬发把周庭的梓树移植到商庭，竟长成了松柏棫柞；其意实指商廷诸臣中多为奸佞小人，而周廷内则皆为国之栋梁、治政的贤才。太姒惊醒后，将梦到的情景告诉了姬昌。姬昌亦显震惊，遂叫来姬发商议，决定占卜于明堂。结果西伯与太子姬发均占得吉梦，经阐释解梦的结论，得篇中所谓"受商命于皇上帝"的兆示，意即姬周非但要革商命，而且还将取代之。而篇首所载的"惟王元祀"四字应该就是这件事情发生的纪年标记，很自然地被理解为文王受命元年。

"太姒之梦"应该不是编造出来的，从中反推出来的周人接受商命的根据也不像是牵强附会，只不过太姒做的这个梦与文王受命元年没有必然的联系，不好视其为文王改元的标志；古人有一说，称"所征无敌，谓之受天命"，所以把诸侯归附理解为接受天命并无不妥；而《程寤》篇实质是周公姬旦摄政时期为宣示姬姓正统所进行的对文、武逸事的追记，在姬周还未正式造反的当时，姬昌是不敢把这个梦告诉给外人听的；相较于虞芮息讼事后周国的威望在四方诸侯眼中如日般蒸腾向上而成天下公认的事实，太姒之梦只能私底下流传于姬周集团的内部，断不可能成为文王受命的理论依据；而"文王"的称谓是太子姬发称王后追尊其父的谥号，与《周本纪》以"虞芮之讼"作为文王受命的标志而遭遇到姬昌称王是否为既成事实的疑问一样，在帝辛高登鹿台挥斥天下的时候，怎么可以能有两个天下共主并存于世。所以在"太姒之梦"发生的当时，西伯昌肯定不认为其正室做的一个梦会是他家姬姓王朝名义上的开端。所谓文王受命的纪年亦是后世文人对这一非常时期所做的特殊标记。如今重新审视这段史料，能够提炼出来的意义亦超不过后来周公姬旦为之宣扬的用意所在。

除前述外，在西晋皇甫谧所著《帝王世纪》的辑存里还有一句更为明确的描述，称"文王即位四十二年，岁在鹑火，文王于是更为受命元年，始称王矣"。"称王"不值再评，但这句话不仅肯定了文王受命的事实存在，似乎还为后人明确受命之年的具体年份提供了可能。至当代，某些学者凭借现今所掌握的天文学理论及技术，以各类史籍所载如"岁在鹑火""五星合聚"及干支月相的记录为依据，推算出了符合文王受命的多个年份选项，进而择其最优者以为成果。在史学研究中，这类做法就是做学问做过了头。"岁在鹑火"的天象是指木星运行到鹑火星次的位置上，其分野正对周。但史籍所记的天象经常被发现与天文学测算的结果不相一致甚至相差甚远。很多古籍史料，因其受制于成书时的各种局限，形成了矛盾众多、疑窦遍藏的现实状况，而今拿不确定的材料来进行确定的推断，如何指望服众。如钱穆先生在其《中国史学名著》之《尚书》篇的讲义稿中评价顾颉刚先生强行以白话文翻译《尚书》及其所为的辨伪工作时所说，"这些都是做学问走错了路的"，钻了牛角尖。

按《尚书大传·周传》的说法，文王受命二年，姬昌率师征伐邘（今河南沁阳西北）国，三年，再伐密须（今甘肃灵台西南）氏。密须氏首领当时被公认为天下明君，所以当姬昌问计于太公吕尚是否可以出兵时，其三子管叔鲜竟以为不可。但姜尚援引西岐先君之训，以"伐逆不伐顺，伐险不伐易"的方略，指出欲翦商兴周，必先破密须氏，以绝周国侧翼之患。姬昌遂依议而行，在扫除了密须氏左右的小邦阮（今甘肃灵台北）、共（今甘肃泾川）诸部后，领军直取密须。密须部民放弃抵抗，绑缚其首领归顺了西岐。在《诗经·大雅·皇矣》篇的正义注疏里，提到与周军对抗的小邦诸侯里还有所谓"徂国"，实际上这只是后人望文生义的曲解，毕竟从诗歌里能够透露出来的信息实在有限。

文王受命四年，周正月，丙子朔，岐周突遭昆夷氏入侵。其时姬昌可能依然驻于程邑，而西岐周边的外族形势，如《毛诗正义》在《诗经·小雅·采薇》篇的序里所谓，"西方有昆夷之患，北方有玁狁之难"，既显紧迫而不容轻视。昆夷又称犬夷，即西戎，玁狁又称猃狁，即北狄。是时昆夷部众一日之内三攻周都东门，姬昌为避敌锋芒，闭门不战。但在昆夷退兵后，西伯昌立即纠集大军，以殷王名义，令南仲为将反击戎狄。周军战车在"杨柳依依"时节北征，先攻玁狁，并重创其各部。旋即周军转兵西向，赶在入冬前大败昆夷，大军于岁末年初"雨雪霏霏"之际奏凯回师。

近现代学者认为"文王之属"南仲是宣王时期将领，主要依据是现已不存的焦山鼎铭文；另外，在《帝王世纪》中，皇甫谧也将南仲列在周宣王时期；不过宋代王安石在其《桂州新城记》中认为，"文王之兴"，"城于朔方"，是以南仲，而"宣王之起""城彼东方"，是以仲山甫。至于周宣王时期是否另有南仲或其后人，本文难做追究。

文王受命五年，更多诸侯归附于岐周，西伯姬昌遂整军攻伐黎（今山西长治西南）国。黎国在史书上也被记为耆国，彼时该国颇具实力，因其是殷商附属，久踞太行山西缘腹地，而成为拱卫殷商后翼的屏障，当然也成了姬昌图谋灭殷的最大障碍。可能由于黎国上下疏于对姬周的防备，黎国很快被西伯昌击败，近于灭国。殷商贤臣祖伊跑着来报帝辛，苦劝殷王收敛暴虐的苛政；修德养民，谨奉神灵，以安天命；当然更要防范西伯昌日益显露的反意。据传祖伊是商汤名臣仲虺的后裔，任姓，古薛国（今山东滕州南）首领。在当时，薛、殷之间应该存在着比较牢固的同盟关系，所以祖伊自然成为帝辛的重臣。奈何帝辛不听祖伊劝谏，反倒说，我既承天命，死生亦已注定，西伯有其命乎。祖伊只能感叹，汝罪孽深重；天将罚汝而不肯易辙，竟"责命于天"；"殷之即丧"在汝暴政。

西伯昌头顶着殷王名义四面征伐，在接连剪除掉作为殷商羽翼的多个大小诸侯方国后，姬昌逐渐探摸到了帝辛的最后底线，即其沿太行山一线南至黄河以东地区，是殷商所谓核心利益的区域边界，一旦触碰，殷周势必陷于天子与诸侯之间的名分决战。文王受命六年，为稳固关陇形势、解除侧翼威胁，西伯姬昌重整大军，转攻渭水南岸的崇国（今陕西西安鄠邑）。

彼时的崇国君主即是崇侯虎，其祖先崇伯鲧是中国历史上第一代奴隶制王朝"夏"的开朝之主大禹的生父，所以崇伯鲧又被称为夏鲧。史称"夏鲧作城"是城郭之始，但其所做的"三仞之城"已与崇侯虎经营累年的"崇墉"不可比拟，所以当周军配备云梯、冲车围战崇国都城时，竟连攻一个月不能破城。无奈姬昌停止攻击，筑垒困城，遂行军祭。西伯令将用于记功的从杀死的敌军那里割下的耳朵献作祭礼，并重申军令，毋擅杀人、毋毁坏房屋、毋填水井、毋伐树木、毋动六畜，违令者死。

在强战与攻心并举之下，崇国人再难坚守，遂举城降周，崇侯虎的个人命运亦到此为止了。

崇国灭亡，崇侯虎被诛，西伯昌终于安心地洗了个澡。经年累月的征战，已使姬昌力不从心。有关"周王寿考"的问题，史料记载迷雾重重。《尚书·无逸》篇里说，"文王受命惟中身，厥享国五十年"，猜测彼时的西伯昌应在六十岁上下，不像《毛诗正义》所说在其受命元年已八十九岁高龄。古人妄测远古圣贤的超长寿数，这在史籍中显成定式，不符合生命科学的普通认知，也缺少事实依据。亦如文王德行天下的事迹在各类史籍中广受称颂，一样与当时实际存在偏差。史称姬昌有圣德、施行美政，故小民安之而诸侯咸服。孔子在《论语·泰伯》篇里也说，当时的周国"三分天下有其二，以服事殷。周之德，可谓至德"。但西伯昌能够在天下诸侯中赢得这样至高的地位，不可能仅靠其广受赞誉的德行，同时必须还要倚仗其强大的军事实力。所谓"大国畏其力，小国怀其德"，自然是德义与武力并用的效果。

史书没有明确当西伯昌攻占了原属殷商半壁版图之上的西部各路诸侯方国后殷王帝辛却依然无动于衷的原因。其实造成这一现象的真正缘由并非来自其极端的腐败荒淫和怠政，从史书上只言片语的记录中所透露出来的讯息看，实际上当时殷商的主要作战力量的重心还是放在东夷和黄淮方向，帝辛的确腾不出手来予以反击。在《左传·昭公四年》里就讲到，帝辛指挥军队西往黎国进行狩猎，东夷便乘机在背后发动了进攻。当然由于殷王帝辛的自信和偏执，其轻重缓急的战略选择亦发生了重大失误，没有预见到岐周能够在短短几年时间里完成整合各方力量并敢于与其作战略决战，从而客观上纵容了姬周集团在西方的快速崛起。

反观崇侯虎的身死国灭，对于岐周来讲意义极大。不但姬昌惦念已久的后顾之忧与仇恨一朝得解，而且还给其在渭水南岸的发展腾出了空间，同时也为躲避戎狄的袭扰创造了条件。所以就在崇国破亡的当年，姬昌便令在沣水西岸修筑丰邑（今陕西西安鄠邑北），既而建成十里之围。文王受命七年，西伯昌迁都于丰。其后，姬昌召周公旦于丰邑西郊筑灵台，得益于民心所附、庶民出力踊跃，灵台亦很快建成。沣水河是渭河南侧支流，主要呈南北走向，沣河两岸是当时周国绝佳的生息之所，未来也将成为武王灭殷的后方基地。时隔不久，太子发经过龟卜之占，选址沣河东岸偏北营造镐邑（今陕西西安长安），与丰邑隔河相望，遂成"丰镐"之谓。史称姬发亦设政教机构于镐，行辟雍之礼，感化教导四方归服之众。

从史料上看，姬昌生前的最后几年应该就是在丰邑度过的。是年季秋，九月甲子日，天命归周。有赤雀衔丹书入丰邑，落在姬昌所住的屋子上，传达了如上明确的信息。这当然是传说，在《墨子·非攻下》中，此类吉兆被说成"赤鸟衔珪，降周之岐社"，这可能就是后来"凤鸣岐山"的出处。据当代学者考证，实际上，赤鸟集于周社是当时史官的观象实录，是指朱雀宫鹑火星次的柳、星、张三宿与鹑尾次的翼宿组成的鸟形天象，自丰邑西望日落，四星宿在霞光中如赤鸟凌空于岐山之顶。岐山，是周人兴盛之地，周室社稷所在。

姬昌遂召姜尚问："争权天下，以何为先？"姜尚答："以人为先；若'人与地称'，则万事皆备；君主待士，不以为臣而以为友，如是，既得贤士，天下可夺。"姬昌说："周国地窄人少，何以访得贤士？"姜尚胸中早有宏论，他说："天下有地，贤者得之；天下有粟，贤者食之；天下有民，贤者收之；所谓天下，不可能永属一人，自当有贤者取而代之；以己谦逊待人礼贤下士，何人不来？以己之尊任人曲直，谁不能得？委屈人下一时，终居万人之上，唯圣贤可为。"姬昌领悟，说"善"，遂令铸刻金板，挂出招贤榜。随后姬昌亲自召见贤良六人，主动前来求见而予以接见的贤能就有七十人，在周受姬昌感召而以友相称的贤士更过千人。

形势发展到当时，"周虽旧邦，其命维新"的端倪已经显露，殷商和姬周两方互成忧患的局面渐渐形成。在《韩非子·喻老》篇里记有一则别有意味的故事，帝辛听说周国存有一套非常珍贵的玉版典籍，遂遣贤臣胶鬲前往索取。胶鬲是鱼盐贩子出身，先前正是因为姬昌相中了他的才能而把他举荐给了殷王，但此番胶鬲奉命而来，姬昌却将他空手打发了回去。帝辛不死心，又派佞臣费仲再往讨要。当初姬昌从羑里获释就是搭上了费仲这条线，尽管费仲无道且为殷王心腹，但他祸害的是殷商朝堂，姬昌求之不得，于是西伯将玉版做了顺水人情。姬昌这样做可能是对他当年诚意推荐胶鬲给帝辛的修正，以一般逻辑判断，殷商向周国索要玉版的行为当然是一种试探，但姬昌成全费仲却不予胶鬲的做法显然也是刻意而为。

由于殷商在东南方向的连续用兵，国力渐损。但也因为殷师未遇挫败，致使帝辛日益骄横、百官跋扈而国民懈怠，殷周两国的实力对比正慢慢发生倾斜。能看出其中风险的人不是没有，如辛甲大夫之流，七十五谏但殷王不听，后无奈投奔周国，在周得到召（shào）公姬奭的赏识，被引荐与西伯昌，其后任武王太史，成为姬周公卿。更有微子、箕子、梅伯、王子比干诸殷室贵胄屡进谏言，而帝辛亦置若罔闻。箕子是帝辛的叔父，早先就曾指出过帝辛的骄奢淫逸。初时帝辛刚用象牙筷子，箕子见了自叹道，有了象牙箸，就不会再用土碗陶罐了，必定想用犀玉之杯；有了玉器杯盘，必然奢求山珍海味、飞禽走兽；自始宫室车马无度，强国无望矣。所以箕子在帝辛初露淫逸之风的时候就曾劝谏过他，但以帝辛之性情，又惯于自以为是，任何人也别想使其改弦更张。

文王受命九年，暮春三月，西伯昌预感来日不多，于镐邑传授太子发以其经年积成之"所保所守"的义理。姬昌首先阐明其"厚德广惠，忠信志爱"之道，和作为一个贤明人君不应逾越的行事规范；接着重点阐述"务积聚"、尊"四时"之理的极端重要性；最后，西伯昌告诫其子，集权在手，令行禁止，绝不可失其权柄。是年，西伯昌寿终，归葬于丰邑以西三十里的毕。太子发随后即位，史称周武王，其以太公望姜尚为师，周公旦为主辅，召公奭、毕公高为佐臣。姬发正室邑姜，其实就是姜尚之女，生姬诵、唐叔虞。姬诵就是后来的成王。

姬发执政伊始，奉行姬昌时期的既定方略，表面上臣服于殷商，背地里则积蓄力量、广纳贤才，蛰伏待机。此外，姬发秘密派出多路斥候谍报至殷，以窥探并搜集殷王朝政治、经济、军事等各领域的动向与实情。最初返回的密探称，殷室已乱。姬发追问："怎么个乱法？"斥候说："谗佞得势、忠良不用。"姬发听罢似思亦语，殷王尚存天命，时机远未到来。

为动摇殷商上层集团的统治基础，分化在殷商朝堂尚存影响力的宗亲良臣，姬周高层亦采用了为后世屡试不爽又屡见不鲜的阴险手法，即收买瓦解的策略。《吕氏春秋·季冬纪·诚廉》篇里就讲到，姬发曾指使周公旦在四内与胶鬲私定盟约，许以官居一品、爵升三等的优厚回报，盟书一式三份，歃血为凭。同样的手法，姬发让召公与微子启在共头山（今河南辉县共首山）下结盟，许诺只要微子放弃支持殷王，便保微子一系常奉殷祀、世代为侯，一样"三书同辞""血之以牲"。当然，吕氏手下这帮门客写的文章不免夸张，但总不至于空穴来风、胡编乱造。

所以在"武王伐纣"之前，就已有人认为"周德衰矣"，其典型代表就是伯夷、叔齐。伯夷、叔齐是商封孤竹（今河北卢龙南）国君的长子与少子，俩人真名墨胎允、墨胎致，夷、齐是他们的谥号。传说伯夷、叔齐在其父死后均不肯继位孤竹国君，先后逃出孤竹城，他们听说西伯昌"笃仁、敬老"，遂相携前往西岐。

但是遗憾的是，当俩人辗转来到岐阳的时候，西伯昌已经死了，姬发在位，其时自称太子发。当伯夷、叔齐洞悉周国意图颠覆殷商统治的种种行径后，他俩相视而笑，说，这可不是吾辈所循之道啊。观其二人当时的理想主张，两人自谓凡人处世，治世可以投身报国，而浊世则只能独善其身。所以他们以为，与其在周辱没自身名节，不如远避以谋求洁身守道。即便在天下昏暗的时刻，他们依然不认同周国乘机革殷代兴的做法，相反以为固守君臣本分那才是至仁之道。为坚守仁德之志，伯夷、叔齐选择以其德义为重、以其身体为轻，徙隐首阳山，从此"采薇而食""不食周粟"。首阳山重名众多，比较符合当时情形的首阳山有两处，一是今山西永济南首阳山，一是今河南偃师邙岭首阳山。

文王受命十一年，姬发丧满除服，在毕祭扫了其父的陵寝后，突然挥师东进。姬发令将其父姬昌的木刻神主车载于中军，以示其奉父命征伐，不敢擅专。其时，得知周师东进，各路诸侯闻风而动。是年四月，在孟津（今河南孟津东，古黄河渡口）钩陈垒，"八百诸侯，不期而会"。看到有这么多部落方国挥兵相随，姬发观兵孟津的意图实际已经达成。尽管其表现谦逊，但赏罚之制亦已颁告在先，其晓谕诸官各部恪守军规，遵照执行。于是姜尚号令各舟楫主官苍兕，集结所部、齐备桨橹、离岸北渡，并且严令拖延后至者斩。史载姬发的渡船行至黄河中流，有白鱼跃入船舱，姬发亲手捉起白鱼，燔祭告天。

古人以为鱼身覆鳞，象征兵战，而白色是当时殷商正色，所以"白鱼入舟"显然是周师胜殷的吉兆。当时的人们因为其科学认知的局限及各自立场的殊异，把动物的自然反应理解为天示凶吉也算情有可原，但南朝时期的《宋书·符瑞志》却为如上典故增添了更多的细节。其称当时姬发看到鱼目下有赤色文字，姬发欲照着写下来，鱼文已瞬间消失。《宋书·符瑞志》记录有涉及历代帝王的神奇征候无数，且动不动就提及有字形图案的幻景出现，完全是胡编滥造，所以其在《宋书》各志中的地位极低。有意思的是，尽管其妖言惑众、混淆视听，后来却成为《封神演义》的绝好素材。

周师与四方诸部既渡黄河北岸，又见火流星从天而下。传说流火落到姬发所住的房屋上，化为三足赤乌，鸣叫之声撼人心魄。多方诸侯"不谋同辞"，皆认为伐殷时机已成，应即时东进。但姬发顾虑殷商兵民俱多、贤臣尚在，遂以天命未知，否决了进兵提议。随后姬发令下还师，全军撤回。

一回到周国，姬发适时提升了一下自我的修养。其见有人中暑倒在路边，遂亲自上前救助。他左手扶起病患，右手为其挥扇；一举一动，极尽恳切；一副爱民的风范、贤君的模样。

不过应该看到，即便姬发为依靠众民、邀买人心而故作善举，亦体现出了其反哺国民福祉的些许诚意，毕竟与民同心才能得到人民的真正拥护。而彼时的殷王帝辛，正坐在沬邑朝歌的宫室里纵情肆欲，"昏乱暴虐"更甚于前；马上，其就将迎来众叛亲离的不利局面；他自以为一切皆为其掌控，但他未曾想到，当各方势力分崩离析，瞬间他将掌控不住任何东西。

有关殷商将亡的警示，当然先得由神明做出。《国语·周语》中说，商亡之际，"夷羊在牧"，寓有怪兽出没于商郊，实指有大贤将兴。微子看见国中动荡、天灾将临，欲以死谏。但他也知道帝辛政乱至此，再谏无益，无奈向父师箕子、少师比干请教出路。箕子也认为虽然"国治身死不恨"，但国治既已无望，建议微子不如去殷，以保殷祀不绝。但是微子既是帝辛的庶兄，同时亦是殷王人臣，所以微子还得为自己的叛逃寻找到一条说得过去的理由。

王子比干，应该也是帝辛的叔父。他没有对微子与箕子的言行做出过批评，但他以其个人行止否定了二人的主张。比干自叹，君有过失，身为人臣唯直言进谏，否则便辜负了百姓的期望；但君王不听，则只有以死抗争；所谓"主过不谏，非忠"，"畏死不言，非勇"，进谏言只是为人臣的本分。所以比干后来的做法亦不失强硬，他连续三天待在帝辛身旁，寸步不离，劝谏不止。帝辛实在腻烦不过，问比干凭什么坚持至此。

比干回答："行善修德，以仁义自持。"言下之意，殷王缺德少善，何谈仁义。帝辛暴怒，说："你自比圣贤，我听人讲圣人其心皆有七窍，我倒要看看是否属实！"殷王遂杀比干，并命人残忍地剖开了比干的遗体。可是当帝辛真切地面对比干那颗不再跳动的心脏时，竟也没看出个所以然来，只是胸间怒火回荡，怅恨交集。

箕子的内心实则更为复杂。他没有微子那样想得开，箕子以为臣谏不听而去，只会昭彰君王罪恶而取悦小民，作为帝辛长辈，其不堪此为。但时势的变化显然已经失控，比干的惨死给箕子以极大的震动。为躲避日后覆国的责任，箕子选择披发佯狂，甘愿为奴。在帝辛将其囚禁后，箕子鼓琴悲叹，演"箕子操"，以表心迹。

帝辛的残暴，自然也让微子看清楚了自己的处境。微子以为，"人臣三谏不听"，可谓仁至义尽。于是微子不辞而别，远行山野。在《论语·微子》篇里，孔子以微子、箕子和比干三人仁极智穷，称之为殷商"三仁"。史称殷有三仁，志同行异，而王子比干因其执着的心性强谏遇杀，命运最为悲惨。三仁的遭遇迅速被周国暗探回报给了姬发，谍报所称，殷室愈乱。姬发问诸详情，密探回答，微子已出走。姬发思忖道，帝辛天命未绝，姬周战机尚待。

在殷王朝贵族阶层亦招致王权的沉重打击后，其上层建筑迅速分崩离析。传说贤臣商容是殷室分管礼乐仪仗的官员，其意以正音感化殷王不成反遭罢黜，不得已徙隐太行山中；殷作册内史向挚判断帝辛昏聩已极，毅然车载图籍典册逃亡岐周；大师疵、少师彊是当时殷室朝堂有名的乐师，两人踅摸下来感觉不妙，亦抱着珍贵的礼乐器物西投了周国。夏、商、周三代的乐师不像后建各朝，实具有很高的政治地位，诸如巫卜祝官、史官、乐正之属，都是可以直接参与朝政的僚臣。相当多的近侍朝臣的连续叛离一定程度上反映了当时殷商王朝的各层级官员已很难与帝辛共处一堂的真实状况，而帝辛难以自制的暴虐性情亦使得许多惨绝人寰的残酷行径于殷商末年在其手中接连出现。

稍稍浏览一下历朝历代的史评文献，有关帝辛的残暴应该是坐实了的。不过就事论事，许多言之凿凿的恶行恶状真要罗织于帝辛的名下似乎亦难十分令人信服，大多数存在于史籍中的论述几乎都是后来人无根无据的揣摩之作。在顾颉刚先生所论的《纣恶七十事的发生次第》文中，除了帝辛沉迷酒色、怠于祭祀和压迫三仁诸事外，差不多把其余出现于古代文献中意为信据的暴行都给否定了。为人所熟知而显被混淆的纣恶之事简述三例如下。

《吕氏春秋·贵直论·过理》一节记叙有帝辛的两件罪状："截涉者胫而视其髓，杀梅伯而遗文王其醢"。在北魏郦道元的《水经注·淇水》篇里，又将前条的情节进行了细化，其称晨间有老人欲渡河，但沉吟岸上良久未敢下水，不巧纣王看到了问其亲随何故，左右人搞不清楚原因竟胡乱说，老者骨髓中空因而怕冷。偏偏纣王要弄个究竟，命人将老者小腿砍断，以观其骨髓形状；后一条中，作为帝辛的长辈，梅伯亦遭醢刑，被剁成了肉酱。此宗罪案可能确有其事，因为《楚辞》里也是这么说的，但皇甫谧在《帝王世纪》里却明明讲到殷王令送与姬昌的是其长子伯邑考的肉羹；另外，在《尚书·泰誓上》里，武王数纣之恶，称其"焚炙忠良，刳剔孕妇"，而皇甫谧则干脆指名道姓，称纣王令剖比干之妻，"以视其胎"。

其他见诸史书的恶行，如殷纣六月猎于西郊而失民时，因熊掌没有煮烂而杀庖厨，等等，偏主观地讲，不要说帝辛，历史上其他任何名声稍差一点的君王都干得出来。所以子贡在《论语·子张》篇里说，"纣之不善，不如是之甚也。是以君子恶居下流，天下之恶皆归焉"。再客观地讲，导致一个王朝灭亡的原因尽管有偶然性的因素，但必然性的成分一定占大头。所谓兴衰所系，民心向背。尽管文王、武王有刻意追求民意之嫌，但老百姓毕竟得到了善待。反观帝辛，一味对外扩张，穷兵黩武，百姓难堪其累。可以这样认为，这么多恶行的真实性其实并不需要姬周的胜利者出来为其背书，虽然具体事例不好确证，但并不等于各类史籍中不厌其烦地记录帝辛的残暴与骄奢的文字一定都是历代儒生的曲意落笔所致，其暴虐的行为一定为当时世人所目睹，其中一部分记载一定也是真实的。

　　当斥候再一次由殷商飞驰返周的时候，姬发似乎是有所期待的。谍报称，殷乱至甚！当然姬发还要问："何称至乱？"斥候答："百官不敢怨言，小民不出谤词。"姬发听后大悦，赶紧召太公吕尚商议当前局势。姜尚分析说："如今殷室朝堂奸佞当道、谗陷忠良，此信义遭'戮'之征；而贤臣仁者纷纷出走，此国运将'崩'之兆；其人不敢非议谤怨，此谓殷纣'刑胜'残暴之实。殷王昏乱至此，其势已极，恐难再维持日久。"

　　姬发遂下决断，即刻传令四方诸侯，集结伐殷。其令称，今殷王暴虐，朝堂荒乱，箕子遭囚；帝辛酗酒好色，不祀神祇，不奉宗庙；听妇人之言，纵妲己参政，宠幸娈妾，姑息养奸；赏赐无功，刑罚无罪；不举贤才，滥用顽愚；不循法度，剖比干心、斮老者胫、刳剔孕妇，杀三不辜；众民不服，执守法典之臣亦出奔周国。是令，姬发遍告诸侯，殷受有逆天大罪，必全力讨伐之。

　　文王受命十三年，"一月壬辰""旁死魄"，这一天是周正月初二日。次日癸巳，初三日，姬发自周起兵，亦以其父姬昌的木刻神主为尊，挥兵东征伐殷。史称姬发倾其周国主力，领虎贲猛士三千、战车三百乘、带甲武士四万五千，沿两年前的旧途浩荡东进，直取孟津渡。

　　本文赘述，有关武王出兵的具体日期，录于《逸周书·世俘解》里的记载与前叙有所偏差，其记"一月丙午（旧为丙辰），旁生魄"，即当月十六日，"翼日丁未（旧为丁巳）"，十七日，姬发自周东征。这半个月的出入，当然说明不了前后两者的是非对错，而且这两种说法都可能与史实不符。有说法称这是由姬发与周师的出征日期不同造成的，丙午日应该是武王与其军会合的日子，次日丁未，全军归于其麾下。

审视当时形势，尽管周师东进孟津有千里之遥，但按史书设定，趁殷军主力东征夷方，以周师为主体的诸部联军疾攻殷都朝歌的态势是非常明确的，所以这也注定了周师只能以高强度行军一路向东，冀望抢得有利的交战时机。

孟津，又称盟津，其古渡口大致位于今河南省孟津县东、北邙山下黄河南岸。此一津渡，是武王伐殷的真正起点，亦是两年前帝辛隐忍不发的红线终点。再往前跨一步，就等于向世人宣告了周师东进的真实企图，殷国不可能还置之不理。而帝辛将以怎样的方式方法来应对，则完全取决于其个人的判断和选择。但是实际上，在姬发的内心深处，却还存有一个其亦不敢触碰的隐忧，时常游移在他的胸间，恍惚着他的心神。把这一愁绪的症结揪出来令姬发直面以对的人，是伯夷、叔齐；而帮助其解开这个心结的人，是太公望和周公旦。历史上伯夷、叔齐"叩马而谏"的传说有可能就发生在这里，本地至今亦设有以会盟镇、扣马村命名的镇村两级行政单位。古扣马村里还保留有明代镌刻的"重迁古夷齐祠碑记"的碑刻遗存。

以伯夷、叔齐的思想境界，只能把姬发聚众伐殷的行为理解为"扬梦以说众，杀伐以要利"，当然是一种"以乱易暴"的反叛行径。所以当姬发急欲整军东进的时候，隐居在首阳山上的伯夷、叔齐突然现身于周师营前，在拉住姬发的马头于仓促间进谏的两句话就直撞姬发的胸腹与心魄。伯夷、叔齐设问谏言，"父死不葬"，就动干戈，算有孝心吗？以下犯上，"以臣弑君"，称得上仁义吗？姬发自然语塞。其左右侍卫见此情形，皆欲刀枪相向，被姜尚拦住了。太公以此二人为义人，赶紧下令将伯夷、叔齐拖走了。

司马迁写《伯夷列传第一》篇，其只用很小的篇幅记伯夷、叔齐的行止，而以大量的笔墨用以批驳所谓"天道无亲，常与善人"的劝世箴言，据以表明天道常与人事不公的残酷现实。当然，其文中隐隐闪现的无神论思想是很值得肯定的，只是其借伯夷、叔齐之口指责武王"父死不葬"的言论似乎近于随意。即便在《周本纪》中，其记西伯昌崩于受命七年，而武王孟津观兵还是文王受命九年的事，其中间隔应该容得下通常二十五个月的三年守丧期。所以伯夷、叔齐的前一句话是缺少事实依据的。但后一句，则宛如震天惊雷，响彻当空。长久以来，萦绕在姬发心中的疑云就是以诸侯攻天子的名分缺失和对胜道何处的担忧。所以当姬发听到这样的责难，必然当场哑口无言，颜色更变。总结这两句话，前一句，伯夷、叔齐不见得说过，而后一句，则必定会如此说。

本文无法明确伯夷、叔齐是否真实阻拦过武王东进的车马，更无法考证其二人"叩马而谏"的行为是发生在孟津观兵之际还是牧野决战的年初。但可以肯定的是，伯夷、叔齐必然促成了吕尚、周公等人为武王伐殷在道义伦理层面所进行的论据收集和体系的建立。从而被姬周集团找寻到了理论上的突破口；直至把帝辛定义成为了"独夫民贼"、孤家寡人；既刻意忽略了其天子的身份，又可以以有道之师攻无道昏君的凛然正气逆转伯夷、叔齐之流的上述评判倾向。

鉴于军情紧急，姬发与吕尚、姬旦等人为修正君君臣臣的纲常主旨而进行的思想交流可能是在行军途中完成的。而此种思想因为部分有违于儒家正统，所以自周以后便很少有被世人援引和提及。武王曾请教姜尚，如何做得到不战而料胜，未卜而先知。姜尚答："西伯既得众民之心，以有道图无道，不战即可知胜；以贤明伐不肖，则未卜已知凶吉。"姬发以为殷商臣民众多，不易驾驭利用。但姜尚认为，今殷失其道，仁义在周，虽非我民，亦可驯养，亦可驱使，何虑殷民不附。

姬发否认不了自己以臣伐君的篡逆本意，故心存疑虑，迷惑于罪与非罪之间。遂再问，天下"以纣为大，以周为细""以纣为众，以周为寡""以纣为强，以周为弱""以纣为安，以周为危""以纣为天子，以周为诸侯"。今我攻殷王，以五短击五长，胜算能有几何？姜尚说："天子不可击，大、众、强、安亦不可击。"见姬发显露惊异之色，姜尚接着说，"所谓大者，尽得天下之民；所谓众者，尽得天下之众；称其强者，能用天下之力；称其安者，能足天下之欲；而所谓天子，君王与臣民似同父子，天下亲睦，比其为天子。今岐周伐殷，是为天下除残去贼，替民谋利。周虽细弱，可曾有一人受残贼之害？"姬发略领其意，问："何谓残贼？"姜尚说："既为方国共主，尽收天下珠玉美女、金钱彩帛、狗马谷粟，积藏无度，聚敛不休，此谓残；纵容酷吏贪官，迫害天下生民，无贵无贱，不循法度，此谓贼。"姜尚的这种解释，已经离最终把帝辛比拟为"独夫民贼"的定论不远了。姬发顿悟，大喜。

必然的，姬发与周公之间亦进行过类似的思想交流。姬发召周公，问："今以诸侯攻天子，有无胜殷之道？"周公说："殷王既为天子，西伯既为诸侯，则显然没有可胜之道，焉能诉诸攻伐？"姬发听了当然不高兴，但周公却另有一说。其言，臣听闻，"攻礼者为贼"，"攻义者为残"，殷王既失对众民的控制，已成一介匹夫，今周师攻独夫受一人，何谓攻天子？姬发只说了一个字，"善"。这样，武王伐纣已经不再受当世士人及后世的纲常名教所倡导的忠君思想如君权至上、君义臣忠这样的规范的约束了。探究周公的以上表述，其出处可能源自《孟子·梁惠王下》篇，孟子曰："贼仁者谓之贼，贼义者谓之残，残贼之人，谓之一夫。闻诛一夫纣矣，未闻弑君也。"因为很多有关"武王伐纣"的典籍文章包括《尚书》诸篇都辑成于东周与两汉时期，所以事实上周公是否讲过类似的话，还真不好说。

一月戊午日，周师在孟津渡口以四十七艘船穿梭济河，达成了全军北渡黄河的第一步战略企图。史载姬发师渡孟津之际，风雨骤至，群臣皆显惧色。时河面上已起阳侯之波，浪涛翻滚，旌旗为之摧折。姬旦以为天不祐周，是不吉之兆。唯姜尚力劝姬发进兵，并于河上杀死囚以殉，擂鼓催渡。兵车俱渡河北后，姜尚令破船于河中，声称太子发为父报仇，今沉舟明志，当决死一战。很显然，以上这些细节都是经史作者假借吕尚名义为给"武王伐纣"增添正义性的成分而落下的赘笔，不管是天象、龟占，还是人心、士气，都在呈逐一移转于姬周的趋向。所谓天命归周，一览可知其意。

有一种观点依据《荀子》文中的"至汜而泛"一句，认定周师是沿黄河南岸东至汜水（今河南荥阳北）后遇河水泛滥而折返孟津再渡的黄河。但是这一绕远路线在史书中并无记载，更不符合姬发等人快进急攻的战略思想。可能有小股人马警戒到了汜水一线，但之与整场战役牵扯不大。至于其时，周师是否横扫了商都西亳（今河南偃师西）古邑，史书亦没有记载。

姬发第二次军驻黄河北岸，会聚而至的四方诸侯应该比第一次时要多许多。当其目睹了"诸侯咸会"的盛况以后，心中自然增添了不少灭殷的信心。但从史书记载来看，紧随其出征的多路方国部落也主要来自西南诸部，并且其中有大量的夷狄部众。如巴蜀西南地区的髳，渭水中游的微，江汉一带的庸、卢、彭、濮诸国，及古蜀和西羌都是史称的"西南夷"。

在戊午日当天及翌日，姬发连续巡视诸部各营，行"誓敕赏劝"之礼，训众誓师，三令军律，是故《周书》所辑有《泰誓》三篇。虽然说现存《泰誓》三篇可能是伪书，但其意应该与佚文相近，且其文采亦胜于《史记》中所存留的被认为是原文的《太誓》片段。

在姬发的誓言里，"商王受"当然是一个一无是处的昏君。其听用妇人之言；自绝于天，为逆于天、地、人"三统"之道；离弃同宗亲族；废先祖礼乐，倡靡靡之音；乱正音雅乐，取悦其嬖妾。姬发以为，凡此诸宗罪孽，天意降罚；今帝辛治下，虽有臣民亿万，却离心离德；"予有乱臣十人"，但协力同心。最后姬发敕令，丈夫诸子当勉力用命；"立功立事，可以永年"；事不可再，更不可三。这跟《诗经·大雅·文王》篇里"无念尔祖，聿修厥德。永言配命，自求多福"所宣示的本义是相类似的。联军于是震沸。《尚书大传·太誓》里称，"师乃鼓噪""前歌后舞"。但据《华阳国志》所记，巴、蜀之师居联军之列，而西南诸夷皆具山野民风，时称"巴师勇锐，歌舞以凌殷人"，这可能才是"武王伐纣，前歌后舞"的真正出处。

是时，联军沿黄河北岸向东疾进。但姬发才至鲔水，殷国特使胶鬲已受命在此迎候周师，这也是姜尚等人先前预料到的可能会发生的状况。不过上古三代之时，是否真实存在鲔水较难确证。查《水经注·河水五》篇，时称黄河流经巩县（今河南巩义西北）北，县北临河山下有山洞，谓"巩穴"，人称暗通淮河水系；当时巩穴正对中流有河洲，称"鲔渚"；作者追述，此处就是所谓"鲔水"所在，即胶鬲于鲔渚对面的黄河北岸等候周师的地方。可见当时殷国的反应亦不能说慢，也可见，殷国之所以速亡，很可能源自帝辛的轻敌。

胶鬲见到姬发，问："西伯意领军何往？请不要骗我！"姬发说："我不瞒你，将兵进殷都。"胶鬲问："何时可至？"姬发亦不隐讳，说："将在甲子日进抵殷郊，你可据此回报。"于是胶鬲辞行。

尽管胶鬲身为殷国特使，代表帝辛前来问事，但在与武王的对话中，其身份所属明显有所变化。两人一问一答，胶鬲的立场很模糊，但武王的回答却显示胶鬲幕后似乎另有主使，否则姬发何必透露军情，且后来竟致为保其性命而到了不肯食言的地步。出自《吕氏春秋·贵因》篇里的本节武王与胶鬲的对话，一向遭后人非议。根据有限的线索并重温当时情境，猜测胶鬲事前可能与帝辛之子武庚有所勾连。从后来武王分拆殷国但封其为诸侯的做法和最终武庚叛周被诛的结局看，武王可能与他做过一定的承诺，也昭示出当时武庚有篡其父位的邪心和强取天下的野心。也有说法称胶鬲的幕后主使是微子启。当然，微子叛殷是明确的，但微子曾经受到过帝辛的打压，能够掌控的资源有限，除了指望其表明臣服于周的姿态以安定殷商遗民外，在政治上无法再与姬周做更大方面的利益交换。而所谓殷商顽民，即原来的既得利益集团，微子是代表不了的。要安抚这些前朝奴隶主贵族群体，在帝辛死后，便非得武庚禄父莫属。所以选择扶植其为周室附庸，以其为姬发的喉舌，在灭殷之前有所铺陈应该是合理的。唯结果论，后来禄父受封殷之旧都，辖其余民、奉其先祀，实际已得证实。而自始至终，胶鬲就是周国派遣在殷室朝堂上的高级间谍，身负有特殊的使命，因后世得孟子正名，使世人知晓其乃是可堪大任的贤臣楷模。据此揭示其身负的特殊使命，当然就是策反武庚。

从当月戊午日师渡孟津的次日到二月甲子日牧野之战的前夜，总共五天时间，西部联军出东北方向疾进四百多里，平均日行八十里，沿路基本上是不容停顿的。对于姬发而言，其遇到的最大困难还是不合时宜的天气。史称当时"天雨三日不休"，道路泥泞，军行迟缓。兵至邢丘（今河南温县东），姬发车前的车轭断为三截，其立即心感不详，招来姜尚问是不是天意不可伐纣。姜尚直言以对，不然，轭折为三，意示我军当兵分三路，天雨不休，是天为洗洒甲兵，此军行之象。姜尚此言，为武王开解的用意非常明显。在《钦定四库全书》版之《韩诗外传》中，记为武王到达邢丘，"楯折为三"，这里的"楯（音 shǔn）"并不是盾牌，亦是指架于辕马上面的横木，此意也与姜尚把轭折三截预示为兵分三路的解释相符。

当然，困扰姬发的险恶军情还不只天雨路阻，实际上星变呈灾的警示亦让其心神不安。古人行大事前，一般都要例行占卜、祈求告天。相比于两年前大会孟津之际，天象星宿、自然征候皆显吉兆的天助姬周之象，而今联兵伐殷，龟占巫卜、阴阳星变却均以凶示。正如《荀子·儒效》篇所说，"武王之诛纣也，行之日以兵忌，东面而迎太岁，至氾而泛，至怀而坏，至共头而山隧。"从星象到自然灾变都在说明武王伐殷有逆时之忧。除了山崩水坏的自然灾害之外，最令人心忧的就是周师避不开逆太岁东行的不利星象。

所谓太岁，又名"岁阴"，亦有"摄提""太阴"等称谓，在摄提纪干支纪年体系中，太岁是与岁星对应的虚拟星。岁星即木星，因其十二年一周天，是古代表示年份变化的纪星，所以反过来太岁既代表岁星，便为岁星之神，遂跃为至尊，位列众神之首，指挥吉凶。《淮南子·天文训》中即称，"太岁迎者辱，背者强，左者衰，右者昌。"太岁虽是不可见的星神，但其具有顺昌逆亡的应谶，所以文王八子霍叔处也说，三日而五灾，无利于伐殷，任何一件事情都预示着伐殷的风险。另赘一言，古文中的天文名称和概念往往是混淆的，上节《荀子》文中的"太岁"实际即指岁星，也就是木星。

不过，与上节论述相悖的说法也是有的。在《国语·周语下》中，作者借伶州鸠之口，重现了距其时亦有好几百年的星辰天象，"昔武王伐殷，岁在鹑火，月在天驷，日在析木之津，辰在斗柄，星在天鼋。星与日辰之位皆在北维。"在《诗经·大雅·大明》篇的注疏里，这五种天象皆被认为是武王顺应天时的佳兆，乃所谓"五物助周"的占候。伶州鸠所说的这段话，其意大体是说，武王伐殷，始于岁星位据鹑火星次之年；两年后，殷十一月戊子日，周师先发。时月亮运行到天驷，即房宿四星的位置；当天太阳运行在析木星次与银河重叠的地方；过三天，日月合朔于南斗斗前，即周正月辛卯日；癸巳日，武王东征，水星始见。丙午日，武王统御周师，戊午日，师渡孟津。与实际天文学测算不同的是，翌日己未冬至，水星到达天鼋星次；当时水星、太阳运行于玄枵星次，与日月合朔同处北方水位，即《毛诗正义》中所说的"东北水木交际"之处。

能够把这多种天象硬作有利于姬周的解读，多少也会在古代星象学理论中找到相关的逻辑支持。《毛诗正义》里称，当时，岁、月、日、辰、星"五位三所"；水星、太阳与日月之会均在北，显水木相承之兆，符合五德相生的义理，如帝喾之代颛顼；岁星在南，鹑火星次分野在周，意利于征伐；月亮在东，辰马房心谓农祥之星，因周始祖后稷职农事，所以"月亦佑周"。五位三所的天象既成五物助周，预示武王顺应了天意，是以"协和伐殷"。

《国语注》里讲，"颛顼，水德之王，立于北方。帝喾，木德，故受之于水。今周亦木德，当受殷之水，犹帝喾之受颛顼也。"这是"五德终始"说的另一版推演。"五德终始"说由战国时期阴阳家邹衍创立，本来就管不到三皇五帝及夏商周三代的德行，但依据五行相克的理论，即所谓水克火、火克金、金克木、木克土、土克水的循环推导，邹子说，"五德之次，从所不胜，故虞土、夏木、殷金、周火。"所以在《汉书·郊祀志》里亦承其言说，"秦始皇帝既即位，或曰，黄帝得土德……夏得木德，殷得金德，周得火德。今秦变周，水德之时。"但唐尧、虞舜、夏禹是通过禅让方式完成的帝位交替，跳过了相伐相克的过程，使得这一理论在解释尧、舜、禹三帝之间的关系时遇到了阻碍。到了前汉末年，王莽篡汉，"火德销尽，土德当代"，就更不能引证此说了。但实际上，在西汉董仲舒的《春秋繁露》里，"五行相生"的理论就已成形，于是自新莽始，"五德终始"说的理论基础由五行相克转变成了五行相生，即木生火、火生土、土生金、金生水、水生木的交替次序。《国语注》的作者韦昭是三国时期人，时人以殷商为水德，周以木德，必然亦契合"五德相生"的编次顺序。

在牧野之战的前后，能够左右周师进退方向的除了姬发外，唯有太公吕尚无疑。进至宁邑（今河南修武）、戚邑（今河南获嘉西北）一带，受天雨阻挠，联军被迫停止向前推进。时风雨俱疾，旗鼓不振，连姬发车前的悍畜骖马亦惊疲致死，所以诸军畏难、畏前的议论很多。但姜尚心里只想着抢得战机、以建战功，鉴于军情急迫，他所进行的思想阐述明显与当时人的普遍认知格格不入。姜尚说："举兵征伐，顺奉天意，未必得吉；为逆天时，未必是凶；若违世事、失人谋，则必致三军败亡；而况天道鬼神，视之不见，听之不闻，智者不因其怯，而愚者受其拘；若任贤使能，举事适宜，则不必看天时而可占事利，无须假卜筮而可知事吉，无须祈祷而可见福至。"

最后，在听到诸将还有异议时，姜尚怒道："今商纣剖比干、囚箕子，以飞廉、恶来当政，伐殷有何不可！枯草朽骨，安知可否？"遂焚毁龟甲，折断蓍（shī）草签杆，响鼓率军渡河，先发北进。自鲔水以后，此处出现的河流，史书虽无具名，但在本地区应该也是主要河流之一。因为淇水、洹水偏北，构不成对周师北进的阻碍，而卫河自淇门（今河南浚县西南）以下的卫运河在当时远未修成，所以阻拦姬发北进的最大可能就是卫河上流，古称清水河。清水沿流多源，主流出辉县白鹿山东麓，沿获嘉北缘向东，在新乡与百泉河汇流后折向东北，径流卫辉而东。因为最后周师列阵于牧野，所以清水是必渡之河。

在《荀子》文中，与姜尚相似的言行被记录在了周公旦的头上。旷古诸事，因为语焉不详，所以只好存疑。一样的道理，很难考证文王拘而演《周易》的明确史实，在商周换代之际，姜尚的上述朴素的无神论思想也会令人觉得似乎无根无源，是否出自其原话亦难追究。

此刻，武王姬发也秉持着与姜尚类似的思想主张。一些将官首领及左右亲随都劝姬发，说连日风雨，车马冒雨疾进，土卒疲病，望请驻停以待云开雾日。姬发说："我当然知道军马劳顿，但我已使胶鬲以甲子之期回报其主，若我失期食言，势令胶鬲失信，致其性命堪虞。我军疾行向殷，以践前诺，亦救胶鬲。"姬发的这一理据倒更容易使彼时的大众所接受，敕令亦较顺畅推行。上古时代，诸侯鸣钟而伐，交战的两方是正大光明约期而战的。以当时的情形判断，即便胶鬲身后另有其主，更可能姬发通过其，是与帝辛约定的甲子之期。

是日夜晚，姬旦领其部率先进抵共头、百泉（今河南辉县西北）一线驻扎，此处东距牧野五十里左右，离沫邑朝歌差不多只有一天的路程。因为翦殷大军曾短暂停留宁邑，所以此后宁邑遂改称修武邑，邢丘也在西周初改名为怀邑。可能诸侯联军在回师途中于附近各处进行过集中逗留，一些作为会盟或者祭祀用途的土建遗址留存至今，现河南获嘉境内还建有同盟山、武王庙等文保单位，新乡东郊有纪念武王伐纣的寺庙建筑，卫辉古汲城内外在元、明时期还有尚父祠、太公台的遗迹。

自师渡孟津，联军长驱直入，穿越殷商京畿重地。如《逸周书·武寤解》篇所称，"高城若地，商庶若化"，大军一路推进，几乎未遇抵抗，有相当数量的殷国平民和奴隶可能在大战前就已经加入到了讨伐帝辛的行列。二月癸亥夜，联军前锋进至牧野（今河南淇县西南，卫辉、新乡卫河以北），北距朝歌七十多里。其时，殷商十七万大军已在此集结有日，联军立即连夜布阵。时夜空又雨，直到雨止列阵完毕。在正南方向，岁星正挂中天。因为周师北向列阵，所以所谓逆太岁持戈待旦的其实是商军。以上事实，在西周利簋铭文中也有所印证。

应该看到，之所以周师"战一日而破纣之国"，不论当时殷商朝野的深层原因，单说在牧野之战中，殷王帝辛至少就犯有两大战略失误。其一，在西南联军师渡孟津后，帝辛对未来形势的严重程度估计不足，未能及时调回尚驻东夷的主战部队，以聚合军力、收缩防线。近当代史学研究猜测，之所以商军主力没有从东南方向快速撤回，是源于当地丰富的粮食与矿藏资源，商军困守东夷乃为殷商维持其帝国地位的战略需求所系。可能帝辛也进行过权衡，因为不甘心痛痛快快地放弃东夷与江淮地区，所以犹豫再三，没有快下决断。其二，在商军原驻沫邑的少量卫戍部队不足以应敌而只能武装奴隶与战俘以期对抗联军的情况下，帝辛为保其天下共主的颜面，竟脱离朝歌城防，亲领大军南下应战，导致商军人数虽多，但军心不稳、战力不强的弱点迅速在对攻战中暴露出来。非对称格局显示为单边态势，当呈现溃败时，换谁都无力挽既倒之势。当然话说回来，如果帝辛龟缩朝歌城内，听凭周师挑战攻城，即便其能够勉力维持、保全性命，其四方共主的威名恐怕在双方交战之初就已经不在了。以帝辛之心智与性情，是无论如何也接受不了的。

鉴于殷军的规模和巨大的威慑力，作为联军主帅，姬发多少亦心存忌惮。史称在帝辛手下，有十八名剽悍威猛、愿意为其主赴汤蹈火的勇士；有三千人蓄牛以献，支持殷王；有二十四个力士，有能举百石重沙的膂力；其麾下，更有连续行军五百里，还能掷矛杀百步开外之敌的武士五千人；带甲军士的总数超过了十八万。眼前的形势，迫使姬发必须万分谨慎，对于战略战术的设计亦必须未雨绸缪，运筹在先。在《太公兵法》中，记录有多篇姬发与姜尚探讨如何应对殷军的用兵布阵之法，目的就是为了在战场上争取主动，克敌制胜。

甲子日拂晓，姬发左手持黄铜钺，右手举白旄旗，领众臣驰抵商郊牧野。《史记集解》与《尚书正义》中皆称，孔安国注，"左手杖钺"，示无意于杀戮，"右手把旄"，示有意在教令。为接受武王训令，联军阵中临时搭建了台棚。彼时，姬发的座驾马嚼子松脱，服马不肯前行。前导的五名侍卫认为他们的职责是护卫武王，都没有伸手系靮。姬发未做表示，放下旄钺，亲自动手系紧马嚼子，登车驰至台前。

姬发站上高台，扫视四面。其首先问候了辛劳远征的全体联军将士，遂直呼诸部首领，司徒、司马、司空治事三卿，亚旅、师氏众大夫，千夫长、百夫长各将官，及各部所有军兵士卒，令举其戈，排其盾，竖其矛，聆听牧誓。姬发曰："古语有言，牝鸡无晨，母鸡司晨，是国亡家尽之谶，其所谓'雌代雄鸣则家尽，妇夺夫政则国亡'；今殷王纣任由妇人知政，唯命是从；不问肆筵祭祀，离弃家国，以致'郊社不修，宗庙不享'；且其弃用宗亲贤臣，唯奸佞罪人反受倚重，典职卿士大夫，祸害朝纲，劫夺百姓，招致商人怨望。"所以在姬发看来，帝辛最大的过失就是听妇人言、不事神祇，结果当然是神怒而民怨，家国昏乱。

在痛陈与污蔑了帝辛的种种不堪行径后，姬发遂宣教训令："今日姬发遵行天罚，各军前进就敌，不超六步七步，就应重整队形，以保攻防一致。全军必须严守此令！各部出击，少则四伐五伐，多则六伐七伐，必须停止击刺，保持阵形。军令如山，大丈夫当勉力执行！强敌当前，诸将士要奋发威武的气势，形熊像豹，如狼似虎，以一往无前的英勇气概进击商郊牧野。但切不可阻击奔来投诚的殷军士卒，存我之义，以役力西方。全体勇夫！尔如临战不力，将反遭屠戮。谨记此训。"

《史记》中称，当时牧誓，诸侯联军列阵战车四千乘，陈兵商郊牧野。相比帝辛麾下其旅如林，联军总数可能不及，但也不至于显见悬殊。《楚辞补注·天问章句》里说，"武王三军，人人乐战"，其三军人数接近五万，加上各方国部落的参战兵卒，联军总人数亦可称庞大。毕竟在孟津会盟之初，就有八百诸侯到场，尽管都是小部落；但聚水成云，不容轻视。

牧野之战，不是历史上以少胜多的典型战例，而是一场一方蓄谋已久而另一方无暇后顾的遭遇战，是一场一方长途奔袭而另一方疏于防范的袭击战。当时姬发与帝辛的实际年龄均在五十岁上下，皆处中年而身兼统帅。两方军事规模差距不大，实力基本相当。

是日殷周决战，遵照姬发的训令，姜尚分遣诸百夫长各领部众出击，先发制敌。一场上古时期为争夺治权而进行的大规模拼杀随即在牧野空旷的大地上渐次展开。在《诗经·大雅·大明》篇里，就以"檀车煌煌，驷骤彭彭"的诗句来形容当时的战场情形，双方迎面冲杀，兵车驰骋，战马嘶鸣，旌旗四处飞扬，喊杀声回荡天地。

古时作战，气势当先。由于当时交战的两军都重攻轻守，所以可以在短时期内分出胜负。史称殷军人数虽多，但多数缺乏战斗意志，求胜之心远不及周师强烈。当然其中最大的变数，就是帝辛仓促组建起来的以奴隶和战俘为主的前线军团。要知道在远古社会，像奴隶这一类地位低下的人群是没有资格直接上战场的，除非充当役丁出现在战场后方。一旦临战，这些人最显著的不足就是缺乏训练和协同。至于让战俘操刀挺矛，自古以来鲜有成功的范例。只要稍微控制不力，就等于白白送给敌方一支有生力量。

战场局势很快发生了变化，当联军主力跟进接战时，殷军立显颓势。其前部军阵无力抵挡联军的步步紧逼，开始退却。按姜尚的战术布置，周师以虎贲军居中，战车军阵分兵两翼，如"苍鸟群飞"，如虎啸狼嚎，轮番冲击殷军。所以《诗》中又说，"维师尚父，时维鹰扬"，姜尚如雄鹰展翅，辅佐姬发指挥作战。其"番番黄发"，风姿不减少年。《毛诗正义》中说，武王伐纣，姜尚审时度势，不用权诈，"以至圣攻至恶"，把控住了胜局。

殷军前部军团终于崩溃，奴隶和战俘纷纷倒戈，加入到了联军的阵列。殷军后部压不住阵脚，在溃兵和联军的两重压力下陷入全线被动。而对阵的另一方，联军部众士气正盛，个个奋勇当先。时间未久，帝辛的军队放弃抵抗，呈现溃退之势。史载其兵卒如车辐分散，其战车如瓦片碎裂，其战甲如鱼鳞遗弃。一场两军鏖战最终演变成了单方面的杀戮。

胜负已决，有人激越，有人胆寒。杀声渐息的牧野荒郊，尸横遍野，"赤地千里"。一些断木漂浮在血水里，这就是《尚书·武成》里"血流漂杵"的来源。在《孟子·尽心下》中，孟子不相信《武成》篇有关牧野之战后的描述，他以为仁者无敌，"以至仁伐至不仁，何其血之流杵？"持相同观点的还有荀卿，在《荀子·议兵》篇中，其称"仁义之兵，行于天下"，"故近者亲其善，远方慕其德，兵不血刃，远迩来服"。孟子和荀子都是战国后期的儒学代表，且寿数都不算短，身逢乱世，可能他们看惯了杀身灭国的惨状，所以在忧愤之余，生出了一些不切实际的善意。

他们的哲学主张，人人以为高尚，但旷古至今，试问能真正践行的又有几人。

当帝辛撇下殷军残部跑回朝歌城时，其身边的近臣都已经不知去向。没有人告诉他，费仲、恶来已经在战场上被姬发的军队给逮了去；乐神师延东投濮水自尽；不少殷国重臣和大批军民要么死在战场上要么成了联军的俘获，帝辛业已成为真正意义上的孤家寡人。可能当时城外，周师亦已尾随而至。帝辛无暇四顾，甚至没有时间去后悔其过去的所作所为和近几天的接连失误。为保住其天下共主的最后颜面，其唯一可以做的，就是不至于让周师活擒。

时近黄昏，帝辛跑到鹿台之上，走投无路。他匆忙穿上玉饰宝衣，又将五块精工细致的天智玉缠绕在身上，点火自焚。因为有宝衣的包裹，所以后来帝辛的尸体还算保存完整。宝衣上面的四千枚玉片已然焚毁，只剩下五块天智玉毒火不侵，不见残损破坏，精美依旧。

沫邑朝歌，雄踞于淇水西畔。此邑由殷王武丁营造，几经废建，最后由帝乙、帝辛两代修整扩大，朝歌城已然成为当时的大邑。其城垣高大宽阔、雄伟坚固，南北各具三重，极具规模。但退回朝歌的殷军残部无心据守，轻易就让联军四处突破。到了午夜时分，殷军全线停止抵抗，被杀被俘，听天由命。自此，持续将近六百年的殷商王朝实质灭亡。

姬发驰至朝歌城外，显见大事功成，遂手举白旄旗与四方部落首领互致敬意，预演君臣之礼。殷商百官及庶民亦于城郊迎候姬发，寻求归附，其中应该就有武庚禄父。见毕公高、周公旦相继经过，殷商百官皆以为是新君姬发，但均被商容否定。看见太公姜尚来到，百官又以为是新君姬发。但商容说，视其人虎据鹰趾，不怒自威；率众临敌，不顾前后；果于进退而已。最后看见姬发车驾近前，众人这才异口同声，是我新君。商容说，"圣人为海内讨恶，见恶不怒，见善不喜"，凭此仪容，我新君也。

姬发看见有殷商遗民恭候，遂以侍臣出面安抚，然后驱车进城。来到鹿台，周师士卒已经找到了帝辛的尸体。遵循特别的仪式，姬发在车上先射三箭，而后下车，再以轻吕剑刺尸身，最后拿黄钺砍下了帝辛的人头，令悬于太白旗上示众。后世尸佼有言，"武王亲斫殷纣之颈，手污于血，不盥而食"，形似猛兽。联想到后来姬发登周天子位时多次告祭馘俘、残杀人牲的行径，好像此语亦非言过其实。

此后姬发转至琼室，妲己及嬖妾二妃亦已自缢身亡。姬发又连射三箭，以轻吕剑刺之，用玄钺斩落妲己人头，高悬于小白旗之上。首恶既惩，姬发传令抓捕罪大恶极的殷商僚臣一百多人，随后领众臣出王宫，返回军中。到明日，令平治社。城内开始整治道路，修缮神庙和宫室，为即将进行的告天大典做准备。

按《史记·宋微子世家》所载，武王克殷后，微子带着殷室祭器，肉祖背缚，左边有人牵羊，右边有人握草，跪爬到周师军门告见姬发。姬发当即释微子，恢复其原来的地位。是以《帝王世纪》亦称，"微子、胶鬲，皆委为臣"，两人都得到了姬发的重用，也算一家之言。

是日，有百名壮汉各持天子之旗为姬发车驾的先导。曹叔振铎紧随姬发仪仗，以为接待调度。仪仗左右，又设威仪车，由周公旦持大钺，召公奭持小钺，夹卫武王。散宜生、太颠、闳夭皆执王之轻吕剑护卫姬发进入朝歌。在殷社之南，姬发于军卒左边站定，群臣紧跟其后。由毛叔郑奉净水，康叔封相礼铺席，召公奭赞采捧币帛，师尚父手牵牺牲。在太史尹佚宣读完废纣策文后，姬发稽首而拜，形式上革除了殷命，而由其应天受命，承位天下共主。一整套仪礼缛节完毕，武王姬发再稽首，引群臣退出殷社。

戊辰日，姬发祭告周祖、追祀文王。时日，武王始立政、治天下。当然，杀死了帝辛并不能使姬发产生懈怠和意满。其时殷商恶臣多方隐匿，搜索不易。像飞廉，有记载称其东逃商盖（gě）氏部落，直到周成王平定三监后征伐商盖氏，才将其诛杀在海滨；另外，殷军主力军团四散于江淮，踪影不见；不少方国部落依附殷国日久，不肯屈服于姬周，依然负隅顽抗。因此，姬发一方面笼络各方诸侯，一方面恃胜战之余勇，分遣姜尚、吕他、新荒、侯来、百弇、陈本、百韦诸将率兵征讨四方，迫使诸部尽早归附，以保人心稳定。

实际上，对于如何处理殷商遗民的问题，姬发与众臣还是有过深刻的探讨的。姜尚说："人之秉性，爱屋及乌，'恶其余胥'，之于旧朝顽民，当然应该斩尽杀绝。"姬发不同意，问周公旦。周公说："使其各归田宅，无涉新旧，百姓有过，在于商纣一人！"

周公的思想，还是符合一个政治家应有的水准的。为了恩威并施，武王姬发遂封帝辛之子武庚禄父领殷商余民于殷国旧都，"奉其先祀"。以管叔鲜、蔡叔度辅佐治殷。因为殷畿故地后来分成了邶、鄘、卫三国，武庚封邶，管叔监鄘，蔡叔监卫，故谓之三监。又命召公奭接出遭帝辛囚禁的箕子，除其奴隶名籍；令毕公高、康叔封、原公丰逐一释放被无端拘押的殷商旧臣；武王还亲自来到商容所居闾巷表达敬意。本来其欲以商容列三公之位，但商容自认"愚且无勇"，坚辞不受。

按照史书的说法，武王姬发尤其注重收买平民百姓的人心。抑或仅是慷他人之慨，在朝歌四围战局基本稳定后，其遂令南宫适将集聚于鹿台的财物散还民间，以钜桥的粮食赈济贫苦的百姓和奴隶，施堂上珠玉于诸侯，归倾宫侍女于父母。为显其王命正统，姬发令南宫适、伯达、尹佚迁九鼎神器于郏山（今河南洛阳西北）郿邑。因为"郏山"的特殊字形，以致《逸周书》中夺衍而成"九鼎三巫"，在旧本中（孔晁）还特意注明，"三巫"是地名。为获得好名声，武王命闳夭扩修比干坟茔，立"殷大夫比干之墓"碑。为稳固军心，又命宗祝主持祭祀战殒的亡灵，宴享各部首领宾朋。

可以看到，在灭亡了殷国以后，武王姬发所要过问的事情也是千头万绪。期间，以新立天下人主的尊号，其四外巡狩，擒杀了大量虎豹熊鹿。确切地讲，东方各部落方国被迫经历了改朝换代，迫使当地百姓生灵也要经历一场旷世浩劫。

短短两三个月时间，各路周师捷报频传。总计灭国九十九，收服六百五十二个部落，杀死或擒获的方国部众更以十万计。按《钦定四库全书》版之《逸周书·世俘解第四十》的原文称，诸军"馘魔亿有十万七千七百七十有九，俘人三亿万有二百三十"。因为在古代文言文中，"亿"可以解释为十万，所以章炳麟先生认为这里的"十万"应该是"七万"的讹误。据此，这两条数据被解读为周师杀死方国部众即从死人身上割下的左耳总数计一十七万七千七百七十九，生俘三十万零二百三十人。

四月辛卯，"哉生明"，姬发凯旋丰邑，一系列重大的仪式将在此后的长时间里连续进行。为示仁爱之心，姬发命令刀枪入库、马放南山，以显不起兵事之意。丁未日，姬发祭祀周室宗庙，各方国首领为之奔走执事。到这一天，姬发在形式上完成了登极天子位的程序。三天后，庚戌日，武王燔祭上天、望祀山川，告以《武成》之功。在此后的几天里，周人多次用俘，献祭人牲。殷商的一百多旧臣先被砍断手脚，然后连同残肢烂腿一起被扔进大鼎里给煮了。连帝辛与其二妃的人头也未能幸免，被高挂于赤白旗上再次示众，然后端进周庙以为祭品。猜测在牧野之战中被俘的费仲和恶来，此番也一定在劫难逃。

按照后来的说法，姬周以木承水、定鼎中原。为实现其设想的两京制，武王遂自丰邑徙都镐京，作为西周王朝正式的都城，史称宗周。另外，武王与周公商议，计划营造洛邑（今河南洛阳东北）以为陪都，后来在成王时期建成的洛邑史称成周。为拱卫姬周王室，武王遂行分封制度，以期"封建亲戚，以藩屏周"。就其制度本身而言，这个办法无所谓好与不好，至少在西周前期还是很有效的。当然随着宗亲隔代，血缘关系渐渐疏远，后辈人根本不会看重上几辈老人之间的亲缘关系。

武王的想法很纯粹，做法也很简单。其首先"分殷之器物"，班赐同姓诸侯。随后，武王追思先圣，封炎帝之后于焦（今安徽亳州）地，封黄帝之后于祝（今山东肥城东南）地，帝尧之后于蓟（今北京西南）地，帝舜之后于陈（今河南淮阳）国，大禹之后于杞（今河南杞县）国，杞国始封君号东楼公。其后，分封功臣宗亲。首封姜尚于营丘（今山东淄博临淄），称齐国；封周公旦于曲阜（今山东曲阜），为鲁国；封召公奭于燕（今北京房山）国；管叔鲜于管（今河南郑州）国，蔡叔度于蔡（今河南上蔡西南）国；并复封太任母家后裔任畛为薛侯，其余各有封赐。在《荀子·儒效》篇中，称在周公辅政时期，西周朝"立七十一国，姬姓独居五十三人"。至于大大小小的各诸侯国加在一起，亦有四百诸侯、八百服国的说法。其爵位以公、侯、伯、子、男、附庸、大夫序列，全天下在名义上都臣服于姬周王室之下。

于是，依王命，"改正朔，易服色，制礼乐"，将近三百年的西周基业就此奠定。

史称在武王伐殷功成后，伯夷、叔齐依然隐于首阳山上，"义不食周粟"，不肯与周武王作一丝一毫的妥协。两人在山上采薇作歌，其辞大意：登上西山，采薇而食；以暴易暴，混乱是非；神农、虞、夏的盛世转瞬已逝，我将归往何处？

孔子在《论语·述而》篇里说，伯夷、叔齐"求仁而得仁，又何怨？"但在《孟子·公孙丑上》篇里，孟子说，"伯夷，非其君不事，非其友不友，不立于恶人之朝，不与恶人言。"其过于洁身自好的行为不见得是作为一个贤人应有的善举，其无容人之量的偏执更不是一个明智之人该有的做法。所以孟子说，"伯夷隘"，更进一步指出其这种认为弑君非仁、否定"汤武革命"的狭隘思想既行不通，也是不正确的。

传说，伯夷、叔齐在首阳山上靠采食野豌豆活命。一天，两人遇见一妇人。妇人说，先生义不食周粟，可是这里的一草一木也都是周朝的呀。伯夷、叔齐听罢目瞪口呆，四顾惘然。最终，他俩饿死在首阳山上。

【原文】《吕氏春秋·仲冬纪·当务》纣之同母三人，其长曰微子启，其次曰中衍，其次曰受德。受德乃纣也，甚少矣。纣母之生微子启与中衍也，尚为妾，已而为妻而生纣。纣之父、纣之母欲置微子启以为太子。太史据法而争之，纣故为后。

【原文】《尚书·周书·泰誓下》今商王受，狎侮五常，荒怠弗敬。自绝于天，结怨于民。斮朝涉之胫，剖贤人之心，作威杀戮，毒痛四海。崇信奸回，放黜师保，屏弃典刑，囚奴正士，郊社不修，宗庙不享，作奇技淫巧以悦妇人。上帝弗顺，祝降时丧。

【原文】《逸周书·克殷解》及期，百夫荷素质之旗于王前，叔振奏拜假。又陈常车，周公把大钺，召公把小钺，以夹王。泰颠、闳夭，皆执轻吕以奏王，王入即位于社，太卒之左。群臣毕从，毛叔（伯）郑奉明水，卫叔傅礼。召公奭赞采，师尚父牵牲。

【原文】《史记·伯夷列传第一》（武王）东伐纣。伯夷、叔齐叩马而谏曰："父死不葬，爰及干戈，可谓孝乎？以臣弑君，可谓仁乎？"左右欲兵之。太公曰："此义人也。"扶而去之。武王已平殷乱，天下宗周，而伯夷、叔齐耻之，义不食周粟，隐于首阳山，采薇而食之。及饿且死，作歌。遂饿死于首阳山。

第二篇　共叔段完聚京城　颍考叔计隧黄泉

【典故与事件】多行不义必自毙；郑伯克段于鄢；黄泉见母

【经传与出处】《史记》《春秋左传正义》《春秋公羊传注疏》

郑武公掘突十年，即公元前761年，郑武公迎娶了申侯的女儿做夫人。申国（今河南南阳宛城）位于郑国西南，两家算得上是邻国。郑夫人名武姜，"武"来自武公谥号，"姜"古指美女，也是其娘家的姓，是当时史官指代郑夫人的称谓，绝不可能是她的本名。当然古时候妇女很少留名于史，本不足为论。

郑武公十四年，即公元前757年，武姜难产生下了长子寤生，即后来的郑庄公。古代妇女难产，十之八九难逃厄运，武姜最终把孩子生下来，逃过一劫，只能说她的命不可谓不大。庄公名寤生，即说明了一切，也可见他在其母亲心里的阴影面积占了多么大的比例。因为《左传》用了"恶之"，所以太史公在《史记》里只好用"夫人弗爱"来表示。

三年后，郑武公十七年，即公元前754年，武姜又生一子。这次分娩未生波折，因此武姜很喜欢这个孩子。少子取名段，由于后来寤生嗣位，所以也叫其叔段，到最后叔段谋叛失利，逃亡共国，亦又可称共叔段。

武姜偏心于叔段，并不仅仅限于母子相悦的情感，而更是体现在实际的言行上的。她多次给郑武公吹枕边风，要求立叔段为世子，明摆着对大儿子寤生心存芥蒂。好在郑武公的脑子还算清醒，不为所动，把武姜的枕边风当成了耳边风。武公二十七年，即公元前 744 年，郑武公身染重疾，一病不起。武姜心知形势紧急，再次提请武公立叔段为太子，但武公依然没有答应。其时寤生才是个十三岁的少年，叔段更只有十岁。

同年，郑武公病故，寤生继位郑国国君，是为郑庄公。当然，"庄"字亦是其谥号，所谓"胜敌克壮曰庄"，待其身后，始称庄公，在他还活着的时候，通常称公，或据其爵位称郑伯。武姜也只好退而求其次，亲为叔段向庄公请求封地。当然她开口毫不含糊，伸手便要制地。制地即虎牢关，位于汜水黄河入口，地势险要，战略地位无可替代。十四岁的寤生比他父亲更具头脑，当面回绝了武姜的要求。他说制乃峻隘，必守之城，当年虢叔因而命丧于此，吾弟焉可步其后尘；至于其他城邑，唯母命是从。庄公所引典故，即发生在其祖父郑桓公时期，郑桓公姬友立郑国于洛邑之东，近虢、郐两国，史书上说虢叔恃势，郐仲恃险，骄侈贪利不修德行，遂遭郑桓公灭亡。武姜其实有两手准备，既然制地难遂，便改口要京（今河南荥阳东南）邑。庄公寤生有言在先，只好答应。

郑庄公元年，即公元前 743 年，郑庄公封其弟叔段于京邑。叔段出郑都（今河南新郑）迁居京邑，在京城市面出来进去，时间一久，得人称谓"京城大（音 tài）叔"。京邑是大都，有可能在郑武公迁都新郑前在京邑经营过一段时间，所以此邑城围竟过百雉。当时的等级规制逐条录于《周礼》之中，对于王城及诸侯城池的方圆径长都有明确的说法，甚至于区分一国之中的大都、中都、小都也有条文限制，僭越等同谋反。其时的城墙以长宽高一丈为一堵，三堵为一雉，也就是说京邑的城墙超过了三百丈。大夫祭仲对庄公说，文、武立周已有先制，大都不可超国都的三分之一，中都是五分之一，小都只有九分之一；现今京邑城过百雉，明显与制不符，势必天降灾祸，身为国君，何以掌控郑国。由于庄公是侯伯，都城三百雉，作为大都的京邑即不可超国都三分之一的百雉。祭仲的言下之意是，像京邑这样的大都，是不可以封给叔段的。

庄公的回答很无奈，他说，这是其母武姜亲为叔段请讨的封地，他无法回绝，如何能逃脱天降的灾难。祭仲听罢一蹦多高，说你母亲哪有满足的地方？不如早做主张，给叔段安排一个合适的居所，免得横生枝蔓。蔓草犹难清除，何况是您宠爱的亲弟弟。一旦其势蔓延，再欲谋除就难了。庄公显出一丝不忿，说："多行不义，必自毙，你姑且等着瞧吧。"

正如庄公预见，叔段遂行不义之举。没过多久，京城大叔自作主张，下令将郑国西部及北部的边邑归属京邑双重管辖，其直接的后果是两地的赋税劳役翻了一倍。这样的乱象，连庄公的叔父公子吕都看不过去了，他找到庄公，说："国人难堪双重赋役，请问国君将作如何打算？如欲将郑国让与叔段，那我请求去京邑为臣；如若不肯给，则请速将叔段除掉以绝后患，免得国人生出二心。"摸清了公子吕的态度，庄公倒显镇定，他安抚其叔父说："何必等我除之，他必然自取其祸。"

但叔段的思想境界远未及此，他把哥哥的忍让当作长兄的怯弱，于是变本加厉，干脆将西北边邑城池统归自己单方辖制，不再接受郑都政令。这样，郑国北部的大半已尽属京邑，叔段的领地甚至延展到了廪延（今河南延津北）一带。大夫子封（即公子吕）实在看不下去，他对庄公说："叔段羽翼渐丰，地广势大，众心归附，再迟延下手就晚了。"庄公的回答让公子吕深感服帖。庄公说："既不义于君，又不亲于兄，众心难附，其势再大亦会转瞬崩溃。"庄公此言极富哲理，即便此时他的年纪接近三十岁，也不太符合他应有的见地和心胸，只能说寤生这个人与众非凡。也说明在其母武姜的压制下，他的回旋余地确实不大。

《左传》记载，叔段在京邑加固城防，扩充带甲军士，配置骑乘步卒，意为不臣之举。他与武姜暗中勾结，约定领军袭取郑都，由武姜内应，开城迎入，一举夺占君位。庄公二十二年，即公元前722年，汇总各方情报迹象分析，庄公判定叔段反叛在即，于是决定先发制人，以公子吕为主将，率战车二百乘、军卒一万五千，讨伐京邑。

虽然说叔段在京邑经营有年，培植了一批死党亦有可能，但京邑的大部分军卒、百姓并不由得叔段颐指气使。当看到郑国大军出于城外，整个京邑大都立即弃恶取义，不跟叔段玩了。原本意气风发的叔段绝难预见当前的境遇，但情已至此，单凭他的修为，如何揽狂澜于既倒，惊恐之中只好带领少量随从逃往鄢陵（今河南鄢陵北）。

可是鄢陵对于叔段来说更难以指望。夏五月，郑军掩至，鄢陵城防不战已破。辛丑日，叔段携其子公孙滑北窜，渡过黄河，逃奔共国（今河南辉县）。由此，史书亦称其为共叔段。后来公孙滑前往卫国请兵，替父寻仇，引导卫军一度攻占郑国边邑廪延，被郑国联合西虢给打了回去。

有关本段史实，孔子在《春秋经》里以"郑伯克段于鄢"一语概之，既不言前因，更不语后果。但除了"鄢"地，"于"是助词外，"郑伯""克""段"皆表露了孔子的立场及真意。所谓春秋笔法，即不写作者疾喜好恶，是非评判的本意却显示在字里行间。事实上，一语概论：郑人平段于鄢。但孔子用"郑伯"，说明他认为叔段的叛乱，郑伯寤生是有责任的，且负有作为长兄及国君的双重之责；而"克"字，既说明了叔段的力量已发展到了一定的程度，兄弟相残如同两国对战，也表示庄公的本意即欲克段，"志在于杀"；再有，叔段是庄公手足，本应称"弟"，既然亦不言弟，说明孔子认为叔段时至当日，咎由自取，不守弟之本分，难言远近亲情。

公允地说，庄公意取叔段之命是到最后才下的决心，国难临头，不得不为。尽管其身为国君，但他的上头，还有一个极度强势的母亲武姜，虽然显而易见偏爱少子，但作为长子的庄公能做怎样的表示，更能做如何的应对呢？自始至终，他的所有举动都圈囿在礼义道德的范畴之内。反观叔段，因宠恃傲，不懂收敛，最终走入歧途无法自拔，客观上得其母纵容，但闹到反叛逃亡的境地，罪过在其主观自身的德行沦丧。

庄公与武姜无意配合，却实际践行了"欲擒故纵"的策略，且延续达二十二年。庄公初时少年，"纵"弟绝非故意，而是在其母胁迫下不得已而为之，等到他成年心存城府，始将计就计有意纵弟，最终消除了叔段分裂郑国的祸患却不负兄弟相残的恶名。后世有许多人对郑庄公的险恶用心颇有微词，如宋朝吕祖谦的《东莱博议》第一篇"郑庄公共叔段"就通篇只论"庄公用心之险"。但所谓庄公阴险，一定是逐渐形成的，绝不可能是其初衷和本性。

如今叔段跑了，庄公已然无所顾忌。事端渐息，他立即放逐其母往南方，迁武姜于城颍（今河南临颍西北）。并且当众撂给她一句狠话，"不及黄泉，无相见也"。意思是除非于地下黄泉，今生永不再见，以此宣示他对武姜的怨恨。

虽然庄公与武姜撕破了脸皮，但一方面出于母子亲情，另一方面也碍于脸面及治国的需要，庄公很快意识到，将武姜放逐城颍未经慎重思虑，明显草率。一年后，庄公已然后悔于自己所立的毒誓。怎奈有众人听证，反悔何易。

正当庄公左右为难之际，有在颍谷职典封疆的小官颍考叔前来国都进献贡品。所献无非是些当地的土特产，至于《东周列国志》中所言是几只猫头鹰的说法，应属无稽之谈，庄公可不是好糊弄的。

依惯例，庄公招待颍考叔吃顿饭。使郑庄公感到奇怪的是，颍考叔除把肉食剩了下来，其余杯盘一扫而光。庄公便问颍考叔为何不吃肉，回答说，小臣家中有老母，只靠小臣赡养，从未吃过国君赏赐的肉，请求让我把这些肉带回去给她也尝尝。庄公瘛生心中一酸，感叹道，你还有母亲可以尽孝，独我不能奉此心也。

既有此言，颍考叔遂明知故问，敢问公何出此言？于是，国君瘛生与一个小官做了一番推心置腹的交流，并表示了自己的悔意。颍考叔本就是带着来解庄公心结的目的来的，听完庄公所言，他当即劝慰庄公，公何苦为难于此？便若掘地成隧，黄泉乃现，及隧中相见，有谁敢说如此不符公之前言？

庄公大悦，欣慰之余肯定又许下了给颍考叔升官的诺言。于是掘地工程立即展开，大隧始成，黄泉立现。于是庄公下到隧洞中，武姜早在洞内等候，母子相见。郑庄公遂成就了掘地见母的壮举。庄公万分喜悦，歌而赋之，"大隧之中，其乐也融融"。待两人出得洞来，武姜亦赋而和之，"大隧之外，其乐也洩洩"。此一刻，虽虚情犹在，但毕竟亲情来自本心，母子如初亦有真意。

即当时情形，《左传》借自认为有德行的人做评论：颍考叔纯情大爱孝其母，并延及庄公，使之初心复萌，奉母成孝。正如《诗经·大雅·既醉》篇所云，"孝子不匮，永锡尔类"，一个人的孝行是人类向善的最好榜样。

后来颍考叔官至郑国大夫，深得郑庄公宠信。

【原文】《史记·郑世家》武公十年，娶申侯女为夫人，曰武姜。生太子寤生，生之难，及生，夫人弗爱。后生少子叔段，段生易，夫人爱之。二十七年，武公疾。夫人请公，欲立段为太子，公弗听。是岁，武公卒，寤生立，是为庄公。

【原文】《左传·隐公元年》大叔命西鄙北鄙贰于己。公子吕曰："国不堪贰，君将若之何？欲与大叔，臣请事之；若弗与，则请除之。无生民心。"公曰："无庸，将自及。"大叔又收贰以为己邑，至于廪延。子封曰："可矣，厚将得众。"公曰："不义，不暱，厚将崩。"大叔完聚，缮甲兵，具卒乘，将袭郑。夫人将启之。公闻其期，曰："可矣！"命子封帅车二百乘以伐京。京叛大叔段，段入于鄢，公伐诸鄢。五月辛丑，大叔出奔共。

第三篇　武公代翼称诸侯　诡诸假道灭虢国

【典故与事件】曲沃代翼；一国三公；假虞灭虢；里克弑君

【经传与出处】《史记》《春秋左传正义》《国语》

周平王二十五年，即公元前 746 年，晋文侯姬仇去世，其子姬伯即位，是为晋昭侯。昭侯元年，晋昭侯封其叔父即文侯之弟成师于曲沃，成师遂号曲沃桓叔。史载当时曲沃城邑比晋都翼城还要大，加上桓叔很会收买人心，所以时人早有预见，晋国祸乱的根源在曲沃。

昭侯七年，即公元前 739 年，晋大夫潘父弑杀昭侯，欲迎曲沃桓叔进翼承位。桓叔原本即怀此心，但其入主国都的愿望因遭到大多数晋国人的反对并遇晋军抗击兵败而很快破灭，只得怅然退还曲沃。晋人遂立昭侯之子姬平为君，史称晋孝侯。至于潘父的下场，可想而知。

晋孝侯八年，即公元前 731 年，带着些许不甘，七十二岁的曲沃桓叔离世，其子姬鳝即立，人称曲沃庄伯。孝侯十五年，即公元前 724 年，庄伯弑杀晋孝侯于翼城。不过庄伯此番亦赴桓叔之后尘，一样被晋军打回了曲沃。晋人再立孝侯之子姬郄为君，是为晋鄂侯（按《左传》的说法，鄂侯乃孝侯之弟）。

鄂侯六年，即公元前 718 年，庄伯纠集郑国、邢国发兵讨伐翼城。当时东周第二代君王周桓王姬林刚刚即位两年，可能默许了周世族大夫尹氏、武氏两族参与伐翼。是年春，翼（鄂）侯北奔随（今山西介休东）邑。内战相持至当年秋天，战局发生了变化。周桓王重定立场，使虢公忌父领多路兵马，反击曲沃。庄伯又一次兵败，退保曲沃。于是晋人共立鄂侯之子姬光为君，即晋哀侯。

到这时，晋国曲沃与北虢国之间的世仇可谓正式确立。之所以称世仇，是因为双方的恩怨前可以追溯至晋文侯时期，后将一直延续到晋献公时代。时公元前750年，晋文侯袭杀周室并立的周携王，从而奠定了周平王的正统地位。而周携王正是在二十一年前由西虢公翰为首拥立。此次虢公忌父趁晋国内乱出兵，显有公报私仇的意味。

鲁隐公六年，即公元前717年春，晋翼城九宗、五正、顷父之子大夫嘉父等接翼侯往鄂邑。所以翼侯又被晋国人称为鄂侯，当然翼城他是回不去了，其命运也只能终结在鄂邑。

晋哀侯二年，即公元前716年，抱着与桓叔一样未竟的遗愿，曲沃庄伯死了，其子姬称代位，史称曲沃武公。鲁隐公八年，即公元前715年夏，虢公忌父被周王室任命为右卿。

哀侯八年，即公元前710年，晋哀侯发兵进占翼城南部边邑战略要地陉廷。陉廷不甘就范，串通曲沃武公共谋晋翼。次年春，武公以其叔父韩万为御戎、梁弘为车右，引军进至陉廷，一场晋国内部的权力争夺战再一次在汾水河畔全面展开。哀侯放弃了前两次翼城击退曲沃所惯用的固守待援的战法，硬拼导致速败。曲沃武公身先士卒，追击哀侯，由于骖马被绊，只得停住。夜里，哀侯被围，在一起的还有哀侯之傅栾共叔。共叔名成，由于其父栾宾亦是当年桓叔之傅，所以武公许诺，只要共叔成归顺自己，可以奏请天子让他做晋国上卿。岂料栾共叔一心不为二主，严词驳斥了武公，最终战死。晋哀侯遂遭武公生擒。

晋国人看惯了世事无常，既然国一日不可无君，遂立哀侯之子姬小子为君。之所以新君名小子，源于古时礼制，凡在天子服丧期间出生的只能谓小子，故称晋小子侯。是年，鉴于当时形势，曲沃武公指使韩万将晋哀侯杀死了事。史称曲沃从此益加强盛，晋人无奈其何。

鲁桓公七年，即公元前705年，冬，武公诱骗小子侯至曲沃，又将其杀害。转年开春，曲沃武公占领翼城。犹豫到冬天，周桓王为维护自己"天下共主"的名号，觉得有必要出手干预晋国内乱，于是令遣虢仲讨伐曲沃武公。虢仲时为周朝卿士，是东迁而来的原西虢国的君主，人称虢公林父。当时的虢国还有一定的军事实力，讨逆大军不费周折就再一次把武公赶回了曲沃。晋人遂立哀侯之弟姬缗为晋侯。

鲁桓公九年，即公元前703年秋，虢公林父奉周天子令，联合芮伯、梁伯、荀侯、贾伯讨伐曲沃。尽管联军没有伤武公一根毫毛，但此后多年，武公亦不敢轻举妄动。

直到鲁庄公十六年，即公元前678年，蛰伏已久的曲沃武公率军一举攻灭晋侯缗，并搜罗晋翼所有的珍宝器物，以贿赂当时在位的周天子周僖王。周僖王遂命武公为晋君，位列诸侯。曲沃武公始以旁支小宗取代文侯大宗，兼并晋国之地，改称晋武公。是年冬，周僖王使虢公传命晋武公，以晋国新并，建制一军。

从史书上看，当时虢仲、虢叔颇受周王室所倚重，包括近代考古发现的虢季等亦如此。这也是东虢国、北虢国在春秋初期首遭诸侯攻灭的原因，所谓羽翼臂膀，必先折断于前。尽管虢国国君是当时屈指可数的七位公爵之一，但是诸侯成百上千，最终能够一呼百应而成盟主的在春秋时期也只有五霸。

由于《史记》在"晋世家"里的世系纪年与《左传》存在很多差异，所以在曲沃代翼之前的几任晋侯的轮替时间亦可能与史实不太相符。本文作如是说明，但并不妨碍再现描述曲沃小宗在晋得势的进程。

晋武公代晋两年，在其纪元三十九年，即公元前677年去世。其子姬诡诸同年即位，史称晋献公。早年武公伐夷，生擒其首领夷诡诸。放归后，夷诡诸处置失宜，再遭晋国打击而被杀。当然夷诡诸肯定不是他的真实名字，这只是周朝人指代他的称谓。无法判断武公以"诡诸"二字命名其子是为追忆故人还是为标榜战功，但显然献公出生时其还远未统一晋国。

鲁庄公十八年，即公元前 676 年春，虢公、晋献公一同上朝觐见刚刚登基的周惠王。天子设飨礼以酒宴接待两位君主，各赐玉器五对、马三匹。史称虢公、晋侯爵位不等而赐物相等，有违当时礼制。但周天子的用意显然不在固守"周礼"，毕竟其内心的苦衷又有几人能真切体味得到。为报答天子恩赏，虢公、晋献公会同郑厉公倡议为王谋婚，共推原庄公往陈国迎娶公主陈妫至京师洛邑。陈妫就是后来的惠后。

帮天子张罗完婚事，晋献公终将心思放回到了自己身上。晋献公五年，即公元前 672 年，姬诡诸兵伐骊戎，抱得骊姬姐妹而归。当然，在姬诡诸立为晋君前，其已娶妻齐姜等多人，且育有申生、重耳、夷吾等多位公子。

跟大多数君主一样，在国君的位置上坐了几年，晋献公感觉到了过于强盛的同宗公族对于自己君位的威胁正日渐逼近，由此忧心益重。自桓叔封曲沃到曲沃代晋，应该说桓叔、庄公的后裔自然庞大。到武公传位与献公已是第四代了，隔代宗亲虽然血缘关系明晰，但远近亲疏已很难追忆既往。为争权夺利，反目成仇甚至杀身取命的事情当然极有可能发生。所以说，在其父武公弑杀晋侯的历史教训震撼下，晋献公的忧虑是必然会有的。

鲁庄公二十三年，即公元前 671 年，大夫士蒍谏议献公说，但须去除公子富子，其他公子就好对付了。公子富子应当是桓、庄公族中地位、实力至高者，献公当即授意士蒍，尔可一试。士蒍于是又与群公子谋议，以群公子艳羡公子富子的富强为破口，离间富子与其他公族之间互为依托的紧密联系。传说富子一家最终逃亡郑国。再一年，士蒍再谋与群公子，致使游氏一族的两个公子横遭同宗杀戮。随后士蒍回报献公说，不出二年，公族之忧可定。

晋献公八年，即公元前669年，在士蒍的再度唆使下，群公子灭游氏一族，汇居于聚邑（今山西绛县东南），等于公开化了与献公的对立。是年冬，晋献公突然发兵包围聚邑。屠刀挥处，不问长幼，城内公族无一幸免。

翌年春，士蒍官拜晋国大司空。夏，士蒍督建聚邑宫室，整修城邑，迎晋献公由翼城迁都聚邑。晋人遂更名聚邑称绛。是年，散居他处幸存的公族公子们大部逃往虢国，寻求庇护。秋冬两季，虢国两度伐晋。但两度交战，虢国军队均被晋军挡了回来。

晋献公十年，即公元前667年，献公有意讨伐虢国。士蒍劝阻道，不可，虢公两伐我，骄意已显，必为其民所弃；等他众叛亲离，然后再攻，其凭谁御我；古语有言，礼之让事，乐之乐和，慈之爱亲，爱之哀丧，百姓遂行四事，可与人战；君主使民，当以义让哀乐为本，感召用事；今虢公不教民四事，强驱百姓力战，国力将竭日近；伐虢的时机已经不远了。此时的晋献公还能够听得进谋臣的进谏，遂耐性以待。

献公十二年，即公元前665年，骊姬生下了公子奚齐。为更立太子作铺垫，献公让太子申生镇守曲沃，公子重耳驻蒲城，公子夷吾守北屈，献公与骊姬及幼子奚齐当然居于绛都。十六年，即公元前661年，晋献公再建下军，由太子申生领军。申生以赵夙为御戎、毕万为车右，连灭霍、魏、耿三个姬姓诸侯国。当大军凯旋回镇曲沃，晋献公赐赵夙耿地，赐毕万魏地，皆为大夫。史称这是后世三家分晋的先兆。

士蒍觉得苗头不对，申生居功至伟，但献公意废申生太子位的意图却越来越明显。为申生计议，更为献公谋虑，他劝申生效仿当年吴太伯为避季历立王而远奔荆蛮直到吴地一样，寻机逃亡他国，以便父子两方都有台阶可下。但申生没有听，可能当时申生以为献公还不至于糊涂至此，会与己恩断情绝。他如何可以判断，骊姬在晋献公心里的地位岂是他们几位公子可比拟的。

鲁闵公二年，即公元前 660 年春，虢公率军在渭汭（今陕西潼关东北，渭水入黄河处）地区击败犬戎部落，算是为日渐颓败的周王朝强出了一口恶气。虢国大夫舟之侨以虢公骄奢无德，弃官投奔晋国。

《国语》里讲，促使舟之侨奔晋的直接原因是虢公丑做的一个梦。虢公梦见在其宗庙里，西方金正秋神蓐收执钺来告，天命晋国将攻虢国。蓐收另职天之刑神，掌管天下刑戮。但虢公丑非但不接受太史所对"天事官成"的解梦，反把他关了起来，并要求众官圆以吉兆。舟之侨与其族人说，别人都说虢国不久将亡，我今天才相信；国君不做战前防备，将大国来袭视为吉兆；殊不知，"小国傲，大国袭焉曰诛"；百姓恨君侈靡日久，现在天神示警，竟亦置若罔闻；眼见国力衰败，"内外无亲"，又会有哪路诸侯愿意救援虢国。讲完以上见解，舟之侨携其族人一同北奔晋国。这个故事讲得极富哲理，但亦显夸张。当然，虢公四方征战，可能德行修身不够，但不知舟之侨又是从哪里看出来晋侯是个有德行的人。

是年，晋献公再遣太子申生兵伐赤狄东山皋落部。卿大夫里克劝谏献公不应让太子领军，因为古制当太子监国。但献公回答，寡人儿子众多，不知谁（最终）可立为太子。尽管里克内心拥护太子申生，但在申生出征时却称病不从。

晋献公十九年，即公元前 658 年，尽管身陷太子废立之困，但献公亦不忘虢公之恶。晋献公言于属臣，称当初我族先君庄伯、武公伐翼，常遭虢公干预，助晋攻我曲沃；而今又接纳藏匿晋诸公子，与我为乱；不灭虢国，贻害子孙。大夫荀息献策，以屈产良马备驷挽之乘，及垂棘所出玉璧礼与虞公，假道伐虢。

虞、虢两国是春秋时期的小国家，但其爵位均是公爵。虢公是文王之父王季的后裔，而虞公更是文王祖父周太王之胄，两国在东周王庭的地位不言而喻。从地理上看，虞国位于晋之南、中条山南缘低处，而虢国又位于虞国以南黄河两岸。两国关系非常紧密，互为依存。

献公有些舍不得，说良马美玉乃吾之珍宝，如何与人。荀息答，礼为借道，只暂时寄存于虞国府库而已。献公还是有些犹豫，说，宫之奇在虞国，何以见欺。宫之奇是当时虞国公认的贤良，但荀息回答，宫之奇为人懦弱而不擅强谏，且年岁稍长于虞君，君臣过于亲近，所以即便宫之奇出来谏止，虞君也不会听的。于是晋献公遣荀息出使虞国借道。

在虞公面前，荀息则另有一番言辞。他说，昔日冀国（今山西河津东北）无道，自颠轹坡攻虞，一直打到郹邑三门；现冀国既遭重创，这亦是其国君失道的缘故；如今虢公无道，于北境构筑军塞驻屯重兵，实为侵占晋国边邑的南郊土地；缘此特向贵国假道，晋将问罪虢国。得了晋国的重礼，虞公听罢一口应允，并表示虞国愿意先发征讨虢国。宫之奇来劝谏，虞公根本不听，传令全国集结军队，应时出征。

是年夏天，里克、荀息率领晋军与虞军会合，南攻虢国。虢国军队望风而逃，晋、虞两军轻取虢之下阳（今山西平陆北）城，然后回兵。

丧失了黄河以北的土地后，这一时期的虢国在历史上又被称为南虢。《春秋》经卷里，记载下阳被破用的是"灭"字，大概有两个原因，其一，虽未经历激战，但晋、虞两国动用了重兵。其二，下阳城中可能设有虢公先祖的宗庙，其在虢国的地位与曲沃之于晋国差不多，城破亦可称灭。但虢公对此并未作太多的意思表示，史载是年秋，虢公与戎狄部落战于桑田（今河南灵宝北），取得胜利。晋掌卜大夫卜偃对此所做的结论是，虢必将亡国；失下阳而无所畏，却又夺军功，这是上苍不给他自省的机会；既纵其骄，病入肌体亦不察；且其民得不到安抚则易于晋军攻伐；结语是，虢之田地不可得五熟，也就是五年内虢国必灭。

晋献公二十一年，即公元前 656 年，骊姬暗中使人在太子申生祭祀其母齐姜后献来的祭品中下毒，将鸩毒下在酒里，在肉里放入乌头。乌头的植株又称断肠草，主根即乌头，有剧毒，侧根即附子，皆为中草药材。献公狩猎回来，已过了六天，其以酒祭地，结果地上迅速起了一个小土包。骊姬喂狗以肉，狗即死，令宦官饮酒，宦官亦死。见此情形，晋献公自然暴跳如雷，而申生早吓得逃回了曲沃。十二月戊申日，为表示自己的清白与赤诚，申生在曲沃新城的宗庙里上吊自杀。

当时重耳、夷吾也在绛，骊姬遂又诬陷二公子必亦参与其间。二人听到消息，即刻逃出绛都。但这二人可不是善茬，在重耳跑回蒲城、夷吾逃归北屈后，二人立即驻兵士蒍筑成的新城，凭坚据守。

先前，献公让士蒍为二公子督建蒲、屈新城。史称士蒍偷工减料，很"不谨慎"。夷吾不干，告到晋献公那里。献公责问士蒍，士蒍稽首谢罪，说边城未遇敌寇，何必耗资高垒。待退到外面，士蒍自吟道，"一国三公"，谁与适从！如今坚城筑就，二公子因申生之死受到牵连，遂自固其城。面对如此局面，晋献公亦难收场。

献公二十二年，即公元前655年，晋献公兵伐蒲、屈。或许晋军不敢真打，也可能二城确实坚固，终不能下。只是后来重耳遭遇勃鞮行刺，被斩祛袂而受到惊吓，在其舅舅狐偃等人的劝说下逃亡北狄。狐偃给出的理由是，相比远在天边的齐、楚，位于吕梁山区的北狄狐氏部落算得上近在咫尺，但由于大戎素与晋国构有仇怨，所以近亦不通；身在北狄，可以静观晋与诸侯之变。而实际上，其中最主要的原因，是重耳的生母狐姬本就来自北狄狐氏，狐偃当然亦是戎狄人。重耳此去狐氏部落，等于回到了姥姥家。

是年秋，在还没有从父子反目的愤懑中解脱出来的晋献公再次遣使向虞国假道，意为伐虢。宫之奇再谏虞公，说虢国乃虞之屏障，虢国被灭，虞必步其后尘；不可以纵容晋之气焰，更不可置敌于不顾；使晋得逞一次已属过分，怎可再许假道？正所谓"辅车相依，唇亡齿寒"，犹如虞、虢互为邻邦，存亡相系。

虞公说，晋是我同宗，岂能害我？宫之奇对道，太伯、虞仲，周太王之左昭，太伯不从父命，没有继嗣王位；虢仲、虢叔，王季之右穆，均为文王卿士，屡立功勋于王室，封爵的誓言还收藏在司盟之府。晋连虢国都欲攻灭，又如何顾惜虞国？难道虞国能比桓叔、庄伯的后人更亲近于晋不成？桓叔一族，乃献公从祖昆弟，庄伯族人，亦献公从父昆弟，他们何罪之有，却惨遭屠戮，不就是献公担心君位受到威胁吗？宗亲或许觊觎君权，犹遇戕害，何况他国外邦？

虞公又说，我的享祀丰盛而洁净，神明必然护佑于我。宫之奇又对，臣曾听闻，既如鬼神，世人焉能得其亲近，唯有依凭德行才可盼望天佑；是故《尚书·周书·蔡仲之命》篇说，"皇天无亲，惟德是辅"，意即上苍与人不分亲疏，只辅佑有德行的人；《周书·君陈》篇又说，"黍稷非馨，明德惟馨"，言及芬芳之气并非皆来自黍谷祭礼，唯有美德才能远闻馨香；《周书·旅獒》篇还说，"人不易物，惟德其物"，是说各人奉献的祭物没有什么不同，但神灵只会享用有德行的人所奉之物，是以物贵由人，可贵之处在于德行；所以说，君主没有德行，百姓就不会和顺，神灵也不会享用他的祭品。神明意判所依，亦在德行有无。假使晋国取下虞国后，修养美德，祀礼奉献，神灵如何不会去享用那些馨香的祭礼呢？

史称虞公弗听谏言，依然同意了晋使假道的要求。从朝堂出来，宫之奇对他儿子说，虞国快灭亡了！唯以忠信为本，才能让他国驻军而不受其害；去除阴暗私心应对于外谓之忠，恒定立身之道处世为人谓之信。今国君将其平生所恶反施于人，明显未了私心；收受他国贿财灭亡宗亲之国，立场摇摆不定。一个国家无忠不立，无信不稳。既失忠信，又允许晋军借道，晋军见我有隙可乘，回兵之际必将图谋灭虞；虞公已然丧失其立国之根本，如何可以持久？我若不走，恐怕灾祸就要临头。于是，宫之奇领着妻儿逃亡西山国境。临行断言，虞国再不能行年终的腊祭了，晋国也不会再为虞国兴师动众了，因为晋军此行就将灭亡虞国。

虞公见利忘义，不顾忠言，茫然而未知祸福，再一次向强国洞开了国门。于是晋军借道虞国，于八月甲午兵围虢国上阳（今河南三门峡）都城。从《左传》的行文中可以推断，此次晋献公应该是亲临前线，督军伐虢。他问卜偃，吾军胜算几何？卜偃答，一战而克。献公问，何时（月）可以攻城？卜偃说，外边有童子行歌，称丙子日平旦，日月交会，太阳行至龙尾星辰，月亮正处天策星辰，尾星隐而不见，所谓"龙尾伏辰"正值晨间。晋国全军遂着戎装，甲叶震撼天地，伐取虢国的旌旗矗立在前，已成摧城之势。其时，鹑火星次已近至正南，天策星近日，黯淡无光。晨中，鹑火位踞正南，军有功成，虢公奔逃。虽说童言无忌，以星辰推验，克敌当在九月、十月晦朔之交；夏十月（即周十二月）朔，丙子日平旦；此时太阳在尾星，月亮在天策，鹑火在正南，晋军必将一战破敌。

冬，十二月，丙子日，朔，晋军攻破上阳城，虢国灭亡，虢公丑逃奔京师洛邑。一代枭雄堂堂虢公，从此退出了历史的舞台。晋军回师，再入虞国，献公君臣住在虞国的馆驿之中。趁虞公没有防备，晋军突然行动，占领虞国都城（今山西平陆），再灭虞国。

虞公以及井伯百里奚皆为晋军所获。更为悲惨的是，晋献公已在上一年以自己的长女、申生之姊与秦穆公订立了婚约，正好可将二人作为侍奉穆姬的奴仆一起送往秦都雍城。当然百里奚东奔西逃，最后还是做了秦国的"五羖大夫"。而虞公从此就没有了下文，从一国之主沦落为一个奴隶，这是他贪璧成罪的恶果，若非贪生怕死，安将残喘于世。

当荀息持璧牵马来到献公面前，将之前送与虞公的宝物奉还献公时，晋献公笑道：玉璧还是先王之玉璧，马亦吾当初之良马，怎奈马齿已老矣。由于晋献公并没有毁损虞国的神庙祭坛，且将原来虞国承担的赋税劳役仍然归于周惠王，所以尽管献公在一月之间连灭两个同姓国，孔子竟也没有在《春秋经》里点出晋献公的名字，不以为讥。所谓春秋笔法，于无形之中亦能明其心志，更不用说字词变幻，用意之深。

晋献公"假道伐虢"，灭亡虢国，当然有其寻仇的意味。但既伐虢国，又灭虞国，亦遵循了其开疆扩土的战略需求。其两次借道虞国，贿虞公以国宝，离间虢、虞两国，使虞国失去了依托。一俟晋军进入虞境，虞公也只能听命于晋侯。作为一个小国家，既为他国军队所占领，反抗的时机和条件均已失去，灭亡几乎是其唯一的结局。

献公二十三年，即公元前654年，晋献公遣大夫贾华再伐屈邑。屈邑当地百姓四散而逃，夷吾在冀芮等人的劝说下投奔梁（今陕西韩城）国，伺机以待。二十五年，献公再发兵，以里克为主将，梁由靡为御戎，虢射为车右，在北屈采桑津击退戎狄部落。是年夏，戎狄反击采桑，把进犯的晋兵赶跑。

晋献公二十六年，即公元前651年，九月甲子，重病已久的晋献公去世。临死前，献公以荀息为国相，把尚在少年的奚齐托付给荀息，防的就是因为前有申生之鉴，恐怕自己身后再生嗣位事端。但他哪里想得到，正是他在被骊姬蒙蔽了双眼之后所行的无道不义之事，早已使里克下定了决心，既有重耳、夷吾在外，奚齐是绝对坐不上晋国君位的。

冬十月，里克与大夫邳郑联手，杀奚齐于献公灵堂。荀息接受劝说，再立骊姬之妹所生刚两岁的卓子为君，随后安葬了献公。十一月，里克弑杀卓子于朝堂，命人用鞭子将骊姬活活打死于晋国街市。荀息只能自尽。史书引用《诗经·大雅》里的诗句，"白圭之玷，尚可磨也；斯言之玷，不可为也"来形容荀息当时的困境。因为荀息在献公面前曾用生命做过保证，决不违背献公遗命，不做贰臣。所谓玉圭上面的玷缺可以磨掉，但说出来的话如何磨去。

里克遂遣屠岸夷至戎狄，劝说重耳回绛接位。重耳审时度势，放弃了这一转瞬即逝的良机。于是里克再迎夷吾，最终夷吾在秦穆公的支持下归晋，进位晋惠公。尽管夷吾在晋反复无常，也无德无能，但持续执政竟达一十四年，这样留给重耳的时间便只有短短的九年了。

当然，同样出乎献公的想象，在屈指可数的几年里，重耳凭借其半生困苦的积累，继齐桓公之后，一跃而为春秋霸主，史称晋文公。之于献公而言，如他在天之灵有知，如何能接受两个幼子接连被杀，以致造成父子三人共赴黄泉的惨痛现实？身前事尚难以掌控，更如何安排身后之事。

【原文】《国语·晋语二》献公问于卜偃曰："攻虢何月也？"对曰："童谣有之曰：'丙之晨，龙尾伏辰，均服振振，取虢之旂。鹑之贲贲，天策焞焞，火中成军，虢公其奔！'火中而旦，其九月十月之交乎？"

【原文】《史记·晋世家》（献公二十二年）其冬，晋灭虢，虢公丑奔周。还，袭灭虞，虏虞公及其大夫井伯百里奚以媵秦穆姬，而修虞祀。荀息牵曩所遗虞屈产之乘马奉之献公，献公笑曰："马则吾马，齿亦老矣！"

第四篇　楚成王盂会失信　宋襄公泓水守义

【典故与事件】盂之会；泓水之战；子鱼论战；不鼓不成列

【经传与出处】《春秋穀梁传注疏》《春秋左传正义》《国语》《史记》《说苑》

周襄王姬郑八年，即公元前644年春，王正月，初一戊申（时公元前645年）日，流星雨划过宋国夜空，有五颗陨石坠落于地。是月，六只鹢鸟退飞过宋国都城睢阳（今河南商丘睢阳）上空。所谓退飞，因风高亦疾，六只水鸟欲飞实退。

古人迷信，看天象成形、飞禽异行，只知是"祸福之始"。其时，东周朝廷内史叔兴正在宋国视察访问，宋襄公遂问其吉凶所在。当时内史相当于政府总理，观象与占卜亦属其职责范围。叔兴回答宋襄公说，去岁鲁国大丧频仍，明年齐国亦将生乱，但国君会得诸侯拥戴，不过也难得善终。言下之意，你做的好事，后果当然由你承担。宋襄公不明其义，别人也难解其理。叔兴为撇清关系，告退后对旁人说，国君所问失据，"石陨、鹢飞"阴阳错逆，事由"既往之咎"；国君"不知阴阳而空问人事"，阴阳之事何以征兆吉凶；"吉凶由人"，我只是不敢明说而已。

齐桓公四十三年，即公元前643年冬十月乙亥日，齐桓公在临淄病故，由于五公子（公子无诡、公子元、公子潘、公子商人、公子雍）争位，桓公遗体在床上停了六十七天，蛆虫都从门缝里钻了出来。十二月乙亥，易牙与竖貂立公子无诡为齐侯，太子昭逃往宋国。无诡收殓桓公遗体，辛巳夜，桓公小白得以发丧。

在管仲生前，齐桓公曾与其共同托付公子昭于宋襄公，明确其为太子。所以在翌年三月，宋襄公出面联合曹、卫、邾三国发兵护送太子昭归齐，讨伐无诡。齐国当政势力评估局势后随即响应，杀其国君无诡，接纳太子昭，准备立其为齐侯。宋襄公不战而屈齐之兵，遂遣曹、卫、邾三军回师，原本出兵助齐的鲁国军队见势亦退。眼看仗打不起来了，齐其余四公子再次发难，领其徒众杀奔太子昭，太子昭再逃宋国。

彼时，郑文公姬踕在位已有三十年的时间，一年多以前，由于父子反目，他刚刚杀了太子子华。其时的郑国早没有了昔日庄公时期的小霸威势，郑伯勉强在宋、齐、晋、楚等国间闪转腾挪，于夹缝中求生存。临齐国衰微之际，郑文公开始与楚国走近。是时，郑文公第一次晋谒楚子楚成王于郢都，楚成王回赐以"金"。当然这里的"金"实指楚国红铜，铜在当时不仅是主要的货币原材，而且还是铸造戈、矛等兵器的重要金属。所以楚成王刚刚把一堆楚铜送给人家，瞬时便后悔了。于是他给郑文公再加了一项要求，即不可以将这些铜铸成兵器。后来郑文公把铜搬回国内，命人铸成了三口大钟。

宋襄公被齐国公子们的恶行彻底激怒，立遣宋军独师来战。齐国四公子的部众肯定代表不了齐军的整体实力，夏五月戊寅，宋军大败齐四公子之徒于甗（音 yǎn，今山东济南西南）地，直到太子昭在临淄嗣位齐侯，宋军才转旗回师。

尽管公子无诡做了三个月的齐国国君，但因其被杀没有谥号，所以历史上也不承认他的国君身份。继齐桓公之后，公子昭做了齐侯，史称齐孝公。

在春秋首霸齐桓公病亡之初，由于齐国内乱，宋襄公本没有多余的想法。但在他扶立了齐国新君之后，宋襄公闪现了一试盟主的野心。鲁僖公十九年，即公元前 641 年春，王三月，宋襄公命人将滕子姬婴齐抓了来。滕宣公本没有什么罪名，却做了宋襄公争名立威的牺牲品。夏六月，宋襄公、曹共公、邾文公会盟于曹南（曹鄙，今山东定陶）。本来与会的应该还有鄫国（今山东临沂兰陵）国君鄫子，但其晚了一步，只得在中途于邾国（今山东邹城）接受盟约。鄫子看在宋襄公的面子上，也算尽心尽力。不料，已酉日，邾文公接宋襄公授意，以很不明确的罪名将鄫子扣押。其后竟以鄫子如牲畜一样社祭东夷妖神于睢水河畔。（一说打破鼻子，以鼻血献祭。）按宋襄公的意思，杀人祭神是为了震慑并借以驯服东夷诸部。

司马子鱼是宋襄公的异母长兄，名目夷，其对宋襄公的用意与做法皆不认同。他劝谏宋襄公说，先人不以六畜互为用祭，小祀不用大牲；诸侯衅庙也只用羊，堂门及两厢夹室都献鸡，谁敢用人作祭品；祭祀，本意在人，民众是妖神之主；献祭以人，何方神灵敢来享用？当年齐桓公保存鲁、邢、卫三国于危亡之时，所谓义士犹言其德义浅薄；如今一期会盟便虐杀二国之君，而况祭祀与昏恶野鬼，竟求霸主之名；冀望可成吗？（我看）（你）得以善终就算万幸了。

公子目夷所称"齐桓公存三亡国"的典故发生于齐桓公称霸的中期。在鲁庄公去世前后，夫人哀姜与庄公之弟庆父私通，庄公死后乱显，在不到两年的时间里，庆父连弑公子斑、鲁湣公二君，这正印证了齐国大夫仲孙湫在参加完庄公葬礼后回来所论的"不去庆父，鲁难未已"的前谶。哀姜可能是齐桓公的妹妹或者侄女，后来齐桓公派大夫高傒平息鲁难，令杀哀姜于邾国，把尸体送回了鲁国。其时前后，北方戎狄侵入邢、卫两国，齐桓公因管仲之谏发兵，帮助邢国筑夷仪（今山东聊城西南）城以自固。卫国人逃亡在曹邑搭草棚居住，齐桓公令修楚丘城予卫，又送了三百匹马给卫文公，使卫免于被灭。所谓"邢迁如归，卫国忘亡"，在齐桓公忧国忧民为诸侯、尽其春秋霸主之责的担当之下，保三国不亡，但还是有许多人对桓公相助邢、卫出手稍缓而颇多微词。

总的来说，由宋襄公主持的曹南之盟是很不成功的。除二君因此受辱之外，曹共公作为东道主，史称其未尽地主之礼，有可能亦未接受盟约。所以一俟夏秋转换，宋襄公泄愤与树威并举，发兵围曹。曹国是西周十二诸侯之一，虽扼守中原腹地，犹享伯爵，毕竟实力不济，到那时已属二线诸侯，在国际政治舞台上基本没有发言权。公子子鱼再劝襄公，这回更是引经据典。他说，当年文王得知崇侯虎陷害自己而进兵讨伐，相持三十多天对方不降，遂退兵修订军规、严明军纪而再进，崇侯虎见状这才开城请降；《诗经·大雅·思齐》篇说，"刑于寡妻，至于兄弟，以御于家邦"。文王所出政令，首先要求正妻、兄弟遵守，犹可推及家族以至国家；如今国君的德行尚有所欠缺，竟敢出兵征伐，如何了得。何不退而修德，完备而后进？想必宋襄公还是接受了子鱼的提议，撤了兵，因为史书未再有"宋人围曹"的进一步记载。再过十年，曹共公才会再因未尽地主之礼而遭受晋文公重耳的真正打击。

是年冬，更让宋襄公恶心的事情再生一件。由陈穆公牵头，蔡、楚、郑、陈、齐各国代表会盟于齐国，重申齐桓公之时的盟约，倡导诸侯以德义共进退。当然这样级别的盟会，国君不见得亲往，所以只能看作是各国对宋襄公近期恶行所表露的不满。

宋襄公不得不改变策略、转变态度，于次年末发出邀请，表示愿意回归诸侯立场，会盟诸侯。鲁国大夫臧文仲对此评判在先，他说，克制私欲、从善如流，遵循大家的意愿，是可以做成功事情的。但反过来，如让别人屈从个人的欲望，古今未见事成。

鲁僖公二十一年，即公元前 639 年春，宋、齐、楚三国代表在楚国鹿上（今安徽阜阳阜南）地区举行会盟准备会议。会上，宋国请求楚国支持其主持承办会盟大会。楚国人没有思想准备，不便反驳，表面上同意了宋国的主张。

等到楚成王接到宋襄公的正式邀请函时，大怒道，"召我"，我势将袭取宋公，折辱他一番不可。公子目夷听说襄公又想出头，便再来劝谏，他说小国争当盟主，是祸之开端。但愿宋国不会因此而亡，止于挫败，终为幸事。但事已至此，宋襄公利欲熏心，哪里听得进去。

是年秋，宋襄公（宋公）、楚成王（楚子）、陈穆公（陈侯）、蔡庄侯（蔡侯）、郑文公（郑伯）、许僖公（许男）、曹共公（曹伯）会盟于宋国盂（今河南睢县西北）地。宋襄公执意追寻名义上的诸侯盟主的称号的愿望将在此次盟会上基本破灭。其实公子目夷早有预感，他在会前就曾说过，大祸降临在即，国君欲求日甚，看来宋国难逃一难！

果不其然，在盂之会上，有备而来的楚成王突然发难，在大庭广众之下将宋襄公抓了起来，并倡议诸侯集师伐宋。根据史书侧面记载，诸侯尽管痛恨宋襄公的缺德丑态，却也不见得都赞成楚成王的暴力行为。不过因为没人敢站出来表示反对，所以此次"执宋公以伐宋"事件可以看作是除宋襄公以外的与会诸侯的集体行为，亦可算作是宋襄公咎由自取的结果。

当然，伐宋之战肯定是打不起来的。一方面，诸侯盟会于盂，只可能随往可数的大夫重臣及少量侍从护卫，即便如楚成王蓄谋而来，也不可能伴随以大量的作战部队。楚成王虽然有心伐宋，也难成其势，毕竟客场作战，焉能决胜。另一方面，宋国在其时的整体国力与军事实力均属上流；盂地侧据商丘西北、睢水河畔，位于宋国的中心地带；而况公子目夷对于突发事件早有预见，其为国相，主管着宋国的军事部门，那么多国君在境内开会，为安全起见，他也不可能不做防范。

盂之会最终未成结论。诸侯眼见转机不显，事已至此，只得四散。楚成王遂押着宋襄公，南归楚地。

楚成王利用宋襄公一时的忘形和疏忽，"反客为主"，以其强行扭转主客之势的谋定与果断，扣襄公于阶下，并将其掳至楚国。不但破灭了宋襄公意为盟主的企图，同时亦震慑了与会的各路诸侯，为楚国的日后称霸创设了契机。

冬日很快来临。楚成王抢了一只烫手的山芋，感觉进退维谷。当时楚国虽然国力日盛，但北方中原诸国亦处鼎盛之期，如齐、鲁、宋三国，整体实力并不在楚国之下，而强大的晋国因为内乱，无暇南顾，所以造成了自齐桓薨后诸侯盟主的空缺。楚国可能与当时秦国的处境差不多，均不受人待见，却都野心勃勃。

于是楚国人自找台阶，由近臣斗宜申出使鲁国献捷，交出宋襄公。当年文王之子周公旦受封采邑曲阜，由其子伯禽建立鲁国，是所谓周王室的直系封国。因其特殊的地位，鲁国立有文王宗庙，享天子礼乐，其在大小诸侯中具有至高的地位。纵览《春秋》经传，屡见诸侯朝会鲁国的记载，所以向鲁献捷，实际上就等同于向周天子献捷一样。如此，宋襄公的命运便有了转机。

按《春秋》所依周历，当年十二月癸丑日，诸侯再次在宋国薄（今河南商丘以北，《史记》作"亳"，音 bó）地会盟。由鲁僖公亲自护送宋襄公归国，正式宣告襄公重获自由。从中可以看出鲁僖公所起的调停斡旋的作用以及楚国甘愿无条件释放宋襄公的无奈。不过按照公子子鱼的说法，宋国既生了祸端，便远未到结束的时候。对于其个人而言，只凭劝谏已无力阻止宋襄公的一意孤行。

鲁僖公二十二年，即公元前 638 年三月，郑文公再次南去拜见楚成王，以寻求楚国的庇护。作为问鼎中原的跳板，郑国的来朝，楚成王当然乐见其成。但对于正无处泄愤的宋襄公而言，此事自然成为其大动干戈的借口和原因。

是年夏，宋襄公联合卫侯（卫文公）、许男（许僖公）、滕子（有可能是滕孝公姬郑）挥兵西进伐郑。史书没有明确公子子鱼是否阻止过宋襄公，但他亦如先知那样断言说，大祸终究躲不过了。

当郑国遣使向楚国请援时，楚成王爽快地允诺郑使发兵救郑。入秋，楚成王意解郑围，挥兵攻宋。于是宋襄公只得放弃郑国，转兵来战。大司马公孙固是襄公同宗至亲，其劝谏宋襄公说，上天遗弃殷商已经久远，国君意图再兴商丘亳都，但楚子强劲不可以战。按彼时宋襄公的思想状态，谁来谏言都没用，他根本听不进去。

　　商丘亳邑是成汤初建殷商时候的故都，在武王伐纣克殷后，封武庚禄父续殷祀，后武庚叛乱被诛，成王封商纣庶兄微子启代奉殷祀，建立宋国于商丘，所以宋国是殷商遗存，是唯一供奉前朝宗庙的周代诸侯国。公孙固其人在《国语》里有他的正面记载，但在此处出现，各类史书说法不一。《史记》以为如上劝谏亦出自公子子鱼之口，本文难做细究。

　　冬，十一月初一，己巳日，宋襄公亲领宋军于泓水迎战来犯的楚军。泓水如今早已湮灭，其故道在今河南省柘（zhè）城县以北三十里，流水大致呈东南走向。当楚军大队人马进抵泓水一线，宋军已经在泓水北岸严阵以待。司马子鱼建议襄公，敌众我寡，趁其全军未完成渡河，快速出击，可望得胜。不料宋襄公断然拒绝，不可，君子不乘人之危，不攻人于险境，待其尽渡。等到楚军全部过河，一时旌旗纷乱于上，阵形散乱于下，看起来短时间内很难排成队列。子鱼再次请求襄公，彼我军力悬殊，立时出击可以制胜。宋襄公说，不可，待其摆好阵势再战。不久，楚军已具战斗阵型，襄公至此下令擂鼓出击。强大的楚军既站稳了脚跟，焉还有宋军逞强的机会，两军接战，宋军大败。宋襄公在乱战中腿部中箭，其左右护卫全部战死，所幸有子鱼等人竭力抵挡，最终寻隙逃回了商丘。

　　此战失利，宋国上下人人将责任归咎于襄公。守礼偏战，恶诈战，固守旧时的作战规则，以正道狷介自居，如何不败；即便像至道之人、道学始祖老子还在他的《道德经》里讲过"以正治国，以奇用兵"的话；而今宋襄公不顾兵力弱于楚军的事实，固行古时敌战之礼，所以时人讥讽其兵败身伤，是其曲解了至道之术的真正含义的必然下场。

丙子日晨，郑文公在郑国的柯泽慰劳凯旋回师的楚成王，同时出席的还有其两位夫人芈氏、姜氏。楚成王得意忘形，让其乐师师缙献上截下来的宋军战俘的（左）耳朵，以助众兴。按当时礼制，如上行为都是非常失礼的。妇女来往迎送是不能出门的，即使面见兄弟也不可逾越门限。至于军中器物，更不允许女人接近，何况这血淋淋据以计功的战俘的耳朵。

次日丁丑，楚成王接受郑文公的正式宴请，享上公之礼，九献。所谓九献，就是轮番敬酒，不厌其烦，来回九巡。而实际上楚成王子爵身份，竟自诩霸主，不懂含蓄，也不知收敛。庭上，摆列食物品数上百，笾、豆器皿中皆陈列六种吃食。极尽奢靡不论，肯定有违周朝的飨礼。宴饮至夜，楚成王离席回营，除由芈夫人送行外，身边还多了郑国二姬伴随以归。

这二姬，一说是姜夫人之女，亦说是芈夫人之女。因为按芈夫人的辈分，她有可能是楚成王的姊妹，其女自然是楚成王的外甥女，所以郑国国相叔詹愤然说，楚君无礼，怎么可能善终！礼制，毁于不讲差别、不论等级，高低无别不可成礼。况与妇女同行，天理亦不能容。言下之意，叔詹以为楚成王践踏礼制，长久不了，当然也难以遂其霸业。

宋襄公遭遇国人的轮番责难，却未感到理亏，还辩解说，君子之战，不会加害已经受伤的对手，更不会去抓头发花白的老弱士卒；自古为战，不凭险隘求胜；寡人虽然是前朝后裔，但绝不能擂鼓攻击还未摆成阵列的敌手。子鱼实在听不下去，反驳说，国君不通战阵，强敌适处险地难列阵势，可谓天助我时。就时出击遇阻之敌，有什么不可以的？既如此，犹恐不胜。况且今之楚军，是我劲敌。即使遇着敌方老弱兵卒，抓住了就必须押解回来，如何顾及其头发是否花白？为雪前耻，教习训战，为的就是杀敌求胜。至于伤而未死的敌军，为何不能再击以毙其命？倘若疼惜敌方受伤的士兵，不愿加害，不如勿予杀伤。如果同情敌军中的老人，则干脆投降他了事。三军用兵为战，讲求地利天时，盈天鼓声亦为激励士气。凭借险隘打击敌方，当然是可以的。擂响战鼓，振我军志，出击未成阵势的敌军，既合战法，自然可行。军以胜为战功，何依国君所论，一派胡言！

宋襄公十四年，即公元前637年，晋公子重耳携狐偃、赵衰等人辗转各国，途经商丘。大司马公孙固与重耳一见倾心，与狐偃互生情义。在公孙固的谏言下，宋襄公厚遇重耳，赠予马车二十辆，计八十匹马。他倒也明白，尽管此时重耳颠沛在外，但各国诸侯风云起伏，所有人都见识过，所以作为押注的政治资本该花还是要花出去的。果然，第二年，公子重耳在秦穆公的帮助下登上晋国君位，是为晋文公。再过四年，晋出兵救宋，解楚围。城濮一役，晋先轸打破旧时的作战规则，极尽兵不厌诈的各种手段，大败由成得臣统率的楚军，子玉（成得臣）回国自杀。

夏五月，庚寅日，宋襄公兹甫因箭伤及其他并发症不治而溘然离世，其子王臣继立，是为宋成公。很多人以为宋襄公的悲剧结果是其固守成礼而咎由自取，是逆时势之潮流如螳臂当车。但是也应该看到，在周室衰微的背景下，自齐桓薨后，宋襄公无形中感受到了那个时代赋予其肩上的重任。尽管不堪重负，尽管他一定也预见到了执意与楚正战会留给自己几成胜算，但他必须要让楚国蛮夷看到怎样才算是正统的偏战，怎样才是成式的敌战之礼。顺应时势，可称俊杰，不可称君子。诈战，在其自然是不屑的。所谓"不鼓不成列"，其中隐含着多少宋襄公欲挽礼义盛德于既倒的苦衷与无奈。

不过，相比可怜的宋襄公，楚成王的下场更没好到哪里去。所谓造化弄人，时运使然。自城濮一战，楚成王眼睁睁地看着晋文公重耳抢去了他即将到手的诸侯盟主之位。再六年，楚成王四十六年，即公元前626年，亦由于立嗣问题处置不当，楚成王熊恽遭其子商臣所弑，自绞身亡。临死前，他想最后吃一口熊掌的愿望都没有得到满足。因为熊掌煮起来费时，商臣等不及，亦恐夜长梦多，阙外生变。楚国蛮夷之君，确实一个比一个狠。

【原文】《左传·僖公二十二年》冬，十一月，己巳，朔，宋公及楚人战于泓。宋人既成列，楚人未既济。司马曰："彼众我寡，及其未既济也，请击之。"公曰："不可。"既济而未成列，又以告。公曰："未可。"既陈而后击之，宋师败绩。公伤股，门官歼焉。国人皆咎公。公曰："君子不重伤，不禽二毛。古之为军也，不以阻隘也。寡人虽亡国之余，不鼓不成列。"

【原文】《左传·僖公二十二年》丁丑，楚子入飨于郑，九献。庭实旅百，加笾豆六品。享毕，夜出，文芈送于军，取郑二姬以归。叔詹曰："楚王其不没乎！为礼卒于无别，无别不可谓礼，将何以没？"诸侯是以知其不遂霸也。

第五篇　夫差得胜却纵越　勾践尝胆终灭吴

【典故与事件】槜李之战；夫椒之战；卧薪尝胆；艾陵之战；黄池之会；笠泽之战

【经传与出处】《史记》《春秋左传正义》《国语》《吴越春秋》《越绝书》

吴王阖庐十九年，即公元前496年，夏五月，吴王阖庐领兵伐越。当时越王勾践初立，率军拒敌于槜李（今浙江嘉兴南）。勾践以死士三行自杀于两军阵前，极大地震慑了对方，遂一战大败吴军。越大夫灵姑浮挥戈砍到了阖庐的脚上，砍下一只鞋，斩落了阖庐的一个大脚趾。阖庐因伤死在离槜李仅七里的陉，太子夫差遂继位吴王。

史书记载，勾践乃远古先王夏禹的后裔，禹死后葬于今绍兴会稽山，为不使大禹祭祀断绝，夏后帝少康封其庶子无馀于会稽。因其号为"於越"，自此本地始称越地。至周敬王时，越侯夫谭的儿子允常开疆扩土，始称王。吴越两国在阖庐、允常时期因争三江五湖之利反复发生冲突，两家遂成世仇。而勾践就是允常的儿子，为第二代越王。三江在不同史籍上的记载各有出入，一般认为是吴江（松江）、钱塘江及浦阳江，而五湖又称震泽，即指太湖。

吴王夫差二年，即公元前494年，夫差为报父仇，再起全吴精兵伐越。勾践不等吴军南下，抢先攻吴，结果在夫椒（今江苏无锡马山）遭遇重创。在杀了主将石买后，勾践领五千甲兵退保会稽山。吴军趁势进围勾践。

勾践欲杀了妻儿死战到底，幸有范蠡劝说，遂计议图存，遣大夫文种向夫差请降称臣。夫差有心成平，但遭相国伍子胥坚决反对。文种返还，与勾践再谋，暗中送给吴国太宰伯嚭八名美女及珍宝。然后通过伯嚭再向夫差进言，越将以倾国宝器请赦勾践之罪，如吴王不允，越王只得领五千甲士决死抵抗。显然夫差被说动了心，但伍员对勾践的真实意图看得很清楚，其再谏言，今不灭越，二十年后越必将毁吴宫室，届时悔之不及。但夫差心意已决，没有听从伍子胥的忠告。是年三月，吴越再定盟好，夫差解围，振旅回师。是之谓"天以越赐吴，而吴不取"。

勾践与夫差前后年相继登位，这两人之间，既因袭了先人的旧恨，又很快铸造了新仇。假如勾践不够狡诈，而夫差又少一点妇人之仁，夫差怎么会认为他与勾践之间的仇怨已经了断，而留给对方卧薪尝胆的机会，终致身死国灭？

勾践遇赦，返归都城诸暨，于静默里开始反思自己的失误。其苦身焦思，尝胆明志，没有一天忘记会稽之耻。在这一时期，他接受计倪（研）、文种、范蠡等人的劝谏，改进治国方略，重点调整民生制度，"省赋敛，劝农桑"，形成了一整套有利于富民强兵的国家政策与奖惩机制。其时，尽管勾践坐在越王的位置上，但他过的日子跟百姓没有什么两样。百姓对其君主原存的怨言因其谦逊而迅速消退。

当然，对于勾践而言，其首要的一件大事是必须前去承受吴王夫差置于其身上的淫威。越王勾践五年，即公元前492年，五月，勾践携越王夫人与大夫诸稽郢、范蠡及三百随从登船北上，入臣事吴。群臣送至浙江，与越王惨然道别，哀声一片。按范蠡所论，其精通兵甲，而文种善理国政，所以留下文种掌管越国政务，自己则伴随勾践入质吴国。

传说勾践在吴国受尽了牵马尝粪与幽禁石室的屈辱，经过横跨三年卑躬屈膝、忍辱负重的苦役劳作，终于解除了夫差对其君臣的戒心。在第二年先放归范蠡后，到第三年鲁哀公五年，即公元前 490 年，夫差亲至姑苏蛇门外，道送勾践君臣返越。当范蠡驾着车重返浙江之上，再次见到越地秀丽山川，勾践不禁泪流满面，"涕泣阑干"。

越王勾践励精图治十余年的事迹在《吴越春秋》及《越绝书》里均有所体现，他与臣民一同劳作，夫人也亲自纺纱织布。勾践严律自身，不是自己种的粮食不吃，不是夫人作的衣裳不穿；他巡游施爱国中孩童，询问其名；四方君子志士来越，必朝见并以礼相待。他发布的最具可操作性的政令就是有关人口的奖励政策，规定精壮男子不可娶老妇，老夫亦不可娶少妻；女子十七未嫁，男子二十不娶，其父母要治罪；将分娩者须报官，由官府派医接生；生两个男孩者，赐酒一壶、狗一条，生两个女孩的，赏酒一壶、猪一头；生三个孩子的，由官府派给奶妈；生两孩的，由官府分担抚养一人；如长子死亡，免三年赋税徭役，末子如死，则免三月，丧葬礼仪同王子待遇；孤儿、寡妇、贫病者由官府收养，子女衣食由官府供给。有这样优厚政策的指引，越国人口的快速增长是必然的。

不过，对于勾践"卧薪尝胆"的说法，史书上只有其"尝胆"的记载，而没有"卧薪"的表述，但后世的传说跟史籍与史实之间存在的诸多差异显然亦抹杀不了他二十年灭吴的历史事实。

越王勾践十年，即公元前 487 年，"其国已富"。勾践念念不忘的是宿仇未报，然反观相国范蠡、大夫文种等文武大臣，虽心怀忧患，但不形于色，眼见攻吴之计得不到诸臣的响应，亦不免使勾践焦躁。此时，大夫逢同给勾践分析了当前的国际政局，认为虽然今越国府库殷实，但吴国依然强大；正如鸷鸟出击也须隐匿其形；据此提出了"结齐，亲楚，附晋，厚吴"的战略方针。

鉴于此，勾践问计文种。文种答曰，人言"高飞之鸟，死于美食；深泉之鱼，死于芳饵"，如欲伐吴复仇，必先投其所好，惰其心智，然后才能得其实。文种遂向勾践献策破吴九术，谓九术者，成汤、姬昌得以称王，（齐）桓公、（秦）穆公得以称霸；攻城略地，就像脱鞋那样容易。九术详述如下：一术，尊天地祭鬼神；二术，"重财币以遗其君，多货贿以喜其臣"；三术，高价收购其国物资使其国库空虚，迎合其君欲念使其百姓困顿；四术，"遗美女以惑其心而乱其谋"；五术，送之巧工良材，使其大兴土木竭尽财物；六术，保住其佞臣，使其轻易对外征伐；七术，孤立其谏臣，使其强硬而自绝；八术，富国强民以备军资；九术，训练甲兵，等待战机。文种谏言，九术既成，天下亦不难取，何况吴国。

勾践称善，遂令付诸九术。首先祭祀东皇公西王母，以求岁末丰登。又发三千木工入山伐木，选得文梓、楩楠各一株，雕龙刻凤，饰以金玉，使文种亲往敬献给吴王。吴王夫差因越国两根神木，遂倾全国之材，三年筹备，五年筑成姑苏台。雄伟的高台矗立在姑苏城外西南方的姑苏山上，二百里外的人们都可以望见。而吴国百姓则困苦形同哀鸿，不堪聊生。

当然，九术中最狠的一定是美人计。勾践十二年，即公元前485年，越人在苎萝山觅得西施、郑旦，饰以绫罗，教习仪容，三年始成，由范蠡进献二女与吴王。相国伍子胥引经据典痛陈夏、商、周朝误于美女的历史教训，劝谏夫差勿受。但夫差看着那两个楚楚动人的美人，怎会想到耽出于女色的后果，遂悦而受之。他哪里知道，此时的勾践正广备军资、厉兵秣马；从南林聘得越女，教习军士越女剑法；又从楚国请来善射者陈音，教授军士弓弩机巧。所谓越国"十年生聚，而十年教训"的成果正慢慢结出雏形。

鲁哀公十一年，即公元前484年，自勾践归越已历七年。经过多年的休养生息，越国国力逐渐强盛。是年，吴王夫差不顾公孙圣解梦占凶，趁齐国内乱又牵扯进了鲁国，遂在上一年自海上攻齐未果后，联合鲁哀公再次伐齐。越王勾践亦听从鲁使子贡的建议，厚赠夫差重币及屈卢矛与步光剑，并遣三千军卒随吴征齐，还没忘了送给伯嚭很多好东西。

这年五月，吴、鲁联军攻克齐国博（今山东泰安东南）邑；壬申日，进至嬴（今山东莱芜莱城）邑；甲戌日，与齐军于艾陵（今山东莱芜东北）展开决战。在吴大夫胥门巢领上军失利于国书所将齐国中军的情况下，夫差率其中军出击，大败齐军。掳获国书、公孙夏、闾丘明等及革车八百乘、甲兵三千，全部交给了鲁哀公处置。

凯旋回来的夫差本欲羞辱一下伍子胥，反得到伍子胥一如既往相关辍齐攻越的谏言，君臣二人不欢而散。彼时，越国看准时机，派文种出使吴国，买通太宰伯嚭进见夫差，枉称越国歉收、百姓饥贫，有意向吴借粟万石。伍子胥第一个跳出来反对，与伯嚭展开多番论战。文种保证来年丰收必还吴粮，最终夫差答应了越国的请求。实际上，此计是越国的一个测试，如吴王不允，说明吴对越还存有戒心，如吴王应允，则表明吴国一心北向，无暇南顾。粮食运到越国，举国欢庆，勾践遂把粮食分赐给了群臣和百姓。

吴王被伍子胥与伯嚭的论战闹得心神不宁，其遂遣伍员出使齐国，有意冷落伍子胥。伍子胥作为先王老臣，对吴王专听阿谀奉承之词的做派更感到失望，于是趁使齐之机，他把儿子托付给了齐国大夫鲍牧，改姓王孙。其时，伯嚭与其属官冯同正在寻机谗害伍员，伍子胥的上述做法正好成了他们攻击他的最好理由。当伍子胥一回到吴国，夫差即遣使赐属镂剑与伍员，命其自裁。

自杀前，伍子胥当着来使的面嘱咐家人，在其死后把他的眼睛置于姑苏东门（蚕门）上，因为他要亲眼看着来年越国军卒攻进吴国。随后，伍子胥引颈自刭。夫差听到回报，震怒不已，遂命人将伍子胥以鸱夷革囊裹尸，掷于江中。伍子胥遂神归大海，成为水仙，后世吴地逢五月初五有划龙舟的习俗，即源于纪念伍子胥。而大夫被离因与伍员过密，亦遭髡刑。

在《史记》与《吴越春秋》及《越绝书》中，先后出现三个近音人名，逄同、冯同、扶同，且互有混淆。而这三个人名实际上代表着不同身份的两个人，其一是越国大夫逄同或扶同，另一是吴国太宰属官逄同或冯同。鉴于《吴》及《越》的成书时间及其体裁所限，为明确指向，本文以《史记》为准，对于两者交集部分不予理会。

伍员既死，吴国政务皆由伯嚭节制。伯嚭其人身世几乎与伍子胥相同，但他的处世节操显然与伍员相去甚远。翌年，越国果然守约，如数归还精粟来吴，吴王大喜，见粟子颗粒饱满，便命吴地以越粟为种撒播田地，殊不知越粟已被勾践下令蒸熟晒干，致吴地当年旷野荒芜几乎绝收，百姓更加饥贫交迫。

鲁哀公十三年，即公元前482年夏，吴王夫差北会单平公、晋定公、鲁哀公于黄池（今河南封丘南）。为造声势，夫差倾吴国精锐之兵悉数随往。蛰伏多年的勾践终于等来了战机，遂行征吴大计。

六月丙子日，勾践亦整全国之兵：水军两千，甲兵四万，直属近卫六千，战将千员，分遣范蠡、泄庸领水军顺海路进至江淮水域布防，以备吴军主力回师；以大夫畴无馀、讴阳为前锋，兵分两路先发北上；自己则亲领中军随后跟进，突破吴江，兵进姑苏。

彼时的吴国由太子友监国，明显国中军力空虚。太子友领王子地、王孙弥庸、寿于姚于泓上（今江苏吴江震泽）隔水观阵，弥庸见越属姑蔑（今浙江衢州龙游）国军队竟打着他父亲的大旗，确认其父已被越军俘获，誓言力杀仇敌。太子友认为目下关系吴国存亡，不可轻战。弥庸不听，率麾下五千人马出战，王子地亦领军出城助战。乙酉日，吴越两军战于姑苏城外七里，越前锋亦发五千人出战。弥庸凭一时勇力，竟然战胜越军，抓获了越将畴无馀，王子地也俘虏了越将讴阳。但随后勾践中军亦至，王子地退守城内。次日丙戌，两军再次交战，越全军列阵，大败吴军于姑熊夷（今江苏苏州横山），俘获太子友、弥庸、寿於姚，太子友当日即被斩杀。丁亥日，越国大军进占姑苏外廓，焚毁姑苏台，还抢走了吴国的大船。

其时，远在黄池与晋鲁诸侯会盟的夫差也遇到了麻烦。首先，晋国要求夫差先去王号，改称吴子。再有，吴、晋两方在歃血先后顺序上发生了争执，数日难有定论。讨价还价之际，夫差接悉江南飞马传至的战报，大惊之余却痛下杀手，斩杀七名信使于帐中，只是为了封锁战情，以免列国听闻而影响其在谈判中的主动权。

这回夫差真急了，他遂依大夫王孙骆（雒）的谏议，趁天亮前于晋军营垒前一里布阵。在震天动地的金鼓声中，吴军三万六千甲兵列成三个方阵，夫差亲领中军，素甲白旗，望之如荼；左军赤裳朱羽，望之若火；右军玄舆黑甲，望之如墨。如此阵势，吓得晋国人都不敢出来。但当时的晋国已经走出了多年的内乱，并且久霸中原，国君晋定公还有很强的号召力，其执政上卿赵鞅赵简子更不是一个善茬，一帮人一商议，遂遣大夫司马寅出来与吴国人谈判。

夫差始终不肯退让，但司马寅从他发黑的脸色上已经看出吴国国内有变的征象，判断不是其嫡子死了，就是越国突袭了吴国。秋七月，辛丑日，各国与盟，夫差先歃，晋定公其后。尽管夫差争先，但晋、鲁诸国还是糊弄了夫差一回，实际没有承认吴国的盟主地位。黄池之会最终成为一场非正式的国际间诸侯首脑峰会，而没有呈现与其规模相应的现实意义。

夫差与晋定公别后立即引兵南返，但吴军长途奔波，锐气消磨殆尽，已经无心一战，夫差只得付出大笔钱粮与越媾和。勾践审时度势，自觉不能一击败吴，遂于本年冬与吴停战。至此，吴越两国的战略地位发生了逆转，勾践掌握了两国争霸的主动权。

越国经十年物质积累、人口繁衍和十年教习训练军卒，国力已赶上了吴国。当吴国蟹稻歉收，百姓困苦之时，夫差竟浑然不顾，倾全国之兵会盟黄池，致国中空虚，亦予勾践以可乘之机。也正因为勾践领悟了夫椒之战失利的教训，所以战役制定极其谨慎，其施行的战前准备涉及方方面面，遂行"趁火打劫"之计，一战取胜。是为经典。

鲁哀公十七年，即公元前478年，三月，勾践再攻吴国。时吴国士民疲敝，轻锐尽丧于齐晋。夫差试图御越军于松江南岸，遂领军沿笠泽（今江苏吴江）一线展开防御。两军沿江对峙，勾践分左军于江上五里，令右军潜出江下十里，于暗夜里击鼓虚进，以吸引吴军两翼。其则自率六千亲兵为中军，衔枚暗渡，突袭夫差中军。吴军防备不及、仓促应战，越左右两军趁势涉水包抄，吴军败势既成。随后越军连续追击，三败吴师，一败于囿（即笠泽），又败于没，三败于郊，吴王夫差退守姑苏，越军进至城西。

在胥门外六七里，越军遭遇阻碍，攻击停顿。越军于是在姑苏东南三十里三江口下三里，临江北岸立坛，杀白马祭典伍子胥，再开示浦直抵东门，进围姑苏。经过此役，吴国彻底丧失了反击越国的军事实力。到夫差二十一年，即公元前475年，十一月，越军围吴超过三年，吴军几次反击，亦累败于越。

鲁哀公二十二年，即公元前473年，吴王夫差领将相突围，吃生稻、食生瓜，一路逃到姑胥山（即姑苏山）上。吴王使王孙骆肉袒膝行，请成于勾践。勾践亦动了恻隐之心，欲放夫差一条生路。但范蠡岂肯退让，坚持"天以吴赐越"，越不可逆命，遂喝退了王孙骆，擂鼓督军攻下姑苏山，擒获夫差。

勾践犹发善心，告知夫差可至甬东（今浙江舟山）以三百户封邑了此余生。十一月丁卯，夫差见大势难挽，社稷已倾，以老而不能事君为由横剑自杀，吴国灭亡。临死前，夫差以帛自掩其目，自语无颜再见伍员与公孙圣。勾践令军士每人一抔土将夫差葬于秦余杭山（今江苏苏州阳山）之卑犹（今苏州西北鸡笼山）山，遂诛伯嚭全家，埋于一侧。

勾践既灭吴，领兵纵横江淮，与齐晋诸侯会于徐州，并向周元王献上贡品，周元王亦赐胙与勾践，始命为伯。越国遂成为春秋末年最后的霸主。

范蠡时为越国上将军，但他却看出了勾践"长颈鸟啄，鹰视狼步"的秉性，其人可共患难而不能同安乐，遂毅然轻装简从浮海入齐。史称范蠡自称鸱夷子皮，曾出临淄为相，后迁居定陶经商，万千家财三聚三散，人称陶朱公。历史学者一般认为，如上事迹可能是范氏族人多人成就，不见得集于范蠡一人三面、亲力而为。我们无法网罗太史公执意挥笔合写的诸多原意，千古谜团永不可解。

如《越绝书》所言"种善图始，蠡能虑终"。范蠡到齐国后书信与文种，以"蜚鸟尽，良弓藏；狡兔死，走狗烹"之言劝诫文种尽早脱身，但文种不信。果然，勾践二十五年，即公元前 472 年，越王勾践召文种说，您献伐吴九术，寡人自使三术灭吴，还请您助我先人争霸阴界去吧。文种感叹悔悟已晚，自嘲后世忠臣必以己为鉴，遂伏剑自杀。

【原文】《吴越春秋》范蠡曰："臣观吴王北会诸侯于黄池，精兵从王，国中空虚，老弱在后，太子留守。兵始出境未远，闻越掩其空虚，兵还不难也。不如来春。"其夏六月丙子，乃发习流二千人，俊士四万，君子六千，诸御千人。以乙酉与吴战，丙戌遂虏杀太子，丁亥入吴，焚姑胥台。

【原文】《史记·越王勾践世家》范蠡遂去，自齐遗大夫种书曰："蜚鸟尽，良弓藏；狡兔死，走狗烹。越王为人长颈鸟喙，可与共患难，不可与共乐。子何不去？"

第六篇　公孙奇计对邹忌　孙膑围魏破庞涓

【典故与事件】邯郸之难；围魏救赵；桂陵之战

【经传与出处】《史记》《战国策》《古本竹书纪年》《孙膑兵法》

　　周显王姬扁十五年，即公元前 354 年，赵成侯发兵攻占了卫国的漆、富丘两地。眼看着祖上创立的霸主威名屡遭各路诸侯的挑衅，魏惠王震怒之余，遂借魏卫互保盟约，遣魏国八万精锐，以魏武卒重甲步兵为主力，令庞涓为主将，直捣赵国都城邯郸。单凭赵国自身的军事力量，赵成侯根本无法抵御庞涓的攻击，其只得收缩防线，死守邯郸。史称"邯郸四暄，室坏多死"，邯郸城经历了魏军的长期围困。

　　齐威王二十六年，即公元前 353 年，赵成侯派使者向齐国求援。当时齐桓公田午已经故世，齐侯田因齐继位刚满三年，决断能力尚欠火候，于是问计群臣。三代老臣相国邹忌反对出兵，但大臣段干纶提出的战略则更具说服力。公孙闬（闵）私底下劝邹忌说，成侯何不为王谋划伐魏？胜，则君之首功，不胜，田忌败责，即便其没有战死，亦可因战场不利而诛杀之。邹忌以为然，遂同意田忌领兵伐魏。

　　《战国策》记载段干纶所述两种战略方向：西救邯郸，军驻城外，赵国倒是没有被破城但魏军亦将全师而退；不如南攻魏国襄陵，威慑大梁，以使魏军主力首尾难顾；这样邯郸既破而魏军劳师南北，我军亦可觅得胜机。显然，借邯郸之难，同时削弱赵魏两国的实力，才真正符合齐国的战略诉求。齐侯只一字评价，善。于是下令兵分两路，一路联合卫、宋两军南下佯攻襄陵（今河南睢县）；另一路由田忌为主将，孙膑为军师，领军八万，以齐技击执戟步兵为主力，相机伐魏。

本来，齐侯想拜孙膑为主将，但为孙膑坚决拒绝。当年孙膑在魏国受到庞涓的嫉妒与陷害，遭受膑刑和鲸刑，被削去了膝盖骨，脸上刺了字。孙膑以为刑下留命的人，身为残疾聊以偷生，不能为将。齐侯遂改命田忌为将，以孙膑为军师，让他坐在辎车中，以帷幔相掩，助谋田忌。

是年七月，齐军主力到达齐魏边境。同期，庞涓率魏军经连月苦战，于十月攻破邯郸。庞涓留下一部分魏军占据邯郸城，随即亲率主力转战卫国，移驻茌丘。因卫国弃魏投赵，此番不重重教训一下，难解魏惠王的心头大恨。

按田忌的本意，庞涓肆无忌惮纵横赵卫，须予迎头痛击，找上前去，大打出手便是。但是，孙膑早已蓄谋了宏大的战略企图，他说，欲解纷乱绳结不能用拳，要阻止双方相斗更不可参与搏击；面对强敌，应避其锋芒，攻其要害；一旦敌方受制，战场态势必然改变，围困自然而解。孙膑进一步解释，如今魏军远攻赵国，必倾其全国精锐在外，国内定剩老弱残兵。将军可遣一部袭扰大梁，逼迫魏军弃赵回援，我军主力趁势占据空虚要地，阻隔其归路。如此，我军既解了赵国之围，亦可以逸待劳，沿途击战魏军。

于是田忌实施"围魏救赵"之策，引兵穿越宋、卫两国结合部，南攻平陵。平陵地处魏国东部战略要冲，有魏军重兵把守。孙膑此举亦是疑兵之计，由于这条战线粮草接运难以保证，所以很容易让魏军产生齐将不擅用兵的错觉。到达平陵外围，孙膑故意让田忌派出不会打仗的齐城、高唐两邑都大夫率本部人马分路进战。结果可想而知，两支人马大败而还。

首战遭遇挫败，田忌着急向孙膑问计。孙膑胸有成竹，献计说，时机已现，可派轻装战车西出大梁（今河南开封西北）郊野，以激魏国怒气；再遣小股部队与庞涓接战，以示齐军惧战，庞涓气急之下，必然轻敌冒进。于是田忌依计而行，一部骑兵与南攻襄陵的齐、卫、宋联军相互策应，佯攻大梁；主力亦以一部与庞涓保持接触，进占桂陵。

实际上，自攻占邯郸，庞涓就已接获齐国出兵的战报，并得知齐国军师即是他的同窗孙膑。庞涓深知孙膑的厉害，他一面率军攻打卫国，一面做好了与齐军接战的准备。等了好多天，竟不见齐军半个影子。疑惑间，大梁遇急的战报却接连而至，齐、卫、宋联军已进围襄陵，迫近大梁。庞涓气极，他知道这是孙膑的调虎离山之计，但他别无选择，只得尊梁惠王之命，丢下卫国，全军南下回援。

庞涓也是将才，加上他对孙膑有所提防，因而沿路指挥马步军、轻装辎重梯次行进，分队掩护，全军蜿蜒浩荡但亦井然有序，唯徒行里程稍显不足。每日，魏惠王要求庞涓火速回援的命令由飞马所传接踵而至，令庞涓心里愈加焦躁，既欲加紧行军，又惧孙膑设下埋伏。

果不其然，回程不及一半，前锋即遭受齐军阻击。魏军奋勇冲杀，齐军遂败退无踪。但行不出几里，又有齐军堵截，稍一接战，亦被魏兵杀退。几次三番，庞涓怒火中烧，他亲自到前沿远眺齐军，见齐军人马寡微，战力显然不济。他当即决断，抛下步军辎重，亲率轻装战车飞驰大梁。

当时所谓马军即车骑部队，每车前驾两匹或四匹马，上乘三名军士，居中为御者，车左持弓主攻，为全车指挥，车右持矛配盾，参与进攻，主责防卫。当时各国及后来统一的秦汉，都大量配备车骑参与战争，由马匹保持战场所需的高速度，又由战车提供一定的稳定性及防护功能。由于车骑部队重攻轻守，所以需要重甲步兵进行战场协同。可以设想，庞涓带走的这支轻装战车部队，失去了魏武卒的侧翼护卫，一旦落入配械完整、准备充分的齐军主力的包围圈，后果自然不妙。

闻名遐迩的桂陵，位于今河南省长垣县境内，这里地势开阔，无险可据。但就在这广袤的杂草和丛林之间，齐军主力已悄然展开，静待魏军自投罗网。伴随着林梢四散的鸦雀哀鸣，蔽日层云滚滚西去，一场疾风暴雨近在眼前。

一接战，庞涓依然以为敌方是齐国的小股阻挠部队，随即命令魏军车骑进攻，决计冲垮齐军。但是连续两个冲锋，不但未能逾越齐军防线，本方将士却迅速减员，折损过半。庞涓始觉不妙，踌躇间，后队有军校飞马来报，大量齐军车骑已与后卫接战，归途被截。庞涓方才大悟，大骂孙膑用心险恶。他与孙膑所学兵法同出鬼谷子师门，不见得孙膑用计自己却察觉不到。之所以置兵法大忌于不顾，既迫于梁惠王的严令，也咎于自己心存侥幸。但是庞涓作战非常勇猛，势在绝境，他依然率领残部连续冲杀。终于，整支轻装战车部队损失殆尽，庞涓本人亦被齐军俘获。

检视战情，围魏救赵的战役目标基本达成。尽管没有重创魏武卒主力，不期擒获庞涓，在未来的谈判桌上平添了巨量的砝码，实属意外。田忌、孙膑遂率军撤离战场，回师临淄。

古人如此总结此役的战争经验，认为领兵打仗跟水利治理道理相近。遇强敌精锐突击，必先避其锋芒，后伺机反击，如同洪流顺江，唯以疏导为计；如对方战力孱弱，即可堵前断后，围而歼之，即同弱水潺潺，亦可筑堰围栏，便利灌溉。正因孙膑看清了魏军强于齐军的现实，打消了田忌意与魏军主力决战的企图，舍近求远，奔袭大梁，攻其必救，迫使庞涓回援。从而在魏军回程上觅得战机，取得辉煌战果，创造了扬名古今的经典战例。

梁惠成王十八年，即公元前 352 年，魏惠王联合韩国出兵重创围攻襄陵的齐、卫、宋联军，遂使战场态势趋于平衡。齐侯田因齐请楚将景舍出面调停，各国收兵。

次年，赵成侯在漳河边会盟魏惠王。在赵国做出巨大让步的前提下，两国达成阶段性谅解方案。魏军遂撤离邯郸。与此同时，齐国亦释庞涓还归大梁。

【原文】《战国策·齐策一·邯郸之难》段干纶曰："臣之求利，且不利者非此也。夫救邯郸军于其郊，是赵不拔而魏全也。故不如南攻襄陵以弊魏。邯郸拔而承魏之弊，是赵破而魏弱也。"田侯曰："善。"

【原文】《史记·孙子吴起列传》孙子曰："今梁赵相攻，轻兵锐卒必竭于外，老弱罢于内。君不若引兵疾走大梁，据其街路，冲其方虚，彼必释赵而自救。是我一举解赵之围而收弊于魏也。"田忌从之，魏果去邯郸，与齐战于桂陵，大破梁军。

第七篇　鸡鸣狗盗全性命　狡兔三窟绝宗嗣

【典故与事件】鸡鸣狗盗；冯谖弹铗；焚券市义；狡兔三窟

【经传与出处】《史记》《战国策》《大事记》《资治通鉴》《古本竹书纪年》

靖郭君田婴，是齐威王最小的儿子，也是齐宣王的庶弟。梁惠王二十八年，田婴随田忌、孙膑伐魏，败庞涓于马陵。魏惠王三十六年，即公元前334年，魏惠王、齐威王于徐州（今山东滕州东南）相王，魏惠王遂改元称一年。同年，田婴相齐，在齐威王时期在位十一年，大权独揽。到齐威王三十六年，即公元前321年，齐威王封田婴于徐州。徐州亦为薛地，也称舒州、徐州，当时此举还惹得楚怀王非常不高兴，差点迫使齐威王改回初衷，幸由公孙闬晓明以理、说服怀王，才使田婴城薛。

因在《史记》各"世家"及相关"列传"中，齐威王、齐宣王、齐湣王的初始纪年实际上记录的是他们的年龄，所以威王、宣王、湣王三代纪事颇有重合：

公元前334年，齐威王二十三年，齐宣王九年（岁），田婴相齐；魏、齐徐州相王。

公元前321年，齐威王三十六年，齐宣王二十二年（岁），齐湣王三年（岁），四月，齐威王封田婴于薛。十月，齐城薛。薛子婴来朝。

公元前320年，魏惠王后元十五年，齐威王卒，宣王辟疆立。

公元前 313 年，周赧王二年，齐田婴卒，子文立，即孟尝君。

公元前 301 年，齐宣王十九年，齐湣王二十三年（岁），宣王卒，子田地立。

公元前 300 年，齐湣王二十四年（岁），秦泾阳君为质于齐。

公元前 299 年，齐湣王二十五年（岁），孟尝君薛文入秦，昭王以孟尝君为秦相。

公元前 294 年，齐湣王三十年（岁），田甲劫王，相薛文走。秦五大夫吕礼奔齐。

……

史称田婴有四十多个子女，其贱妾生有一子名文。田文生日是五月五日，但古人认为，子生五月，待长至与门户一般高时，将祸害其父母；民俗以为，男害父，女妨母。所以田婴告诫其母，快把孩子扔掉，别养了。当然天下为母者，除非迫不得已，是绝不会抛弃自己的骨肉的，所以其妾偷偷抚养田文，直至田文成人之前，也没让田婴见着一面。等到田婴得知了实情责问其妾时，田文顿首反问其父，说，人生命运是囿于上苍还是受制于门框？这么一问，田婴语塞。田文又说，如受命于天，那么父亲犯不上多虑，如限于门户，就把门框加高，谁还能长过它！田婴说，好，好，你别说了。等于他默认了既往事实，也接受了其子田文。

后来田文劝田婴以万金家私广蓄门客、网罗贤士，以辅国盛，亦助家昌。史书没有交代田文养士自保的智慧缘起，更不见有所谓良师益友得教要领，最大原因应该是在当时权贵门庭里，养士蓄客已经蔚然成风。有才能无才能不论，侠义文武之士、泼皮无赖之徒，不分贵贱，如江河之鲫川流于各国权贵之间，是其时上流社会门户往来最常见的情景。包括田婴本人，亦有门客跟随。在田婴筑城于薛时，就有门客以"海大鱼"失水来比喻其远齐城薛的决策缺乏实际意义，又威王死后，其客齐貌辨替田婴在宣王面前消弭了误解，足见田婴养士的事实及成效。只是在田文看来，田婴还没有散尽积藏以养士，以罗绮、粱肉待门客，养士数量还不够多。所以后来田文代为薛公时，其"舍业厚遇""食客数千"，成战国四君子之首。

父子两人能做如上战略性的思想交流，显见亲密程度已与初时不可比拟。尤其在田婴有那么多儿子的情境下，他以田文掌管家政，看中的是其智略和待人的谦恭与练达。很快田文名声在外，各国游士宾客甚至戴罪逃亡之徒争相谒见，而成薛公门里的上宾。史称田文待客，令侍史在屏风后面记录，问明住家居处，等客走后，其家人已得田文馈赠。一天夜里，田文陪宾客一起吃饭，有仆从帮主人挡着火光，一客怒起，以为主客吃食有别，扔下饭碗欲走。田文坐起端过盘子给他看，竟无差异。宾客羞惭不已，竟拔剑自刭。自是宾客络绎来薛，常在数千人之众。《史记》亦称，正因为孟尝君广招门客，天下暴虐之徒有六万家在薛，以致当地民风大变，与邹、鲁殊异。田文不分来客身份贵贱，皆厚遇善待，以致宾客各自产生了田文亲己的错觉。许多人便在田婴面前说田文的好话，所谓争誉其美，都劝田婴以田文为嗣。

据南宋吕祖谦所撰《大事记·卷四》载，周赧王二年，即公元前313年，田婴卒，谥为靖郭君，当然靖郭两字是谥号还是封邑尚存争议。而田文果然代立于薛，续称薛公，号孟尝君。由于《大事记》注明本条记载来源于"列传"，而列传并未明确年份，所以判断田婴死于当年前后，误差应该不大。

史书对孟尝君惯为养士的做法颇有微词，基于养士的动机不纯，食客的成分及自身期许各异，后世有这样的看法不足为怪。但后人亦对孟尝君善用宾客，听得进谏言，从善如流的行为予以肯定，尽管依然怀有市义之心，但其外在表现及实质都是口惠实至和具有善意的。

《战国策·齐策三》记录了"孟尝君出行国至楚"的一件事，表现了其为收买人誉而刻意谦逊的思想境界。孟尝君出使楚国，楚怀王赠予象牙床，让郢之登徒负责护送。但由于象牙床价值千金，运送责任重大，万一路上磕坏了一点，卖儿卖女也赔不起，所以郢之登徒不愿接受此遣。于是他请求孟尝君门客公孙戌，说只要公孙戌说服其主拒收象牙床，他就以先人宝剑奉送。公孙戌遂进谏孟尝君勿受楚王象床，孟尝君问其故，公孙戌说，五国之所以皆加相印于君，是听说您在齐国有体恤贫困之仁，"有存亡继绝之义"；五国英桀之主，均付国事于君，乃钦慕您的信义与廉洁；如今到楚接受象床，您让那些未至之国其后拿什么待君？我劝您还是不要接受此物。公孙戌这里所称的五国相印，应该是虚职，是荣誉头衔。孟尝君觉得公孙戌所论有理，决意不受象床。公孙戌得到首肯，遂小跑而去。

孟尝君觉出怪异，在公孙戌刚至中厅时就把他叫了回来。孟尝君说，先生劝我勿受象床，很好，但先生为何喜形于色、志气飞扬？公孙戌回答倒也坦率，他说，我遇三大喜，又一宝剑。孟尝君问，怎么回事？公孙戌答，您门下数百，无人敢入谏，独我入谏，此一喜；谏后得听，此二喜；听后止君之过，此三喜；郢之登徒不愿担责护送象床，许我以先人宝剑。孟尝君听后称善，问，接受了没有？公孙戌说，谏未听前不敢受。孟尝君立现豪迈气概，说，去，赶紧收下。随即在门上手书，谁能扬我之名、止我之过、私下得外面馈赠的，速进谏。孟尝君的意思很明确，他并不想追究门客私受财物的行径，他只想通过门客获得真实的讯息。

齐宣王十九年，即公元前301年，宣王卒，齐湣王田地承嗣。时秦昭襄王嬴稷上位六年，国政掌握在其母宣太后及舅魏冉手中。齐湣王二十四年，即公元前300年，秦使泾阳君嬴市至齐为质。按大国平衡原则，秦国指名孟尝君薛文入秦，将以为相。史书称秦昭王听说薛文贤，故有此意，可能确有这层原因。

实际上，孟尝君对于西行入秦这件事并不抵触，但其宾客多以为此去凶多吉少，有上千人表示了反对意见。但孟尝君有意相秦，故未听从宾客们的劝谏。其时，门人来报，有客说事。孟尝君听烦了，不想见，说，人事我都知道了，我还未听说过的，独只剩鬼事。遂吩咐门人，将来客打发了事。在《史记》里，当时来客记为苏代，而《说苑》中仅以"客"字代称，但在《战国策》里，则明确来人就是苏秦。后人按当时情境与年代推断，来人应为苏秦。苏秦让门人转告，他这次来，本不敢言人事，而是专程来讲鬼事的。

孟尝君随即接见苏秦。苏秦省去客套，说，今天为臣来，在过淄水的时候，于岸上听到泥土所作之人与桃梗所刻之人两方的对话。木偶人对土偶人说，阁下乃西岸之土揉合而成，时至八月，暴雨飘落，淄水河涨，阁下将难脱残像。土偶人说，不然，吾本西岸之土，遇败则重回西岸；但阁下是东国（时楚国东部钟离、居巢、下蔡各地）桃梗，削以为人，大雨天降，淄水上涨，将阁下冲走，请问您随波逐流意欲何往？

讲完如上寓言，苏秦接着说，今秦乃四塞之国，犹如虎踞龙盘，君若入其地，为臣真不知道您还能否从那里再出来。明白人一听就清楚，苏秦所指土偶人就是泾阳君，木偶人即是孟尝君，当一样的风险来临，较之泾阳君，孟尝君所可以腾挪的空间显然有限。孟尝君这才中止去秦的打算，再作他计。

又将近过了一年，从秦国反馈来的信息称，他们不能接受田齐其他王族子孙来秦为质，执意要求孟尝君相秦。秦昭王八年，即公元前299年，湣王断然指派薛文随泾阳君入秦。孟尝君薛文遂精选宾客伴游，西往关中于咸阳宫朝见秦昭王，并奉上极为珍贵的狐白裘作为觐见之礼。秦昭王以孟尝君贤良，拟任相国。

翌年，有人劝说秦昭王，说孟尝君固然是贤能君子，但其乃田齐王族，而今相秦专权，凡事必先齐而后秦，那秦之利益如何体现，秦国岂不危矣。根据《史记·秦本纪》的记载，这个来说服昭王改变初衷的人叫金受（殳），当时为秦相。秦昭王一听有理，于是打消了让孟尝君为相的想法，好像之前他没有想到过这一层似的。昭王随后以赵国人楼缓为相，传令软禁孟尝君。为绝后患，秦昭王甚至有了除掉孟尝君的打算。

当风险来临，孟尝君是有思想准备的，也是有手段据以化解的。其遂使人找昭王宠姬求解脱身之计，宠姬传出话来，说孟尝君不是送了昭王一件狐白裘吗，我也想要一件。狐白裘，传说是集狐之腋下白毛而成，价值千金，天下无双。孟尝君只有一件狐白裘，已经送给了秦昭王，再翻不出第二件给予他人。但昭王宠姬不要金钱只要狐白裘，让孟尝君始觉棘手。

于是孟尝君求计于其门客，但问遍所有人却无人能应。失望之际，最下坐一门客原为惯盗，向孟尝君表示能够再得狐白裘。果然，趁夜里，其装拟狗形，潜入咸阳宫库藏，把狐白裘偷了出来。孟尝君遂以此裘转赠昭王宠姬。其后宠姬在昭王面前说了很多关于孟尝君的好话，终于说动昭王，竟致令下释归薛文。

孟尝君接获赦令，迅即引众出咸阳，驰车归齐。其更不管天黑路远，直出渭水南岸。而且孟尝君颇有心计，为减少麻烦，特意命人更改了通关官凭上的持有人姓名，一路东去竟畅行无阻。到了后半夜，离拂晓天明还有一段时间，一大帮人驰至函谷关（今河南灵宝北）下。此时秦昭王已经意识到自己所出赦令过于轻率，总不至于良久酝酿在心的国策设想让自己宠姬的枕边风就给吹翻了。昭王迅速命人到孟尝君住处找人，结果回报说人已跑了。于是秦昭王连夜派人沿着孟尝君东去的方向驰马追来。

按秦国关隘通行办法，各关卡在拂晓前鸡鸣头遍就可以开关，放行往来客商脚夫出入。眼见前路雄关截径，但开关时辰未到，孟尝君恐怕后面有秦人追来，显得万分焦急。手足无措间，其最下坐门客自告能鸡鸣叩关，孟尝君在此时也容不得多思虑，遂准其到关前试试。不料门客一试鸡鸣，四外不管家鸡野鸡随即应声附和，引颈齐鸣。守门军卒估计也在侧耳等待头遍鸡鸣，既然啼声四起，于是按例到岗，去锁，开关。孟尝君命人立即出示关凭文牒，顺利通关。一大溜马车就此首尾相连、鱼贯而出，随即扬长东去。只一顿饭工夫，大队秦军追至函谷关前，问明情形，料知孟尝君一伙已经远去，遂旋马西还。

孟尝君以"鸡鸣狗盗"的下作手段全身而退，在历史上留下了极其精彩的异事和极富争议的谈资。虽然其做法遭人诟病，但逃跑保命，自然不择手段，哪管形象保持与否、名声是否好听。本来"鸡鸣"与"狗盗"两人在众多宾客中亦属末流，别人都看不上他俩。及至帮助孟尝君脱离秦难，自始赢得众人钦佩。正所谓技不分高低，各有所用。

孟尝君在确认秦昭王有害己之心后，创造时机迅速逃跑，是合理运用"走为上计"的绝佳范例。在一般军事斗争中，敌强我弱的力量对比难免出现，正确的应敌之策当然是避其兵锋，先立于不败之地。在保存本方实力的前提下然后寻求战机，是行军常理、对战之道。

是年，赵惠文王以其弟赵胜为相，封平原君。与其时诸公子的做派相一致，平原君赵胜亦好士，家中食客常过数千。史称平原君为维护其"喜士"的名声，还被迫把他的嘲笑过跛脚邻居的美人给宰了。听说孟尝君自秦东归，路过赵国，平原君特意沿路恭候，以尽地主之谊。两人遂作短暂会晤，惺惺惜别。本来，战国二君子聚首，也算是件盛事。许多赵国人也久闻孟尝君贤名，纷纷围拢来一睹其尊容。但真人露相，却令人大失所望。大伙皆笑称，原以为薛公乃魁然伟丈夫，今日一见，其实矬子一个。孟尝君听见赵人议论，大发其怒，与其宾客执刃下车，当场砍杀当地百姓数百人，"灭一县"而去。可能一段时间以来孟尝君在秦国所受了怨气，来拿赵国人的性命泄愤。可见其所标榜的礼士爱民与真正意义上的贤良仁德存在着多么大的差距。

齐湣王对于孟尝君在秦国的遭遇也有些过意不去，毕竟是其主张遣孟尝君去秦的。所以在孟尝君回到临淄后，即以薛文为相，听决国政。时战国诸强相持对峙的固有状态已经进入了微妙的渐变阶段，习惯于纵横理论攻伐自保的东方各国很快将为他们的因循刻板付出沉重的代价。其实预兆在上一年亦已显现，楚怀王熊槐被秦昭王诱骗进武关继而扣押在咸阳，但秦国人这种背信弃义、不讲规则的做法并没有引起中原各国的警觉，没有意识到原有的临战合纵的手段已经遏制不了秦人东侵的野心，而依然认为诸侯大国间的动态平衡可以维持。

原本，齐湣王想借怀王留秦、楚国太子熊横质于齐之际，谋取楚之"下东国"。但转念一想，如此做法亦有"抱空质而行不义于天下"的风险，遂遣熊横回郢中即楚王位，干脆趁楚临难之际以武力威胁、强取楚之淮北。而孟尝君的智囊团则更有高超的计谋，可以一逞齐国之威，那就是：攻楚不如伐秦。伐秦既师出有名，亦可平薛文仇秦之恨；还可以讹诈楚怀王，转令怀王割让东国与齐，一样可以达到扩土益疆的前期目的；更重要的是，齐国还能据此捞取德义的好名声，不但楚怀王会感恩，连秦国也会就此忌惮齐国两分。湣王一想也对，遂以薛文领军，联合韩、魏、赵、宋及中山国，举兵西攻秦塞。

在孟尝君的谋臣之中，苏秦的影子始终飘忽在左右。所以用"飘忽"两字，是因为其立场的不确定性。其劝薛文及湣王多面下注，而他却以非常卑劣的手法几方渔利，左右逢源。表面上看，其闪转腾挪、进退有度，实际上他所参与的就是一场豪赌，赢则赢矣，败则身死。某种意义上讲，最后六国败亡，这帮纵横家也要负一定的责任。

按《战国策》所记，当孟尝君领兵进占函谷关后，亦遭遇了另一位纵横家韩庆的游说。韩庆应该是西周武公的属臣，当时周赧王也已从成周迁都河南王城（今河南洛阳），实际上与西周君同居一邑。韩庆此番来的目的，是意图阻止薛文伐秦。由于孟尝君要求西周国提供伐秦军需乃至兵员，尽管名义上说是借，但小小的西周公国如何负担得起这庞大的军备，谁知道齐国人什么时候再还呢。所以如果韩庆游说成功，西周国就无须出钱出力并得罪秦国了。

韩庆抛出的核心论据很能触动孟尝君当时的真实思想。他说，齐国与韩、魏攻楚九年，获取的宛、叶以北的土地都归了韩、魏；如今攻秦掠地，照样要属韩、魏；假使韩、魏"南无楚忧，西无秦患"，那齐国不就要面临风险了吗；至于齐国伐秦的本意，敝邑国君愿意出头请求秦昭王放还楚王，怀王德齐，东国下焉；而秦不被削弱，则三晋必须倚重于齐，薛公亦可传世无患。孟尝君称善，传令停军罢战，遂不再提及所谓"借兵食于西周"一节。

但是，人算不如天算。到次年，即周赧王十八年，楚怀王实施了一次逃亡行动，但他没有像孟尝君那么幸运，半途就让秦国人给逮了回去，并于次年薨逝于秦，韩庆口头上所做的令怀王割东国与齐的承诺遂成幻影。

实际上，当秦军在函谷关兵败后，秦国内部万分紧张。其君臣在是否割地请和问题上犹豫再三，渭水、黄河各渡口甚至封锁了一天。当时秦相楼缓不肯表态，他认为像割地讲和这样关系到国家存亡的大事只能召嬴姓公族公子池出来定夺，于是昭王找来公子池问计。

公子池更是聪明人，他对秦昭王说，大王讲和也会后悔，不讲和也会后悔。昭王问，什么意思？公子池说，秦割河东讲和，三国虽去，但秦失三城，大王必然感觉可惜，所以后悔。但若不予讲和，三国之军已入函谷关，咸阳临危，大王亦觉独爱三城，以致国本遇侵，还会后悔。秦昭王是明白人，一听就知道公子池也在推脱责任，随即下诏，既然都要后悔，吾宁愿弃三城而保咸阳，我意已决，讲和。其遂以公子池为使，割河东三城与三国，请和停战。

史书记载，齐湣王二十八年，即公元前296年，五国联军进至盐氏（今山西运城）司盐城，迫使秦国同意割河东三城请和，三国退兵。因当时孟尝君实际已经停兵，所以其中大部应该是韩、魏的军队，主要因素也在于河东有大片韩、魏的故地，时为秦军所占据。

是年，秦国把几年前占领的韩邑武遂（今山西垣曲东南临河）还给了韩国，把封陵（今山西芮城风陵渡）还给了魏国。至于齐国，史书没有交代他们捞到的好处。

但是，孟尝君个人却因其传奇经历与作为获得了道义名声方面的巨大提升以及政治地位的进一步巩固与发展。史称其家中食客三千、"封万户于薛"、专权于临淄，当时天下人只知有孟尝君，而不知有齐湣王。在《战国策》中所举的两个事例可以很大程度上说明当时孟尝君收买人心的用意及策略。

有人向孟尝君告发，说一门客与孟尝君媵妾私通，建议把他杀掉。孟尝君说，佳颜丽容，悦性陶情，人之所常，尔勿再多言。过了两年，孟尝君召那门客说，先生追随田文日久，大官未得，小官不就；卫国国君曾与田文有过布衣之交；我欲为先生准备行李、车马，引于卫君，以图他日显贵。当时卫国由卫嗣君当政，从史书上判断，孟尝君与卫嗣君的年龄差距不大。依据田文自述，两人在卫嗣君上台前产生过交集的说法应该是可信的。果不其然，此门客在卫嗣君那里得到了重用。

后来，齐、卫交恶，尽管卫国已经衰落成为一城小国，但卫嗣君还想联合诸侯举兵攻齐。那门客遂劝卫君说，当初孟尝君以为我具贤能，把我引荐于您，其实他不知道为臣有不肖行径，犯有欺君之错；我听说齐、卫先君曾经歃血为盟，立有"后世无相攻伐"的誓言；今日您联兵攻齐，明显有违先君之盟，且辜负了孟尝君的诚意；愿君打消伐齐之心，您听臣则可，如不听臣一劝，为臣将再行不肖，自刭于您的脚下，那时可不要怨我溅污了您的衣裳前衿。

鉴于实力所限，卫嗣君听劝辄止，放弃了攻齐的念头。后来齐国人知道了这件事，都说孟尝君爱士而善其事，"转祸为功"，成为一时美谈。

却不知孟尝君名为爱士，其实居心不良，其仅凭金钱交易就冀望门客未来可能的回报，全然不顾规则道义的束缚，且自以为是。

另一则，孟尝君有一门客名冯谖，初时，孟尝君以其为下客，居传舍。过了十天，左右来告，冯谖靠着柱子弹剑而歌，"长铗归来乎，食无鱼"。原来按孟尝君养士的规矩，其客分下客、中客、上客。下客居传舍，食菜；中客居幸舍，食鱼；上客居代舍，食肉，出入有车。冯谖所以那样唱，当然是他看到了食客等级的差别、待遇的殊异。孟尝君遂令冯谖搬居幸舍，这样他就有鱼吃了。又过了五天，左右来告，冯谖弹剑又歌，"长铗归来乎，出无车"。于是孟尝君令其迁居代舍，其后冯谖乘车会友，亦认可孟尝君厚遇他。可是又过五天，冯谖弹剑再歌，"长铗归来乎，无以为家"。孟尝君问，先生家里还有什么人呀？答，有老母。孟尝君遂命人给冯谖家里送去吃穿用度所需，从此再听不到冯谖弹剑作歌。

但尽管孟尝君在齐国也算是首屈一指的人物，富甲一方，可毕竟其养士三千，开支庞大，竟也已到了入不敷出的境地。其遂遣冯谖去其采邑薛地收取租税，以资奉客。临行，冯谖来问孟尝君，租息责收已毕，要买些什么东西回来吗？孟尝君随口说，看我家缺少什么就买些什么吧。冯谖一听，心中有了底，于是怀揣着一大摞券契，驱车去薛。

在薛地，冯谖召集当地百姓一一核对账目，然后以孟尝君的名义宣布豁免了所有人的债务，并将契据一把火烧光。百姓们遇到这等好事，皆呼万岁。

当冯谖在次日清晨赶回临淄时，孟尝君还没有起来。听说冯谖回来了，孟尝君穿戴整齐召其入内，遂问，先生这么快就把租税收上来了？那么买了些什么回来呢？冯谖答，您让我家里缺什么买什么；微臣个人以为，您宫中珍宝堆积，外厩良马成行，廊下美人成列；所缺者唯义耳！所以为臣擅自代君焚券市义；免除了薛民的赋税，百姓称君万岁。孟尝君听了哭笑不得，怏怏说，先生一边歇着去吧。由此，田文便对冯谖有了成见。

齐湣王三十年，即公元前 294 年，王室田甲作乱，齐湣王一度遭到劫持。事平后，湣王自然怀疑到了田文的头上，认为孟尝君有篡齐之嫌，遂以不敢用先王之臣为由罢田文相位。

刚罢相，孟尝君家里的门客就跑了一大半，当欲回归薛城时，只剩少数几个愿意随行。所谓世态炎凉，让孟尝君幡然顿悟。但当一行人驰至离薛百里时，却见薛地百姓扶老携幼夹道迎候已久。孟尝君感慨万分，转身对冯谖说，先生为我市义，今日田文总算亲眼看见。

冯谖说，狡兔三窟，今君仅存薛城，唯有一窟，臣为您再凿二窟，遂可高枕无忧。而实际上，冯谖早已经替孟尝君跟当时的魏惠王搭上了关系，魏惠王以其故相迁上将军，正虚位以待田文。另按《史记》所载，冯谖还和秦昭王达成了私底下的协议，亦欲召孟尝君复其相位，但这种说法更像以讹传讹，不合情理。

但当魏国使者三返齐地，盛邀孟尝君入魏时，齐湣王坐不住了。彼时，很多大臣都上书为孟尝君开脱罪责，湣王已经意识到孟尝君没有反意，遂遣太傅以黄金千斤、纹车二辆、王佩之剑一柄与孟尝君，召其回都复位。

在返回临淄的路上，当得知宾客们亦已重新聚集，孟尝君又生一番感慨，他说，那帮人还有脸来见我，我必唾其面痛骂一顿不可。冯谖劝道，"富贵多士，贫贱寡友"，事所必然；君失相位，宾客皆弃，凭什么怨恨他们而绝养士之路；愿君待客如故。孟尝君遂从冯谖之议，三窟既成。后来，孟尝君向齐湣王请回了先王祭器，再立田氏宗庙于薛城。一说在薛城，有齐威王的家庙。

是年，秦国五大夫吕礼因秦相魏冉要杀他而逃亡到了齐国。吕礼因其吕姓，所以有可能是姜子牙的后裔，逃亡齐国亦合情理。但从其先奔齐后归秦的过程来看，极有可能他是在跟魏冉唱双簧，意图谋齐。

不久，孟尝君称病，辞谢齐国相位，请求归薛终老。湣王应允，遂以吕礼为相。

齐湣王三十六年，即公元前288年，湣王自称东帝两天后去号，秦昭王于十月称西帝，十一月去帝，亦改回称王。时孟尝君与吕礼的矛盾加剧，好在所谓政客都是相互利用，结成同盟的时效性不够长，孟尝君遂借助魏冉的力量假称秦将伐齐就把吕礼给吓了回去。

齐湣王三十八年，即公元前286年，齐湣王联合魏、楚共灭桀宋，三分其地。到了这个时候，齐湣王霸业几成，遂产生了灭薛的念头。在这种形势下，孟尝君宣布薛地合并入魏，魏昭王遂以为相。

齐湣王四十年，即公元前284年，燕、秦、楚、韩、赵、魏六国联军讨伐齐国，攻破齐都临淄城，齐仅以莒与即墨两城不灭。后齐湣王在莒城遭淖齿杀害。自始至终，孟尝君都参与了各国进攻自己母国的军事行动，把对齐湣王个人的怨恨转变为对齐国人的深仇大恨，纵容了小我的心性，突破了行事的底线，最终给自己辉煌的人生历程涂抹上了可耻的败笔。

齐襄王五年，即公元前279年，齐将田单以火牛阵反击燕军得手，收复临淄，在莒城迎回齐襄王田法章。是年，孟尝君以薛城中立为诸侯，齐襄王对孟尝君亦有所忌惮，遂与其连和。同年，田文卒，谥号孟尝君，他的一帮儿子争立其位，相互残杀。齐、魏两国乘机出兵，一举灭薛。史称孟尝君就此绝嗣。

【原文】《史记·孟尝君列传》太史公曰：吾尝过薛，其俗闾里率多暴桀子弟，与邹、鲁殊。问其故，曰："孟尝君招致天下任侠，奸人入薛中盖六万余家矣。"世之传孟尝君好客自喜，名不虚矣。

【原文】《战国策·齐策三》孟尝君舍人有与君之夫人相爱者。或以问孟尝君曰："为君舍人，而内与夫人相爱，亦甚不义矣。君其杀之。"君曰："睹貌而相悦者，人之情也，其错之勿言也。"

第八篇　始皇巡游丧沙丘　李斯改诏埋祸根

【典故与事件】焚书坑儒；始皇巡游；沙丘之变

【经传与出处】《史记》《资治通鉴》《左传》

秦王嬴政二十六年，即公元前 221 年，秦将王贲领军突击临淄，齐王田建举国请降。嬴政十三岁即位秦王，六国皆在其位上相继覆灭，至此，合并天下，自谓朕，始称皇帝。秦灭六国，自然有许多历史规律可循，但嬴政一世而成大业，亦得益于其历代先王的累世功业。其继位之初，西南方向，秦已吞并巴、蜀、汉中三郡，楚国的宛（今河南南阳）城、纪南郢都均已为秦所占，设置了南郡；北面，上郡以东，河东、太原、上党郡原为韩、魏的大部分国土亦已并入了秦国；东面，秦国的边界甚至延伸到了中原腹地荥阳，新设了三川郡。换言之，秦国是当时战国七雄中国土面积最为广阔的国家，其综合实力更不可能在六国之下。所以当时六国，除齐国外，都已被秦逼到了墙角，但六国依然故我，钩心斗角、各自为战，坐看合纵失败，终于遭强秦各个破国。

为汲取前朝同姓诸侯割据乱战的历史教训，秦始皇否决了丞相王绾等人沿袭分封制的谏言，而采纳廷尉李斯的策议，始行郡县制的国家体制，治政集权于咸阳，分天下为三十六郡，置郡守；把对百姓的称谓改为"黔首"，以庶民黑巾包头，取意水德尚黑；当然首要发布的政令，是强制收缴天下兵器，汇聚咸阳，遂熔销而成钟鐻，并铸十二座巨大的夷狄铜人像，各重二十四万斤，立于西部边陲临洮，用意震慑胡夷；秦国时期，关中地区的宫台楼宇已具相当的规模，特别沿渭河一线，殿阁连绵相望，蔚为壮观。秦始皇将攻灭诸侯所得的美女钟鼓充实宫宇，以致后宫列女多至万余人，吐气盈天；利国利民的举措，秦始皇自然也做得出，最显著的当属统一度量衡，规范车轴长度，统一六国文字，其中益处及历史意义无须赘述。

秦始皇二十七年，即公元前 220 年，嬴政以始皇身份出巡陇西、北地郡，直至鸡头山（六盘山主峰）折返，经回中宫（今陕西陇县西北）完成西巡后东归。同年，渭南信宫建成，遂更命极庙。于是始皇又令筑自极庙通往骊山的大道，兴建甘泉宫前殿，开建连通咸阳的甬道。不仅如此，由咸阳穷极燕齐吴楚的驰道工程亦于其时全面铺开。不可否认，有些工程与国与民不是没有一点好处，但面对这样巨大的工程总量，应该说全天下所有老百姓几乎没有一个人不在为实现秦始皇的个人意志而奔波卖命。秦统一六国，对于百姓而言，非但安居乐业不再，带给他们的只有无尽的徭役及灾祸。

秦始皇二十八年，即公元前 219 年，嬴政接受鲁地儒生之议，登泰山封土为坛祭天，至梁父除地为禅祭地，以成封禅大礼。随后君臣东临渤海之滨，登临成山（今山东荣成成山角）、之罘（罘，音 fú，今山东烟台芝罘岛），因为这一山一岛上住有掌管太阳及阳间的真神。史书记载，秦始皇巡游齐鲁一圈，祭祀完八大神主，还在琅琊郡逗留了三个月。为此，当地专筑琅琊台，以供皇帝驾临四顾，并立碑颂德。

时方士徐市（即徐福）等上书，声称海上有蓬莱、方丈、瀛洲三岛，皆神山，上居仙士，可使童男女渡海求仙，请得不死之药。秦始皇宁可信其真，不做他论，遂遣徐福领数千童男童女入海求仙。实际的结果是，徐福等人几度出海均告无功。反过来讲，若海上真有仙境，岂凡人可以踏临。徐福倒也有托词，说海上遇风，亦有大鱼，都望见仙岛了，就是过不去。

始皇回程亦非来时之路。嬴政选择南下彭城，欲求周鼎。当时传闻在周显王三十三年，宋国太丘宗庙倒毁，所奉的一尊周鼎沉入泗水河中。秦始皇遂斋戒祭祠祷告，使上千人下河探摸。但折腾良久，连鼎耳的残片也没有摸到，皇帝只好沿西南向悻悻而下。公允地说，以史书上只言片语的记录及当今极其微小的考古发现为据，来推论当时的宋国宗庙里有或者没有供奉着至尊的周鼎都是相当武断的。自显王三十三年延续到秦始皇时期，也只隔了两三代人的时间跨度，相对于当时的人们来说，这个历史的迷案亦不能算作空穴来风，只是当年或有的实证连同大鼎一起在经受了历史长河的累世冲刷之后早已湮没在了泗水河底。

嬴政一行遂南渡淮河，沿长江流域转一大圈，经衡山郡，逆长江西入南郡。船至湘山（今又称君山）脚下，适逢大风不能行。因山上有湘山祠，皇帝就问随行的博士，这湘君是何方神圣？博士回答，听闻是尧之女，舜之二妃，葬于此山。也不知道嬴政哪来的怒火，竟敕令属官使三千刑徒上山伐树，将湘山夷为秃岭。事后，皇帝车驾自南郡北出南阳郡，经武关返回关中。

二十九年，即公元前218年，始皇嬴政再度东巡，在河南郡阳武（今河南原阳）县博浪沙遇刺。刺客由故韩相国后人张良指使，以铁锤狙击，正中仪仗副车。皇帝传令全国搜捕十天，一无所获，遂东临之罘山立碑，再入琅琊，由西北经上党郡入关。三十一年，嬴政微服出行咸阳，只带了四个侍卫。夜里在兰池遇见强盗，无奈卫士出手杀贼，竟致关中地区连续缉贼二十天。

三十二年，即公元前215年，皇帝东临碣石（今河北昌黎），使燕地卢生入海求仙。当嬴政从上郡北面巡边回来，卢生亦返，带回一句谶语，言"亡秦者胡也"。秦始皇有所领悟，遂遣内史蒙恬领兵三十万北伐匈奴，抢占当时上郡、陇西、北地三郡以北、黄河古道以南的所谓河南地。古人理解谶语"胡"字即指胡亥，是凭后世的眼光所做的轻率结论。在当时，北边匈奴胡人的兴起，是初为一统的大秦帝国最大的威胁。秦始皇抵御北患的军事调动既合理而且必要，鬼神谕人的谶语，亦说明反击匈奴寇边是当时朝野上下一致的看法。

始皇三十三年，王朝再出政令，以逃犯、赘婿、商人为兵，南侵岭南。新置桂林、南海、象郡，迁徙百姓五十万人分散杂居南方，据以戍卫五岭。大体五岭是指虔州大庾岭、桂阳骑田岭、九真都庞岭、临贺萌渚岭、始安越城岭，但不同的说法各有出入。

为守卫北方广阔的疆土，蒙恬坐镇上郡，在战国分段长城的基础上督建秦长城。史称大量刑徒及流民被遣往修建长城，蒙恬镇守边塞十多年，秦长城初具规模。当时长城西自陇西临洮，东至辽东，凭山据险，逶迤万余里，沿线依势筑有关隘，浩荡雄伟，总称万里长城。按现今的历史学角度结合经济学、社会学理论观察分析，万里长城虽然工程浩大，但为抵御匈奴入侵，总比沿线驻军经济得多，所以有人甚至认为，修筑秦长城可以说是当时统治者的明智之举，因为全线驻军的话，其军资耗费之巨更是举国所不能承受的。凭借威震匈奴的功绩，蒙恬受到秦始皇的高度宠信。其弟蒙毅亦受皇帝恩遇，位居上卿。

秦始皇三十四年，即公元前213年，左丞相李斯上书，谏议收缴除博士所藏以外天下诸子百家各类诗书，焚烧除"秦记"以外各国史书，只留医药、占卜、种植类书籍，去除百家言论以愚百姓，以使天下失去根据以古非今；有胆敢聚众议论诗书者，杀头弃市；令下三十日未烧者，鲸首徒四年；今后法令，以官吏训教为准。焚书，是统治者残暴施政达到极高程度的政治压迫。李斯为维护皇权统治，甘冒天下骂名出此苛政，与其个人经历不无关系。史称其师从荀子，学的是帝王之术，以布衣卑贱之身，游说以求功业。立场有异，学术不正，当然难以端正品行。所以李斯后来竟篡改诏书，终遭杀身之祸，皆与其变通的做事原则及歪曲的处世之道存在必然的联系。

《史记·李斯列传》记载，李斯个人倒也有过警醒。当时逢其寿辰，长子三川郡守李由也回到咸阳，李斯于府中置酒，文武百官皆来祝贺，门庭内外停靠的车马数以千计。李斯喟然自叹，我曾听闻荀卿（荀子）之语"物禁大盛"；斯乃上蔡一介布衣，蒙受上恩擢升至此，而居一人之下万人之上，可谓富贵已极；有道是物极则衰，万事最忌过头，吾却未知何以全身而退！可见其时的李斯已是势如骑虎，身不由己了。哪怕心中偶然会生出一丝隐退之意，也只是转瞬一念罢了。当然，像焚书那样的重大政治决策，秦始皇简单的制可，亦不能逃脱其首恶的罪责。此君臣二人，同属统治阶级的最高层，自私的心理都重了一点。

秦始皇三十五年，即公元前212年，嬴政令蒙恬督建由九原郡直抵云阳的直道，全程一千八百里。由于工程量十分巨大，数年凿石填谷，只筑成了几段，至今遗迹尚存。此外，在渭南上林苑及骊山北麓，阿房（音 páng）宫与始皇陵相继开工，除一般工匠以外，单单受驱使劳役的刑徒就达七十多万人。而当时各地所建的离宫别馆，史称关中三百，关外四百，数量之巨令人瞠目。

其时，众多方士受命为秦始皇寻求仙药，长年不获。为蒙骗皇帝，卢生等人杜撰说，所谓真人，水火不侵，居云气之上，"与天地久长"；所以皇帝居于何处，不应使人知晓；然后，不死之药可求。于是嬴政自谓真人，令以咸阳为中心二百里之内计二百七十座宫室贯通甬道，各处皆置钟帷美女，有传言皇帝所幸之处者，罪当死。一次皇帝临幸好畤梁山宫，从山上望见丞相的随行车骑浩荡招摇，感觉不善。有宦官把嬴政的不快告诉了丞相，丞相随即削减了大半车骑仪仗。嬴政一看就知道有人把他的话给泄露出去了，遂令查问，将当时在场的所有人等一律拘捕。当然没有人敢出来承认告密，于是，诏令全部杀头。自此，宫廷以外的人，谁也不可能再知道皇帝的行在。群臣遇事，只能等到嬴政出现在咸阳宫时才可觐见听决。

方士侯生、卢生等人在秦始皇身边蛊惑了多年，眼看混不下去，遂相谋逃匿。秦始皇大怒，敕令御史问案妖言谤议之诸生。诸生哪里见过酷吏刑讯，遂相互串咬，牵连无数。最终的结果是，有四百六十多人被活埋于咸阳，余者谪贬徙边。这场所谓"坑儒"的历史事件，祸起术士，累及儒生。由于秦始皇意图威慑天下，扩大了打击面，使许多崇尚孔孟之道的儒生遭遇横祸，所以在儒家学说占据主导地位的后世历朝历代，此事件受到儒学书生的反复诟病与唾骂，以其为儒家永久之伤痕。就连当时长公子扶苏对此亦有非议，皇帝怒从心生，痛恨自己的儿子不懂执政之道，更没有秉权的手腕。遂遣其北往上郡，为蒙恬监军以求历练。

始皇三十六年，即公元前 211 年，大白天有陨石落于东郡地界。等到官府搜获陨石，已经被人在其上刻下了"始皇死而地分"的咒语。详情逐级上报至朝廷，秦始皇命御史缉拿讯问嫌疑人，但没有一人承认。皇帝遂令将落石附近村庄的百姓全部抓起来砍头，并将陨石焚毁。这年秋，使者由关东返回，夜里经过华阴平舒道时，被人假借江神名义拦住，呈送滈池君（即周武王）玉璧，声称祖龙今年将死。使者想问个明白，突然人形不见，只留玉璧。

所谓祖龙，是"人之先，君之象"。祖龙将死，即暗喻秦始皇残暴荒淫几同当年商纣，既有武王伐商，那么始皇的死期也就不远了。使者回到咸阳，奉璧呈献始皇，具情以告。秦始皇默然良久，自语道，山间野鬼顶多预知一岁之事。他觉得，总不见得自己一年内就要归天吧。不过秦始皇也意识到了情势的严重性，于是他让御府官员检视玉璧，发现竟是二十八年东行渡江时的沉江玉璧。沉璧是古代君王渡江过河时祭祀礼仪的一种，当年的玉璧已重出江河，虽把周武王也牵扯了进来，但亦明晰了江神拒绝始皇馈赠的事实。要知道，秦始皇自诩以水德称尊，如今山鬼示警、水神不附，安有来日太平？

皇帝也有对策，那就是占卜。太卜卦得出游迁徙主吉。于是传令各地集三万户迁往北河榆中地区，并议将巡游。在嬴政做了皇帝的短短几年里，史书连篇记录着其迁徙百姓的政令，接二连三。在他而言，动动嘴巴，所谓"溥天之下，莫非王土；率土之滨，莫非王臣"，当然其拥有绝对的支配权。但对于尊令迁移的百姓而言，即便徙往土地肥沃的繁盛之地，也不会有一个人甘愿背井离乡、远涉千里万里去迎接未知的将来。何况当时状况，远徙必然九死一生，哪会有好日子等着这些老百姓去过。所以，恶行恶状的骂名当然要记到秦始皇的头上。

冬十月（秦历始皇三十七年）癸丑，秦始皇遂行出巡。左丞相李斯、中车府令赵高执掌着兵符印玺令事，自然随从出关，右丞相冯去疾留守咸阳。始皇第十八子胡亥请得嬴政首肯，随驾出游。十一月，车驾南至云梦泽，"望祀虞舜于九嶷山"。由于《史记》行文过于简略，所以对于这段史书原文可以有两种解读思路。其一可以理解为始皇帝就站在云梦泽畔南望山川，算是望祭九嶷山（今湖南宁远南）舜帝陵。当然两地相距四百多公里，即便始皇的视力再好，不要说舜冢，就是九嶷山的峰顶他也是不可能看得见的。另一种解释，就是当秦始皇一行抵达云梦泽西缘后，随即沿湘江继续南下，直抵南岭九嶷山下，祭祀虞舜墓冢。

接下来，司马迁寥寥数言的记载，留给了后人太多的疑问。史称皇帝一行"浮江下，观籍柯，渡海渚，过丹阳，至钱唐"，大致描绘了皇帝南巡东去的路线走向。但如按前述第二种理解，"九嶷山"既属时称五岭之一的萌渚岭，那么一行人不可能再按原路折返洞庭，而应该就此往东，越过罗霄山脉南端，进入庐江郡，沿赣水北向彭蠡泽。彭蠡泽即现在的鄱阳湖以北及九江地区包括龙感湖在内的大片水面，古之浔阳因在其西首浔水北岸，故称浔阳。所以，"浮江"而下的真正起点可能就在浔阳。

当时的彭蠡泽与当代的鄱阳湖绝不可同日而语，其广阔浩渺以"海"称之亦不为过。另外彼时的长江两岸不可能有现存的江堤，江水流经自然河道，与沿流的巨湖并不见得有明显的界线。所以顺流行船，皇帝一行除了领略到两侧秀丽的风光，也可能渡经了不少江洲海渚。当然，还有一道人工的风景尤其触动人心，以致司马迁必须点墨在册，即时人观赏到的"籍柯"凌波奔流的浩瀚景象。

长期（明、清）以来，人们对"籍柯"的具体意象一直存在疑问，险滩奇景乃至当地人的祭祀活动看法各异，莫衷一是。现代生活已经将"籍"与"柯"彻底割裂，"籍"，当然是指书简，但现今书籍是纸质书，竹木简已成文物；"柯"呢，在胡三省注《资治通鉴》中，特别注明"柯，音歌"，"柯"实"舸（gě）"；所谓"籍柯"，即指竹排或木排，其与古代竹木简在形制上没有什么区别。连接成排的竹木，利用自然水流进行远距离漂流，只需三两个人伫其上即可完成大量竹木的运输。当然其中的风险性一般人难以想象，皇帝也一定以之为胜景。

行至丹阳（今安徽当涂），此处江水折向北流，皇帝遂弃舟登岸，横穿鄣郡东进会稽。其时，应该已经开启了公元前210年的纪年。来到钱唐县浙江岸边，钱塘江水面宽阔、恶浪翻腾，车驾只得西行一百二十里，从富春江的狭窄处，大概在富阳与桐庐分水之间渡上东岸。在山阴（今浙江绍兴）县南会稽山中，有大禹的墓冢。秦始皇在祭祀完夏禹陵墓后，站在秦望山上极目远望，好像南海（可能指杭州湾）的浪涛已尽收眼底。于是立碑垂记，由李斯亲自撰写并手书小篆碑文。尽管历经岁月沧桑，但这块原碑至少存在至宋、元时期。

正值春花烂漫的时节，秦始皇遂开始其刻意选定的回程。再渡浙江以后，车驾经过吴县，自江乘（今南京栖霞）登舟，顺长江东下，从海上北往琅琊郡。一路上，皇帝念念不忘于心的依然是求仙问药，以图不死。但他相信了徐福等人的鬼话，真以为是海上的大鱼蛟龙挡了他的成仙之道，甚至还梦见了其与海神之间的搏斗。博士的释梦自然离谱，其大意是，欲见善神，当除恶神。一到琅琊，嬴政即命当地渔民准备围捕巨鱼的大网，令随行护卫配备连弩，以期大鱼出没时乱箭射杀。自琅琊船行北往成山，嬴政遥望海天一线，也弗见大鱼出水。再往之罘，果遇巨鱼。这条游弋于近海的鲸鱼不懂得躲避凶狠的人之君主，惨遭万箭射杀。皇帝始觉功德圆满，于是船靠海岸，车驾西行。

在黄河古道平原津（今山东平原西南）渡口，始皇嬴政一病不起。可能嬴政的内心已觉不祥，即遣上卿蒙毅先行，沿途祭祀山川。鉴于始皇不愿意论及死字，群臣中竟没有一个人敢出来谏言皇帝议定身后之事。到了巨鹿郡沙丘（今河北广宗）平台，皇帝病情越加沉重，遂下圣旨与公子扶苏："以兵属蒙恬，与丧会咸阳而葬。"令赵高用玺，遣发上郡。赵高封好圣旨，还没来得及交给使者，七月丙寅日，秦始皇嬴政便驾崩于沙丘平台，时年五十岁。

李斯考虑到太子未立，恐怕秦始皇的暴毙会引起诸公子群起生乱，遂秘不发丧。将嬴政尸棺载于辒凉车中，只留少数几个宠信的宦官随车，进送膳食如故。百官递呈奏章亦同往常，宦官于辒凉车中假冒嬴政名义制可其事。这一时刻，李斯还不知道颁赐扶苏的圣旨还留在赵高那里，根本没有送出去。当时除胡亥、李斯、赵高及受皇帝宠幸的五六个宦官之外，其他文武群臣中没有一人知晓辒凉车中的皇帝已经偃驾多日。

赵高与始皇同为赵氏，受其父犯宫刑，其母乃刑余奴婢的影响，所以其生而为士伍庶民，地位卑贱。不过此人善于博闻强记，继而精通狱律法令，并取得了很高的篆书造诣。后来赵高被嬴政擢以中车府令，受命教授胡亥决狱断事。也因为有这个渊源，所以赵高得胡亥私幸颇深。后来赵高获罪，秦始皇让蒙毅处置。蒙毅以律议处赵高当死、除宦籍，但嬴政以赵高敦敏应事赦免其罪，并使其官复原职。自始赵高与蒙氏兄弟结怨。

赵高扣压诏书，暗中密语于公子胡亥：始皇驾崩，未分封诸公子而独遗诏长公子；长子扶苏一到咸阳，"即立为皇帝"；而公子将无尺寸之地可以立锥，"为之奈何"？胡亥说，如此固然；吾听闻，圣明的君主洞悉臣下，明智的父亲更能体察其子；父皇殒命既不封诸子，吾何出异论。赵高说，不然；现天下权柄，得失与否均在公子与高及丞相手中，劝公子当机图谋；更何况以人为臣与称臣于人、制人与受制于人，岂可同日而语！胡亥说，废长立幼，是为不义；不奉行父皇诏令而又害怕身死，是为不孝；才德疏浅却倚靠他人之功强行登位，是为不能；此三条皆大逆不道，若擅行，天下无人能服，吾势将身败名裂，江山社稷无存。

胡亥一番慷慨陈词，不管是出于真心还是假意，至少说明他之前还是念过几篇道德文章的。实情既露，赵高遂以其非凡的学识与远见再劝胡亥，说，臣听闻商汤灭夏、武王伐纣，以臣灭君，天下人称其为义，不算不忠；卫惠公杀其叔父卫君黔牟，卫国人承认其合法君位，孔子也在《春秋》中记载确认，亦不认为不孝。

实际上，卫惠公姬朔两次即位的史实亦缘于非常曲折的前因。其父卫宣公生前已立太子伋（急），太子伋的师傅右公子姬职为太子迎娶齐国公主宣姜。不想宣姜长得太美，被卫宣公抢先一步，占为己有。后来宣姜为宣公生下了公子寿与公子朔，以左公子姬浅为师傅。宣姜为让自己的儿子承卫国君位，伙同公子朔谗害太子伋，致使卫宣公暗令盗贼将虽为异母兄弟却显为交好的公子寿与太子伋先后刺杀于卫、齐国界。公子朔顺势上位太子，翌年宣公病逝，太子朔即位，是为卫惠公。但好景不长，三年后，左右公子以惠公凭谗代立，发动政变，将惠公赶往齐国，立太子伋之弟黔牟为卫君。八年后，惠公借助齐襄公的力量打回卫国，诛杀左右公子，把卫君黔牟赶去成周，二次即位。从血缘关系上看，太子伋、卫君黔牟、卫惠公及公子寿是同一辈人，但因为卫宣公横刀夺妻造就的孽缘，从理论上说，太子伋、卫君黔牟亦可认为是卫惠公的叔父。辈分颠倒、骨肉相残的往事，不禁让人唏嘘，却被赵高引为叛君弑父的合理例证。

赵高继续说，行大事不可谨小慎微，行大德何须辞让再三，乡间习俗互异相宜，百官行事各有其功；是故因小失大，必生后患；狐疑不决，后致悔意；所以断然果敢，鬼神都要避让，大事自然功成，望公子遂行吾计！胡亥喟叹道，今皇帝故世还未发丧，既丧礼未终结，岂能以即位之事搅扰丞相。言下之意，既欲篡位，只有与丞相李斯合谋。这与赵高的看法是一致的，赵高也认为不与李斯串通，大事难成。得到胡亥的明示，赵高心知功成一半，不禁心潮汹涌，自言时光短暂不及谋划，就像携粮驰乘，唯恐耽误时机！

赵高遂私晤李斯，将其谋和盘以付，随即展开攻心决战。有人认为如此密谋，司马迁不可能知晓并详情记录。按常理讲，赵高与李斯之间的口舌交锋，诚然是太史公道听途说或信笔演绎堆砌所成，但也应该看到，载于《李斯列传》中的本节原文，既体现了太史公的卓越文采，亦揭示了李、赵之流德义丧尽的真实面目，远谈不上混淆与虚构。

赵高说，皇帝生前以长子为嗣的诏书未及发出，外人难知内情；今兵符印玺及诏书都在公子胡亥那里；定谁为太子只在君侯与高两张嘴巴，您看如何计议？李斯道，何出亡国之言！此岂是为人臣者可以议论的事！赵高说，君侯自比蒙恬，贤能、功高、谋远、威信及与长子亲疏，其中胜出几何？李斯说，这五样我都不如蒙恬，但你何必苛求于我？赵高说，高本就中官杂役，有幸凭刀笔文法进入秦宫，管事已二十多年，未尝见到秦王罢免丞相功臣却允许将封爵传及二代，俱以诛杀告终；皇帝现有二十余子，君侯大概都了解他们。长子扶苏刚毅勇猛，知人善任，即位后必用蒙恬为相，显见君侯终不能怀揣着通侯（彻侯，列侯，汉时避武帝名讳改称通侯）之印荣归乡里了；高奉诏教习胡亥律法多年，未曾见他有过过失。少子"慈仁笃厚，轻财重士"，心明而口拙，极尽尊贤礼士，秦之诸子中无人能及，"可以为嗣"；然此，拥立少主，君侯计议可定。李斯应道，你还是快回去！斯奉始皇遗诏，听命于天，计既已定，何虑之有？赵高说，安危相倚相伏，犹豫不定，如何显示圣明？李斯说，斯本上蔡小巷里一介布衣，蒙受皇恩封侯拜相，子孙皆享高官厚禄；是故始皇将国之存亡安危托付于斯，斯岂能辜负；既为忠臣几乎均不避死，子孙若不勤劳亦难成其孝，恪尽职守而已；君勿再多言，致斯获罪。赵高说，我只知道"圣人迁徙无常"，不见循规蹈矩，顺时而变，"见末而知本，观指而睹归"。此语见于《淮南子·人间训》首节，引文应为"见本而知末"，司马迁取其反意，以表示赵高只凭借事物末梢而料其根本、察看表征而知结局的细致而果断的鉴世能力。所以赵高再言，万物皆如此，哪有常法可以遵循；今天下权柄命运维系于胡亥一人，我能感觉到他的心志与图谋；何况以外制中谓惑乱，从下制上谓叛逆；是故秋霜夜降草枯花落，冰消水动万物复生，此自然效应，君侯为何到如今还没有看清？李斯答道，我听说当年晋易太子，废申生，立奚齐，三世不宁；公子小白（齐桓公）兄弟争位，公子纠身死鲁国；商纣王残害叔父比干、箕子，不听劝谏，国都化为废墟，社稷亦遭倾覆；此三者违背上苍，以致三家宗庙无人祭祀；斯未泯人性，安能谋逆！赵高说，上下合心，以致长久；内外协同，表里如一；君侯遂高之计，即可长保封爵，"世世称孤"，寿比雨神赤松子、成仙王子乔，人生处世更不输孔、墨之智；今君侯如错失良机，不从高议，将来祸及子孙，令人心寒；转祸为福可称善，顺应时变是君子，何去何从，君侯自断。李斯听罢老泪横流，仰天叹息道，唉，生逢乱世，既不能以死尽忠，斯之命运又可以托付何处！随即接受了赵高的密议。赵高赶紧回来报与胡亥，说，臣奉太子之命明示丞相李斯，其何敢违令！

于是三人合谋，就胡亥阴谋篡位的分步筹划达成一致。首先，毁掉已经缄封的始皇赐予公子扶苏的诏书，再伪作李斯于沙丘受始皇命立胡亥为太子之遗诏。然后，重新以始皇名义作书，由胡亥属官奉书遣发上郡宣谕扶苏、蒙恬，赐死。伪诏云，朕巡幸天下，祭祀名山祈祷诸神，冀以延年；今公子扶苏与将军蒙恬统领数十万士卒屯边，十多年来，固守不进，士卒军资损耗颇多，而未建尺寸之功；而扶苏数次上书，直言诽谤朕之所为，因不见召回立为太子而日夜怨恨顾盼；扶苏为子不孝，赐剑自裁；将军蒙恬与扶苏共驻于外，知其谋而不予匡正，为臣不忠，赐死；擢裨将王离为主将，接掌兵权。

对于赵高而言，彼时的李斯一定是其必须拉拢的一方。他自己也承认，没有李斯的参与，篡位图谋难以成功。在秦始皇死后没几天，赵高、胡亥、李斯三人就背叛了始皇帝，这在秦始皇生前是无论如何也想象不到的。至此，三人"偷梁换柱"抢夺皇帝权柄的图谋基本成形。

当扶苏听罢圣谕，立即泪流满面，遂入内室，意欲自杀。内史蒙恬跟进劝阻扶苏说，陛下巡游在外，太子未立；令臣领三十万大军镇守北境边关，且以公子为监军，可见为天下重任；今一小小使者传谕，即刻自杀，安知其中有诈；禀请公子复请圣裁，确认再死亦不算晚。但扶苏为人仁厚，经不住使者数次催促，遂语蒙恬说，父赐子死，何请复示！随即自杀身亡。蒙恬不肯就范，使者即令手下属吏将蒙恬解往阳周（今陕西靖边东）看押，再按胡亥之命以李斯舍人为护军都尉，回报详情。

当秦始皇车驾行至代郡，使者来报，扶苏已死，胡亥、赵高、李斯三人大喜相庆。胡亥料想十成大计已成功九成，便欲释放蒙恬。赵高害怕蒙氏兄弟复起用事，一旦在朝廷中担任要职，与己不利，所以立即表示反对。正巧蒙毅为秦始皇祈祷完前路之上的山川诸神后回来复命，于是赵高再进谗言于胡亥，说先帝很久之前就欲遴选贤明以立太子，但蒙毅总认为不可立；其明知公子贤能而阻挠至今，是为不忠欺主；"以臣愚意，不若诛之。"胡亥然赵高意，令将蒙毅拘押于代郡。

其时正值酷暑，车驾自常山井陉一路西行至九原郡，辒凉车内的嬴政遗体早已腐烂，尸臭外溢飘散。为掩盖真相，一帮人倒也有办法，诏令侍从主官装载一车海鲜鲍鱼，足有一石百二十斤，跟随于车队之中。这样臭上加臭，没人能够想得到，其中亦有皇帝的腐臭。

直至车驾由直道辗转回到咸阳，皇帝驾崩的消息才正式得以确认。于是咸阳倾城为始皇发丧，太子胡亥即位，称二世皇帝。胡亥兑现前诺，以赵高为郎中令，保留李斯相位。

是年九月，秦始皇入葬骊山。骊山皇陵自嬴政继位秦王之初就已开始凿建，为防地下三泉渗透，以铜锢冶塞；塑造宫观及百官位次之像，奇珍异物堆满椁室及偏房；又令工匠作触发机弩，如有盗墓或擅自进入者只要靠近便会遭到射杀；椁室中灌注了大量水银，承百川、江河、大海之意，可能室顶绘有天文星宿之图，所以地上亦作地理山川之像；墓室内还燃有人鱼膏烛，长久不灭。所谓人鱼，并非大鲵，而是有种鱼似人形，膏油甚厚，可以久燃。

胡亥尤其残酷，竟下令后宫没有生育的先皇妃子一律殉葬。观《史记》称，后宫"从死者""甚众"。棺椁既下，葬仪结束，因害怕工匠会将墓室内的机要堆藏讯息外泄，在关闭神道中羡门后，不等工匠出来，即下外羡门，致大批工匠为嬴政一人陪葬。最后在封堆上种植草树，以巨石导流，整座封堆高五十余丈，周回五里多，状似山形。

送终大礼总算过去了。随后，在赵高的一再诋毁之下，胡亥遂下诛杀蒙恬兄弟的决心。他拒绝了其侄子婴的劝谏，首先派遣御史曲宫抵代郡，不听蒙毅申辩，将其杀害。随后又遣使阳周，借口蒙毅大罪，累及蒙恬。蒙恬临死问天何罪，却"无过而死？"使者无言。最后他意识到，自己十多年来督筑万里长城，致刑徒工匠伤亡无数，可能触动甚至绝了地脉，罪孽亦为深重，遂服毒自尽。

秦二世元年，即公元前209年夏四月，胡亥仿效先帝东巡碣石、会稽回到咸阳，又与赵高再谋诡计。鉴于沙丘之谋已为诸公子及朝廷大臣怀疑，为确保皇权在握，必须诉诸武力，展开清洗行动。很快，赵高罗织罪名，杀秦公子十二人于咸阳市；十位公主磔死于杜县；一大批朝廷重臣郎官或杀或捕；公子将闾三兄弟被囚禁在宫中诏狱内，并无罪证，亦被逼自刎；公子高宁愿以死护佑家室，上书秦二世请求从死始皇，归葬骊山脚下，胡亥见书大悦，赐钱十万以充丧葬之资。

是月，胡亥下令恢复一度停工的阿房宫建造工程，征调五万人屯卫咸阳；各地直道、驰道全面开建，百姓"赋敛愈重，戍徭无已"；所谓峻法刻深，人人自危，很多人走投无路，能够想得到的唯一出路就是造反。

秋七月，陈胜、吴广领九百人于沛郡蕲县大泽乡揭竿起兵，拉开了秦末农民起义的序幕。随后，各地豪强纷纷竖旗举事，大秦王朝短短十多年的统治迅速终结，历史很快迎来了楚汉争霸的烽火岁月。秦始皇嬴政如在地有灵，也只能喟然叹息，至于是否会有所顿悟，也未必。

【原文】《史记·秦始皇本纪》十一月，行至云梦，望祀虞舜于九嶷山。浮江下，观籍柯，渡海渚。过丹阳，至钱唐。临浙江，水波恶，乃西百二十里从狭中渡。上会稽，祭大禹，望于南海，而立石刻颂秦德。

【原文】《史记·李斯列传》高曰："君听臣之计，即长有封侯，世世称孤，必有乔松之寿，孔、墨之智。今释此而不从，祸及子孙，足以为寒心。善者因祸为福，君何处焉？"斯乃仰天而叹，垂泪太息曰："嗟乎！独遭乱世，既以不能死，安讬命哉！"于是斯乃听高。于是乃相与谋，诈为受始皇诏丞相，立子胡亥为太子。

108

第九篇　张良运筹定汉计　陈平欺世纵反间

【典故与事件】彭城之战；下邑之谋；盗嫂受金；荥阳之战；成皋之战

【经传与出处】《史记》《汉纪》《汉书》《资治通鉴》

　　汉太祖高皇帝刘邦二年，即公元前 205 年，三月，信武君陈平挂印封金、仗剑去楚，在修武（今河南获嘉西）投靠了汉王刘邦。刘邦因魏无知举荐，遂以陈平为都尉，使参乘，掌护军。诸将当然不满意，一个楚国降卒，今竟监督长官，试问其德才高下？但刘邦就是那样的人，别人愈有怨言，其愈坚信自己任人唯贤的正确性。由于刘邦麾下诸将大多是其故友至交，上阵虽然勇猛，管束亦有牵绊，所以他用一个外人来任护军，亦显其内心原存的苦衷。

　　是月，刘邦经平阴津（今河南孟津东北）南渡黄河，进抵洛阳。其接纳新城三老董公的劝说，为义帝熊心缟素发丧，轻而易举就占据了楚汉战争的道德制高点。

　　夏四月，趁项羽北击齐之田横，刘邦联合五路诸侯计五十六万人马进占彭城，坐拥美女宝物，连日花天酒地。岂料项羽回师三万精兵，经鲁（今山东曲阜）县、胡陵南下，由萧县（今安徽萧县）绕攻刘邦后翼，横扫汉及诸侯军队于彭城。十余万人丧身在谷水、泗水之间，另十多万汉军葬身于灵璧（今安徽濉溪）东之睢水，刘邦遭遇自出关以来的最大惨败。由于胜利和失败都来得太快，以致刘太公、夫人吕雉还未接到即

109

为楚军所掳，鲁元公主、刘盈两个孩子幸亏由太仆夏侯婴给抱了回来。

刘邦退至下邑（今安徽砀山东），收拢部分残兵，总算挽住了颓势，但多路诸侯亦已背汉附楚。在经重大失利以后，刘邦终于认清形势，以捐弃关东之地为重誓，依成信侯张良之策，明确了对抗项羽的战略决策。捐与者三人，九江王英布、魏相国彭越、大将韩信。从后来的事实可得证明，此三人在楚汉战争中所起的作用皆具决定意义。

随后刘邦领军过砀山至虞（今河南虞城北）地，遣谒者随何出使淮南，策反英布背楚附汉，为刘邦反击项羽争取战略空间。史称九江王都六（今安徽六安北），但那是项羽的安排，由于秦置九江郡治在寿春，其亦是前楚郢都，因而英布很有可能军驻在寿春。

五月，刘邦领诸路败军退至荥阳（今河南郑州西北），留守关中的萧何亦倾其所有，遣发老弱残兵以振军威。楚军乘胜逐北，在荥阳以南索水、京水之间遭到韩信的顽强抵抗。索、京两水均为汴水支流，大致呈东北走向，平行分布。楚军不得已遣车骑出战，刘邦遂拜秦降将李必、骆甲为左右校尉，拜灌婴为中大夫令，领骑兵大破楚军车骑于荥阳东，由此与楚军在京（今河南荥阳东南）城、荥阳、广武（今河南荥阳北）及敖仓一线以东地区形成相持。

敖仓（今河南荥阳东北）是秦时设立的粮食转储基地，北临黄河。尽管当时刘邦的军事实力略逊于项羽，但因为刘邦占据了敖仓，所以很大程度上增强了汉军抵御楚军的信心和勇气，以致两军后来在荥阳对峙了一年有余。史书有记，刘邦令筑连接荥阳与敖仓之间的甬道，以垣墙高垒对抗楚军无休止对己方辎重的袭扰。

彼时，陈平为亚将从属韩王信，驻军广武，但这并不妨碍周勃、灌婴等人在刘邦面前再三表达对他的不满。陈平的名声在当时确实不佳，首先，因其先后侍奉过魏王咎和项羽，如今再投刘邦，所以诸将以其"反覆"；再有，其以护军收受贿金，"金多者得善处，金少者得恶处"，势利尽显；最厉害的，当然是绯闻，也是陈平一辈子也说不清楚的"盗嫂"乱伦。总结一句话，诸将以为，陈平表面上道貌岸然，其实一肚子男盗女娼。

在此情形下，刘邦只得召见陈平责问其过去的原委。陈平倒也从容，他首先阐明其两易其主的根本原因，是其自居奇士而不能用，所以汉王留不留他关系到刘邦能不能用奇谋之士的事实本质；至于受金一事，陈平坦率承认，因其"裸身"前来，"无以为资"，因情而致；有关"盗嫂"传闻，刘邦是什么人，他当然没有问，陈平亦未解释。

其实陈平"裸身"投汉也是有典故的。在陈平去楚投汉过黄河时，船工因其仪表不凡，揣测他可能身携金玉宝器，欲行害命劫财的勾当。陈平看出不妙，干脆脱了衣服裸身帮着摇橹。船人见其一无所有，遂没有为难他，让陈平免于喂鱼的命运。

陈平的历史污点是大家有目共睹的，好在刘邦的德行也不高，两人相似的秉性可以促成他们没有障碍与顾忌地迅速达成共识，甚至亦可能会生出相惜之感。只是陈平少时读过几本书，手指尖染过墨水，所以做事没有刘邦那样豁达。但陈平在前汉一定算得上是首屈一指的奇谋之士，刘邦屡次在特殊事件上所倚仗陈平的也正是其善使的诡计，而与其品行无关。这与张良有显著的不同，张良所议是定国方略，是阳谋，而陈平所出是临机奇计，是阴谋，但却易行实用，成效速见。

既然透彻如此，刘邦随即向陈平致歉，更拜其为护军中尉，使以尽揽监察诸将之责。各路大将皆了解刘邦的脾性，至此再不敢说陈平的不是。

六月，刘邦暂返汉都栎阳（今陕西西安阎良），于壬午日立六岁的刘盈为太子，大赦其境。刘邦经历过数次生死劫难，意识到立嗣之事已不容拖延，这既属私心，也是大计。

秋八月，刘邦回到荥阳前线，分遣广野君郦食其（yì jī）前往说服月前去汉的魏王豹。但魏王豹在刘邦那里受尽了言语屈辱，不肯回头。刘邦遂以韩信为左丞相，遣灌婴、曹参合力攻魏，于九月袭破安邑，活捉魏豹，其侍妾薄姬也归了刘邦。于是汉于魏地分置河东、上党、太原三郡。当然薄姬更无法预见，其最后竟能荣登太皇太后之位，一生沉浮，任凭天命。

闰九月，韩信请兵三万再破代地，擒代相夏说。彼时刘邦遣使至代，令收前增韩信精兵，回师荥阳以拒楚军，这是韩信第一次遭到刘邦收其军卒。

汉太祖三年冬十月，时公元前 205 年 12 月，韩信与故常山王张耳领数万人马，西靠绵蔓水背水一战，以调虎离山之计奇袭井陉口（今河北鹿泉西，土门关），大败成安君陈馀所领的二十万赵军，斩陈馀于泜水边，擒杀赵王歇于襄国（今河北邢台北）。破赵功成，是韩信军事生涯里最显要的战绩，其后，韩信依广武君李左车之策，遣使定燕，兵临齐境，初步形成了汉联军对楚军的战略优势。

当时项羽几次分兵北渡黄河侵扰赵国城邑，但因为楚军的军事重心在颍川、三川、河内一线，他下不了重夺赵地的战略决心。曹雪芹在其《红楼梦》中题智通寺联云：身后有余忘缩手，眼前无路想回头。在军力远胜于刘邦的当时，项羽是不会想到更不肯进行战略收缩的，但当其军力瘗没大半，同意与刘邦以鸿沟为界求得自保时，刘邦、张良一伙不干了，撵着屁股穷追猛打不赶尽杀绝何肯罢休。所以说项羽不到走投无路的地步他是不会改变其既定战略的，当他想到退却的时候，形势表明，已经晚了。

在《史记》汉初诸将的列传中，仅以只言片语，提及楚汉两军争战河内郡朝歌、安阳及平阳、邯郸的事实，透露出刘邦领军于河北的短暂经历。但因为"高祖本纪"与《汉书·高帝纪》及《前汉纪》均未有明确的记载，本文亦不能作无中生有的揣测，所以只认可汉军以韩信为主将与小股楚军于冀西南地区展开的低烈度的争夺战。刘邦于河北太行山以南、以西地区的河内郡及晋南中条山一带所展开的军事行动前后有两次，第一次，汉军初出关中，由临晋渡河收降魏王豹，进兵河内，获殷王司马卬；另一次，成皋失守，刘邦轻车简从至邯郸，第二次收韩信兵，转兵驻屯小修武待机，与赵及楚军只进行了局部短促的接触，这也正契合了《史记》诸将列传中所呈现的极简的行文造句。

十二月，时公元前204年1月下旬至2月中旬，九江王英布在与楚将项声、龙且周旋数月后终告兵败，跟着随何走小路北至荥阳，孤身来投刘邦。刘邦边洗脚边召见了英布，这使英布大为不快。但当英布看到自己的起居待遇同刘邦一样时，又"大喜过望"，派人至九江郡招其旧部数千归汉，遂受命驻屯于成皋（今河南荥阳汜水）。

转年初春，楚汉已经在荥阳战场对峙半年有余。楚军几次侵袭甬道，阻碍汉军的粮食输送，刘邦的军粮供给遂陷困局。刘邦找来郦食其图谋压制项羽的方法，郦食其一个老学究，肚子里的文墨还是有的，他说，昔年商汤伐桀，封夏桀子嗣奉祀，后武王封夏禹后裔东楼公于杞国；武王伐商，又封商纣之后，使奉祀于宋国；今秦朝失其德行、弃其信义，侵伐诸侯各国，倾其宗庙社稷，致使诸侯子孙无立锥之地；汉王如能再立六国诸侯承嗣，各国君臣、百姓必然对汉王感恩戴德，无不会"乡风慕义"倾慕汉王的仁德，而甘愿臣仆于汉；彼时德义既行，汉王遂行面南称霸之礼，登帝位，楚人也只得整衣扶冠入朝，俯首称臣。刘邦听罢称善，命人立即篆刻六国印玺，令郦食其佩以分封六国。

巧的是郦食其还未出发，张良从外面回来了。当时刘邦正在吃饭，看见张良就说，子房快来，有宾客为我定策，我有对付项籍的办法了。随即把郦食其的谋划一五一十告诉了张良，最后还问张良，行不行？张良听罢不禁变色，这是谁为汉王谋此败计？沛公霸业无望矣！刘邦急问，怎么啦？张良说，臣请借汉王筷箸，为大王释意。张良遂以箸运筹，指

113

点江山，诘问八难如下：

昔日商汤、武王各封夏桀、商纣的后裔，是因为衡量其实力，能够控制他们的生死，如今汉王能确定项籍被灭的命运吗？这是此计不可行之一；武王破殷，标榜贤臣商容于闾里，外释被囚的箕子，整修比干的陵墓，如今汉王能仿效善待先秦遗老吗？这是此计不可行之二；其后武王分发巨桥仓的粮粟，散拨鹿台府库的钱币，以赈济穷苦的百姓，如今汉王有能力这样做吗？这是此计不可行之三；殷商亡后，武王弃兵革战车而乘围屏轩车，倒置兵器，翻覆虎皮，以示天下不再用兵，今汉王能"偃武备而治礼乐"吗？此不可行之四；且武王马放华山之南，以示再无所用，现今汉王能做到吗？此不可行之五；武王又令放牛于桃林塞以北，以示不再输运粮草军资，如今汉王能不能这样做？此不可行之六；今天下游方士子，远离其亲戚父兄，弃其先人陵寝，去其故旧，而随汉王征战四方，为的就是得到那日夜所盼的咫尺封地。如今假使复立六国之君的后裔，使天下游士各归其国去侍奉自己的君主，陪伴父母妻子，重返那尚存旧友与祖坟的故土，敢问汉王还能与谁合力去取天下？此不可再封六国后裔之七；况且汉之所愿，是盼楚去强而衰，倘若六国复立重又屈从楚国，那汉王还能指望谁来臣服于汉？此不可再封六国后裔之八。如真要依宾客之计，汉王大业既去！

张良以宾客指代郦食其，已经给足了这老头子的面子。但其不知悔改，最终遭田广、田横所烹，有似自取其祸。

在《史记·留侯世家》中，刘邦以七个"未能"回应张良的连续责问。八难入耳，刘邦立刻摔碗辍食，一口吐出还嚼在嘴里的饭菜，骂道，"竖儒"差点坏了尔公的大事！遂令赶紧将已刻的印玺销毁。郦食其的损招未行已止。

东汉历史学家荀悦在其《（前）汉纪》中于此做评：确立决胜的策略，要点有三，一为形，二为势，三为情。所谓形，是指大体得失的趋势是基本可以预判的；所谓势，是指临时进退的机宜必须应势而变；所谓情，则指心志的坚定和懈怠与否直接决定着策略的成败。是故以相同的策略施于相似的情形而功效殊异的原因，是形、势、情三者迥然所致。

当初张耳、陈馀劝说陈涉复立六国，以树其党；而郦生亦以同法游说汉王。之所以说法相同而得失相异，是因为陈涉起兵之时，天下人皆欲覆秦；而楚、汉之分今无定势，天下人未必都盼着项羽失败。所以再立六国后裔，对于陈涉来说，是为其培植了大批党羽而于秦朝树敌无数；况且其时陈涉还没有独占天下之地，是所谓取其未有而假与人，行恩惠的虚名而获实际的利益。但复立六国对于汉王而言，是所谓割己所有而以资强敌，空图虚名而遭实祸。这就是事同而得失相异的明证。所以荀悦最后总结，"权不可豫设，变不可先图；与时迁移，应物变化，设策之机。"即讲权宜之计不可预设，时势变化不可谋定，随时而动，因势而变，才是战略之机枢，定策的关键。

当然面对项羽的大军压迫，张良也拿不出权宜之策可以应对，只能跟着刘邦坚守在荥阳。汉王刘邦遂找来陈平问计，说，今天下纷乱，何时可定？陈平因为之前接触过项羽，所以对楚汉之间的对立态势有其独特的见解，他说，项羽为人，仁爱恭敬，廉节好礼之士多归于其下；但当应功行赏赐爵封地之时，项王却顾虑重重，具虚情而未有实意，以致士人频生去意；今汉王轻慢少礼，廉节礼义之士不肯来拜；但汉王动辄赐爵封邑，所以顽劣愚钝嗜利无耻之徒多归在汉。如若汉王与项羽长短互易，那么两长者皆据为麾下，天下可定。只是汉王一贯恣意侮辱儒生，难得廉洁节义之士来投。

陈平毕竟读书人出身，对刘邦的那种市井无赖行径感触颇深。紧接着，陈平论及项羽，说，今顾楚之可堪任者，在项籍身边的骨鲠之臣如亚父范增、大将钟离眜、司马龙且、周殷之流，就这么几个人。汉王如能捐弃数万斤金行间于楚，离间其君臣，使以相互猜忌；项羽本人生性多疑，不辨谗言，势必会引起其君臣的内斗；届时汉王引全军攻取，楚国必破。

刘邦与项羽的一大区别就在于对待金钱财物的态度上，自然他认可陈平之计。于是刘邦拨出黄金四万斤给陈平，让他随便用，亦不过问其具体的去向。陈平遂撒巨量黄金于楚军，纵内间，宣称项王属下诸将如钟离眛等跟随项羽征战多年，战功卓著，然而至今不得裂地封王，眼下诸将意欲联合汉王，借灭项氏而分割楚地，以荫子孙。很快项羽听到风声，有了疑心，果然对钟离眛等诸将增添了戒备。

夏四月，刘邦为实行拖延战术，遣使项羽军中，请以实际控制线分割楚汉，以荥阳以西与汉。项羽稍显犹豫，即被历阳侯范增劝阻。按范增之意，当前汉易攻取，如释而返东，将来必然后悔。项羽遂按范增之策急攻荥阳。

刘邦正为楚军的强攻而心焦，项羽方面却也因流言四散而按捺不住，遣使荥阳以探虚实。刘邦令以"太牢具"，即接待使者的最高标准宴请来使。侍者具鼎举进，陈平装模作样来见楚使，佯作吃惊道，吾以为是亚父派来的使者，原来是项王来使！转身令侍者把"太牢具"端出去，再送进一盘粗茶淡饭招待楚使了事。

楚使回营，将自己的遭遇回报项羽。项羽一点也不怀疑刘邦使诈，反倒对亚父范增失去了信任。彼时亚父催促项羽急围荥阳城，但项羽置若罔闻，思潮翻滚的内心已然装不进别人的任何一句劝言。项羽随后传令，剥夺范增的一部分军权。范增一看项羽不但怀疑诸将，还怀疑到了自己的头上，遂怒道，天下事已定，项王好自为之！愿请归桑梓，埋骨故土！见项羽未予挽留，范增遂怀愤回归彭城。行至半途，范增背上疽发而亡，竟未留半句嘱托存世。后范增遗体归葬其家乡庐江郡居巢（今安徽巢湖西南）县，也算了却了他生前最后的愿望。

《孙子·用间篇》里称用间有五：有乡间、有内间、有反间、有死间、有生间，五间并用，神出鬼没，防不胜防。而其中的"反间计"则因两面牵扯、因缘曲折，所以更难细究明辨，当然也更不易实施。为成败计，对搜集得到的各类情报必经细致甄别、多方印证，不要间敌不成，却为反间。细究陈平反间去范增，于疑局中再设疑局，举手而成反间之功，足见此人心智不凡。

五月，眼看着荥阳城岌岌可危，汉将纪信建议刘邦，由其以汉王名义诳楚称降，而刘邦可择机脱离战场，再行攻略。刘邦接受纪信之计，于夜晚令一些妇女在二千甲士的护卫下出荥阳东门，引出大批楚军四面堵截。纪信乘坐黄屋王车随后出城，车左挂着斗大的牦牛尾饰，并且传出话来，说城中粮尽，汉王降楚。楚军听到这个消息，皆呼万岁，汇聚城东一观刘邦投降的盛况。趁此机会，刘邦令御史大夫周苛、韩王信、枞公及魏豹续守荥阳，其则领陈平等数十骑经西门退往成皋。

有种说法认为纪信外形跟刘邦相像，故有其代替汉王诈降的缘起。但这种障眼法终究骗不过项羽，项羽一见到纪信，就问，刘邦在哪儿？纪信说，已出城西去。项羽本来满怀着受降的喜悦，获悉实情立刻震怒，即令分兵追击成皋，烧杀纪信于当场。

刘邦败至成皋，穿城而过，把成皋连同英布所部一起扔给了项羽。随后刘邦直入函谷关而西，纠集人马，意图东向再战。彼时，为调动分散项羽军力，刘邦听从辕生之计，领军经武关进抵南阳郡，在宛县（今河南南阳）与叶县（今河南叶县南）之间，与弃守成皋的英布所部会合。

项羽得报刘邦转兵南阳，果然引兵而南，但刘邦龟缩坚壁不战，使项羽无计可施。是月，长期游走于黄河白马津（今河南滑县）南岸一带侧击项羽后方的彭越所部突然南下梁地（古梁国），东渡睢水，于下邳（今江苏睢宁西北）击破项声、薛公所部，杀薛公，严重威胁到了楚军在荥阳前线的粮食供给。与之同期，灌婴、骑都尉靳歙领命分兵东进，沿睢水控制了自阳武（今河南原阳）至襄邑（今河南睢县）一线。（彼时黄河干流改道前，原阳地区还在黄河南岸。）随后两将于鲁县城下击破楚将项冠，使项羽失去了对齐地的直接控制。项羽没有办法，只得留下终公据守成皋，自领大部精兵东向，反击彭越。刘邦趁机引兵北进，赶跑了终公，收复成皋。

彭越水贼出身，打起所谓骚扰麻雀战来得心应手，看到项羽大军朝自己冲来，只作轻微抵抗便赶紧分散突围，跑得无影无踪。六月，项羽回兵复西，得知汉军再占成皋，遂引兵急攻荥阳城。周苛与枞公商量，觉得魏豹反复，"难与守城"，于是两人合力先杀魏豹。

但是很快，项羽攻破荥阳，生擒周苛、枞公及韩王信。项羽欲以上将军并封三万户利诱周苛降楚，反遭其一顿谩骂。周苛与后任赵相的周昌是堂兄弟，俩人初为泗水卒史，后刘邦起兵，追随至此。项羽受辱大怒，遂令烹杀周苛，亦杀枞公；随后大军续西，进围成皋。

刘邦还算反应快，既与诸将分散，遂与夏侯婴单车驰出成皋北门，北渡黄河，于当晚留宿小修武传舍。小修武聚在当时修武城的东边，亦属今河南获嘉县，两城相距只有几里路。

次日一早，刘邦自称使者，驰入张耳、韩信营垒，遂入两人寝帐，夺其印符，聚将宣谕。韩信、张耳刚起身，得知汉王来营，皆大惊。刘邦第二次夺韩信兵权，分遣各军抢占邯郸以南诸城；又令张耳驻守赵地；以韩信为相国，令其收拢赵地残兵整军攻齐。

分遣停当，刘邦于八月领军转驻小修武以南坚壁观望。诸将稍稍归拢，又从汉王刘邦。项羽既拔成皋，欲继续西进，但汉军坚守巩（今河南巩义）县，两军再次陷入短暂相持。

至此，成皋之战的上半阶段基本结束，楚汉两军随即转入第二阶段的拼杀。是年冬，更为惨烈的成皋攻城战亦将开始。由于韩信、彭越等各路兵马在外围的牵制，刘邦的战略优势正慢慢体现，直至后来迫使项羽放弃刘太公及吕雉两颗重量级筹码，订立自始无效的鸿沟之盟。因此对于霸王项羽来说，即便江东子弟多才俊，但自大司马周殷叛楚，其军困于垓下（今安徽灵璧东南）后，他已再也没有卷土重来的机会了。

【原文】《前汉纪·卷二》夫立策决胜之术。其要有三。一曰形。二曰势。三曰情。形者言其大体得失之数也。势者言其临时之宜也。进退之机也。情者言其心志可否之意也。故策同事等而功殊者何。三术不同也。故曰权不可预设。变不可先图。与时迁移。应物变化。设策之机也。

【原文】《史记·陈丞相世家》项王既疑之，使使至汉。汉王为太牢具，举进。见楚使，即详惊曰："吾以为亚父使，乃项王使！"复持去，更以恶草具进楚使。楚使归，具以报项王。项王果大疑亚父。

第十篇　朱鲔谗言谋刘縯　刘秀移书除李轶

【典故与事件】昆阳之战；朱鲔涉血；公孙豆粥；王郎称帝；铜马帝；刘秀平定河北之战

【经传与出处】《后汉书》《后汉纪》《汉书》《资治通鉴》《二十史朔闰表》《中国历史地图集》

新莽地皇四年，即公元23年，三月初一辛巳（时公历3月11日），绿林军"新市兵"主将朱鲔、张卬等共立刘玄（字圣公）为帝，设坛于淯水（今河南白河）河畔。刘玄面南称帝，"羞愧流汗"、手足无措，连话都说不出来。因承汉号，遂改元更始元年，以王匡为定国上公，王凤为成国上公，朱鲔为大司马，刘縯为大司徒。时光武帝刘秀领太常偏将军职衔。

由于王莽自始建国元年，即公元9年开始变更了历法，改寅正为丑正，以汉历十二月为正月，造成了《后汉书》与《后汉纪》乃至《通鉴》于当时纪月与实际数序的偏差。只有《汉书·王莽传》记载刘玄登基日为"三月辛巳朔"，客观地遵循了当时的历史事实。

更始元年三月，改称汉军的绿林军主力继续围攻新野、宛城（今河南南阳），刘秀与王凤、廷尉大将军王常等率领一部北进颍川郡，连下昆阳（今河南叶县）、定陵（今河南漯河西北）、郾城（今属河南漯河）。时王莽遣其堂弟司空王邑及司徒王寻集结各州郡带甲精兵四十二万于洛阳，号称百万，驱虎、豹、犀、象以助军威，意图一举铲灭绿林军。

夏五月，新朝大军南下颍川，于阳关聚（今河南禹州西北）击退阻截在此的绿林军下江、新市、平林兵各部数万人，绿林军诸将退保昆阳。彼时，风云急转，新生的更始政权与篡汉新莽之间迅速迎来了攸关两者生死存亡的战略决战。当时许多绿林军将领并没有意识到形势的严峻，在战与退之间犹豫不定，只有刘秀坚决主战，认为反莽大计功在此役。于是众将听凭刘秀谋划，决意坚守昆阳。

战略既定，在新朝军队合围昆阳城前，刘秀与骠骑大将军宗佻、五威将军李轶等十三骑连夜突出昆阳南门西去搬兵，留王凤、王常领八九千人继守城池。

当刘秀领郾城、定陵各县守军数千人援至，昆阳城已在新军的连日攻战下势如累卵。王凤甚至已经请降，但王邑、王寻过于自大，竟未予理睬。刘秀遂亲领千余步骑为前锋，于新军营前四五里列阵，王邑、王寻亦遣数千人应战。但新军一战失势，被刘秀率众斩首数十级。绿林军各部随后跟进，连胜新军，斩首上千级。同期，刘秀长兄刘縯在受降新野后率部破占宛城，更始帝刘玄入据南阳郡太守府。不过这一战报当时刘秀并未获悉。

六月初一己卯日（时公历 7 月 7 日），刘秀领三千敢死军出城西沿昆水直取新军中军。王邑、王寻依然没有把刘秀放在眼里，传令各部按营不动，自领万余人马出战。结果新军再次遇挫，各营不敢出救，眼看着新军阵形大乱。汉军后部跟进，昆阳城中守军亦出，杀王寻于阵前。时值风雷暴雨，虎豹股颤，新军互相践踏，全线崩溃。昆阳城北的滍水河因雨而涨，新军士兵夺河逃生，溺死万人，水竟不流。王邑领余部逃回洛阳，扔下大批辎重留给了汉军。

昆阳之战是中国历史上少有的以少胜多的决定性战役，双方战略决策的对错，直接导致了最终优劣态势的转换。汉军在昆阳城内外总计不过两万人，全部投入了战场，而新军主力四十二万，出战仅一万多，实力优势没有体现。以事后结果论，新军选攻昆阳而不取宛城，是战略层面的重大失误。但在战术战法方面，王邑、王寻的各种表现只能说明两人不谙兵法，却意气决断，葬送掉应得的胜果，是可惜，但不可怜。此战后，四方豪杰、百姓起兵响应，遍及各州郡。

凭借夺取宛城和决胜昆阳，刘縯、刘秀兄弟在绿林军中威名日盛，功高盖主之势已成。是月，刘秀领兵转进父城（今河南宝丰东）不下，屯兵于父城巾车乡。不期其部抓到了颍川郡掾冯异，把他带到了刘秀面前。冯异有学识、懂兵法，后有"大树将军"的盛名。但正当冯异献城计定而未成之际，噩耗传来，更始帝刘玄已执杀刘縯于宛城。

时刘縯部将刘稷被刘玄从鲁阳（今河南鲁山）前线召回宛城，以抗命罪将其诱捕。刘縯为之力争，但在朱鲔和李轶的竭力劝说下，刘玄下令将刘縯一并拿下，两人于同日被杀。

身处逆境，原本深有城府的刘秀愈加谦逊，他回宛城当面向刘玄谢罪，只字未提昆阳战功。更始帝刘玄感觉愧对了刘縯兄弟，遂拜刘秀为破虏大将军，封武信侯。刘秀遂于此时如愿娶得时年十九岁的新野望族之女阴丽华为妻。刘秀韬光养晦的做法令他挨过了其一生中除临战外最危险的时期，而刘玄亦将为他的恶行与寡谋付出应有的代价。

七月，赖有孙伋告密，王莽镇压了大司马董忠、国师刘歆（秀）与卫将军王涉的谋叛。从此王莽惶惶不可终日，不得不召王邑回京领大司马。至八月，刘玄遣王匡攻洛阳，以西屏大将军申屠建、丞相司直李松领兵攻武关（今陕西丹凤东南），三辅京畿为之震动。王莽依大司空崔发之言，领群臣于常安（今陕西西安西北）南郊哭天，祈求上苍予其转机。当时百姓一起来哭还有粥喝，谁哭得悲痛亦可做官，一时竟有五千多人做了郎官。王莽拜九虎将军据守华阴关隘，但很快汉军逼近关中，京师豪强纷纷举事自称汉将。九虎兵败，二虎自杀，四虎逃亡，三虎退守京师仓。彼时王莽已经众叛亲离，其正于穷途末路之上走向他的一世终点。

他赦囚徒予兵器，以期拒敌保存新朝，但这支新军一出城门便一哄而散。王莽在城外的祖坟及死去亲人的棺椁均遭各路反叛焚毁。

九月初三庚戌日（时公历 10 月 6 日），反新诸军攻入宫阙。王莽被商县（今陕西商洛商州）人杜吴杀死在未央宫渐台内室，校尉公宾就斩下了王莽的脑袋，其尸身被肢解。后其首传旨宛城，被悬于市。是月，王匡攻占洛阳，新朝太师王匡、国将哀章被押解宛城斩首。新朝灭亡。

十月，刘玄以刘秀为司隶校尉先行洛阳。刘秀让阴丽华回了新野，遂纠集属官北进。在其过父城时，别署冯异为主簿，遂领着一大帮掾史同行向北，自始做大。更始帝刘玄其后迁都洛阳，分遣使者招抚各郡。时赤眉军主将樊崇率其渠帅二十多人归顺刘玄，却仅为列侯，更没有封地，樊崇等人很快叛离，回营重整赤眉。从此各地义军皆不听更始帝节制，各部抢占地盘，自立为王。

但刘玄的野心还不止于洛阳，他欲遣亲近大将北定河北，不过人选确定颇费脑筋。其族兄、接替刘縯为大司徒的刘赐认为，刘姓诸家中只有刘秀可堪此用，但立即遭到朱鲔等人的反对，更始帝亦显犹豫。刘秀倒有手段，他暗中拉拢左丞相曹竟、尚书曹诩父子，得其支持。最终刘玄以刘秀行大司马事，令其持节北渡黄河，镇慰冀、幽各郡。

是月，刘秀代行州牧，巡视北方各郡县，真正开启了其兴复汉室、成就帝业的恢宏历程。当时有童谣所唱"得不得，在河北"，颇有预见性地揭示了刘秀起兵舂陵而兴起在河北的事实。刘秀经邺县（今河北临漳西南）、邯郸，一路北向真定（今河北正定），会见各郡地方官员及乡绅遗老，考察官吏任免，废除王莽苛政，尽释狱中囚犯，恢复汉制官衔，深得地方官吏及百姓的拥护。是时，南阳邓禹、宋子（今河北赵县东北）耿纯先后拜至刘秀帐下。

不料，已故赵缪王刘元的儿子刘林却给刘秀制造了巨大的麻烦。刘林任侠意气，在冀南地区名声一时，与邯郸卜者王郎素有往来。王郎名昌字郎，夜观天象臆测河北有天子气，遂自称是汉成帝之子刘子舆，以煽动众意。实际上汉成帝子女早夭，临死没有留下子嗣。在王莽始建国二年十一月，常安人武仲就诈为汉成帝之子刘子舆，意图复汉，被王莽满门抄斩。但刘林却宁信其真，遂与李育、张参等合谋，于十二月壬辰日共立王郎于邯郸王宫。

更始二年，即公元24年，春正月，刘秀领其属官北徇幽州。经卢奴（今河北定州）县，上谷耿弇来投，刘秀留其为长史。一行人刚到蓟（今属北京）县，邯郸方面传檄已至。耿弇劝刘秀北向，因蓟北上谷太守耿况就是他父亲，而渔阳太守彭宠乃是刘秀的同乡，两郡"控弦万骑，所向无前"，王郎不足为虑。于是刘秀意欲北行。

时广阳王刘嘉之子刘接于蓟中起兵响应王郎。刘秀赶紧趁乱驰出，由铫期单骑执戟开道，夺蓟城南门出。因与耿弇跑散了，一行人只得自蓟东南窜。沿途既不敢进出城邑，夜里遂露宿荒野。时天寒地冻，在饶阳芜蒌亭（今河北饶阳东北），冯异给刘秀弄来了豆粥。吃罢豆粥，熬过一夜，天明刘秀感叹，"昨得公孙豆粥，饥寒俱解"。公孙是冯异的字，从此芜蒌亭成为刘秀成就功业的地标。

后来刘秀冒充邯郸来使，一行人在饶阳传舍蹭吃了一顿饭，遂至滹沱河畔。原本侦骑回报，滹沱河冰下流凌声响，不可渡河。刘秀遣功曹令史王霸再探，王霸怕众人惊慌，回来故意说冰坚可渡。于是在冰上撒以沙土，车骑过河。当最后两辆车过河时，冰面已经开裂。涉险既渡，一帮人心有余悸。王霸以为神灵护佑，刘秀善其力，擢为军正。

《通鉴》中提到刘秀渡河于滹沱河下曲阳（今河北晋州西北）段，但考虑到刘秀一行接下来即至下博（今河北深州东南）城西，所以猜测当时刘秀不大可能由饶阳西出二百多里然后渡滹沱河再折返东南，而必然在饶阳河段就近冲岸，南下信都。"下曲阳"作为渡口的记载，只可能是刘秀当年多次往返滹沱河南北的其中一处所经之地。再由于《后汉书·冯异传》称刘秀一行于信都（今河北冀州）郡治西南六七十里的南宫（今河北南宫）避雨烤火，冯异再进麦饭菟肩，以致模糊甚至混乱了刘秀一行的南窜路线，因此难免使人生疑。

下博城西，刘秀彷徨不知所往，经白衣老父指引，遂南下八十里外的信都郡城。信都太守任光，亦南阳郡宛城人，与刘秀一起参加过昆阳之战，后来更始帝委其为信都太守。当时冀中地区只有任光与和戎卒正（太守）邳肜坚守城池，未听王郎号令。任光与都尉李忠迎刘秀入信都，适逢邳肜与其五官掾张万领精骑二千驰至来见，刘秀这才又有了大司马之威仪。

在否决了联合"城头子路""力子都"两路义军的设想后，刘秀遂招募邻近各县四千精兵，令宗广领信都太守据守原地，以任光为左大将军，李忠为右大将军，邳肜为后大将军，挥兵连下堂阳（今河北新河）、贳县（今河北辛集西南）。其时，耿纯领其宗族宾客二千多人于贳县投身汉军，昌城（今河北冀州西北）人刘植亦举兵数千开城归附。刘秀遂以耿纯为前将军、刘植为骁骑将军。耿纯随后受命领其部占领宋子、下曲阳，并遣其从弟耿䜣、耿宿回家烧毁庐舍，以绝族人反顾之心。此时大司马麾下人马已过数万，刘秀遂领军再渡滹沱河，北击中山，破占卢奴，随即移檄各郡，共讨王郎。

二月，更始帝西出洛阳迁都长安，移居长乐宫。刘玄听了李松及其老丈人赵萌的建议，不顾朱鲔的反对，大肆分封宗室及异姓王，从此不理朝政，"饮宴后庭"。各地于是又成割据之势，关中更始政府的影响力所及实际上相当有限。

在平定中山后，刘秀回师真定。当时真定王刘杨手下有兵卒十多万，依附了王郎。刘秀遣刘植去游说，顺利说降了刘杨。为紧密与刘姓宗亲的联系，刘秀于真定纳刘杨的外甥女郭圣通为夫人。郭圣通后来做了刘秀的皇后，而正妻阴丽华只得甘居其下。

此时的刘秀已与一个月前不可比拟，当然尽管娶了郭圣通，但还远未到得意之时。在真定呆了不多久，刘秀即挥师南下常山郡，连续攻克元氏（今河北元氏北）、防子（今河北高邑西）、鄗县（今河北高邑），在柏人（今河北隆尧西）城外遇挫后，遂转兵东击巨鹿郡，进占广阿（今河北隆尧东）县。

战线一长，军力顿觉捉襟见肘。正当刘秀为难之际，一支精锐部队适时驰至。时耿况、彭宠以上谷、渔阳两郡步骑各三千，分遣上谷功曹寇恂、安乐令吴汉及耿弇、上谷长史景丹、护军盖延、狐奴令王梁等人领兵一路攻击南下，连破涿郡、中山、巨鹿、清河、河间多郡二十二县，斩王郎军三万，进抵广阿与刘秀会师。月前蓟中之乱，耿弇与刘秀失散，遂北走昌平，跑回了上谷郡。如今再次见到耿弇，刘秀喜悦之情溢于言表，即授来将皆为偏将军，加耿况、彭宠为大将军。

时更始帝遣尚书令谢躬领马武等六将进剿王郎，与刘秀汇合，联兵进围巨鹿（今河北平乡西南）郡城。但由于守将王饶坚城固守，月余竟不能破。恰此时，信都失陷，因大户马宠投敌，致使李忠、邳彤的家眷落入王郎兵之手。好在更始别部不受忌惮，赶跑了王郎兵，夺回信都，保全了两家的父母妻儿。

王郎又遣倪宏、刘奉率军数万来救巨鹿，被刘秀率军拦截于南栾（今河北巨鹿北）县。刘秀初战不利，后景丹展开突骑挥军掩杀，斩敌数千首级，大破王郎兵。战后，刘秀对车骑部队的旷野作战能力大为叹服。其时耿纯献计，围攻巨鹿不如南下邯郸，诛杀了王郎，巨鹿城池不战自破，刘秀以为然。夏四月，刘秀留邓满一部守在巨鹿，遂尽遣各路人马挥师南进。

邯郸城外，汉军连破王郎兵，进围其城。王郎派人请降，被刘秀拒绝，但疾攻二十多天亦未能下。五月初一甲辰日（时公历 5 月 27 日），王郎少傅李立私开城门迎汉军，刘秀率部遂破邯郸。王郎连夜逃走，但遭王霸追及斩杀。后来刘秀查检王郎文书，发现许多人暗通王郎的书信，但刘秀未做细究，当着众将的面把信件烧光，使得那些辗转反侧之人就此心安。只短短半年时间，刘秀的实力快速壮大，将王郎、刘林集团就地镇压，可见当时他在河北冀、幽两州的巨大号召力。史书没有提及刘林的最后命运，不过像这样的人一般也不会有好下场。刘秀随后调整各部建制，因偏将军冯异不争功、易亲近，吏卒都愿意归其麾下。这时有人到刘秀面前来劝进，但被刘秀坚决拒绝。

到此时，更始帝刘玄这才意识到了养虎成患的风险，遂遣侍御史黄党持节东使邯郸，封刘秀为萧王；令与有功诸将回朝听命；另授苗曾为幽州牧，以韦顺为上谷太守，蔡充为渔阳太守，冀望接管幽州各部。但此时的刘秀羽翼渐丰，在赵国邯郸宫温明殿，他听从耿弇的当前情势分析与劝说，以河北未定为由，拒绝接受刘玄诏书诣其行在，"自是始贰于更始"。

而促使刘秀与更始帝彻底决裂的是吴汉，史称吴汉不善言辞，但沉着有谋。时各地藩王割据，各种名号的义军、贼寇数不胜数。在河北地区，沿太行山脉与刘秀侧近，铜马诸部的人数最多；中山国一带有高湖、重连诸部；常山郡有尤来、大抢、五幡；广平郡曲梁（今河北永年东）有五校；魏郡邺东有檀乡；河内郡有大肜、青犊、五幡诸部，都会对刘秀造成威胁。为剿灭各路义军，刘秀以吴汉、耿弇为大将军，持节幽州调遣十郡突骑参战。苗曾作为更始帝新任命的幽州最高军政长官，当然不接受吴汉的调令。吴汉遂领二十骑驰至右北平郡无终（今天津蓟州）城外，趁苗曾不备将其收斩。与此同时，耿弇回到上谷将韦顺、蔡充抓起来砍了。幽州十郡突骑于是集结南下，参与围剿盘踞于各地的农民军武装。

是年秋，刘秀与铜马初战于鄡（今河北辛集东）县，随后一路追击南下。在清河郡清阳（今河北清河东）县，吴汉领军赶到，双方对峙月余，在盖延、邓禹所部先后冲击下，铜马因粮草不济夜遁，于魏郡馆陶（今河北馆陶）被汉军击溃。铜马余部北窜，与高湖、重连会合。汉军亦折返尾随至蒲阳（今河北蒲阳河以北）地区，再败诸部，收编了多路义军。刘秀的人马一下子扩展到了几十万，自始有了"铜马帝"的称谓。因为赤眉一部与大肜、青犊、铁胫等部有十多万之众屯集在河内郡射犬聚（今河南武陟西北），声势较大，刘秀遂再次挥兵南下连攻一日，饭也不吃将其击破，顺手占领河内郡。同期，刘秀遣吴汉与刺奸大将军岑彭趁谢躬挥兵隆虑山（今河南林虑山）西攻尤来、五校之际袭占邺城，待谢躬率数百轻骑回邺，即时将其收斩，谢躬所部几万人马亦被刘秀兼并。至此，更始帝派遣在河北的多路人马皆归在萧王刘秀麾下。

冬十二月，赤眉樊崇部兵出颍川，联合青犊诸部成两路西攻更始。一路由樊崇、逢安领军，取武关进商洛，另一路由徐宣、谢禄、杨音为将，避开汉置函谷关（今河南新安东），经陆浑关（今河南嵩县东北）西进弘农郡。更始帝以王匡等人据守河东郡，遣舞阴王李轶、虞丘王田立、大司马朱鲔、白虎公陈侨领兵三十万，与河南太守武勃共守洛阳。

趁更始赤眉混战，刘秀遂拜邓禹为前将军，由其自选六偏裨将、以韩歆为军师，拨麾下精兵二万予其领兵西进。刘秀亲送邓禹至野王（今河南沁阳），又按其意拜寇恂为河内太守，令冯异及骑都尉刘隆等率魏郡、河内两郡兵马镇守孟津（今河南洛阳吉利黄河北岸）渡。刘隆原为更始帝刘玄的骑都尉，后来其留妻儿于洛阳，只身赶到射犬聚投靠了刘秀。李轶知道后，将刘隆留在洛阳的妻儿全部杀光。

更始三年，即公元 25 年，春正月，邓禹所部过箕关（今河南济源西王屋山南），进围河东安邑（今山西夏县西北）城，与王匡展开对峙。时冯异修书与李轶，借用孔子"明镜所以察形，古事所以知今"的先贤警句，列举古人微子去纣从周，项伯叛楚归汉，周勃废少帝而立刘恒，霍光尊孝宣而黜刘贺等知天命见存亡之历史鉴证，阐明当前形势，陈情利益得失，劝诫李轶早做决断，以定祸福，一旦大军围城，即无回旋之余地。

李轶早已体味到了更始难以为继的现实，所谓"因势而迁，小人之恒"，所以权衡下来遂回复冯异，表达了归降萧王的意愿。其请求冯异转告刘秀，说愿意尽自己所能协助刘秀平定四方，并称自己镇守在洛阳，而冯异据守着孟津，两者均属机轴要地，只要两方合力，势可断金，这是千百年来难有的良机，天助你我成就开国伟业。

自与李轶传递书信，冯异果然再不见其派兵挑战。于是冯异腾出手来，攻破太行天井关（今山西晋城南），进入上党郡，破占两城；又南渡黄河收降成皋（今河南荥阳汜水）以东十三县及各路屯垒，降兵十多万。河南太守武勃亲领万余兵马与冯异战于士乡亭（今河南偃师西）。武勃抵挡不住，向李轶求救。但李轶闭门不出，听凭冯异破杀武勃，斩首五千。

见李轶所具承诺不虚，冯异便把事情经过连同李轶书信一起呈报刘秀。刘秀接悉，心中暗动，隐忍近两年的仇怨今日终于觅得出口。刘秀的做法相当高明，他回信给冯异，说李轶这个人生性狡诈多变，一般人难得其要领，不可轻信其言，宜尽早防范。并传谕各地郡守将军，还附上李轶降书，要求诸将警备李轶惑言，以免为其所欺。

李轶在刘玄迁都长安后被加封为舞阴王。早在地皇三年十月，李轶参与刘秀、刘縯弟兄主导的春陵起兵，其在宛城、长安的族人几近灭门。随后他与刘氏兄弟转战各地，可以说，其与刘秀、刘縯也算是生死之交。但是，李轶本属墙头之草，史书描述其"好事"，其实势利。后来，在与绿林军合兵后，李轶开始转变立场，逐渐疏远刘氏兄弟，而愈加走近朱鲔等绿林军将领。及至刘玄称帝，朱鲔、张卬暴贵，李轶遂彻底割断了其与刘氏兄弟之间的情谊，专心谄媚更始贵将，最终参与推动诛杀刘縯阴谋的实施。因此从刘秀的眼光看去，即便朱鲔可留，李轶亦不可留，一则杀兄之仇，二则背叛之恨，以常理论，后者当更不为人所容。

正当众将疑惑萧王刘秀为何把这等机密公之于众之时，洛阳城里的朱鲔也已惊闻了此事。盛怒之下，朱鲔派人刺杀李轶，最终，反复不定的李轶遭遇了本方的暗算。

杀降，本是兵家大忌，尽管这种事情历史上屡见不鲜，成因复杂，但大都为人所不齿。刘秀当然也不愿因此遭人诟病，遂使"借刀杀人"之计，借朱鲔之手，铲除了仇敌李轶。至此，众将遂服。

是年三月，更始丞相李松试图于荔乡（今河南灵宝北）阻挡赤眉军，但遭遇大败，死伤三万多人。赤眉军转进湖（今河南灵宝西北）县，进逼关中。

其时刘秀领兵再击燕、赵，与尤来、大抢、五幡诸部战于常山元氏。进至中山北平（今河北满城西北）县，连败其众。在顺水（今河北满城漕河）以北，刘秀因为轻进，险遭敌害。幸有耿弇护卫，箭退敌众，又有马武领兵断后，遂换乘突骑王丰的战马，与散兵汇于范阳（今河北定兴固城）。其后刘秀重整大军，连败敌众于容城、渤海郡安次（今河北廊坊安次）县，斩首三千，尾随追击进入渔阳郡。

此时马武来劝刘秀上尊号，再议征伐。刘秀故作吃惊，说将军何出此言，该斩，但饶其一命，晓谕诸将。刘秀还驻蓟城，遣强弩将军陈俊领轻骑出于敌前，耿弇、吴汉、景丹、盖延等十三将遂击敌于潞县（今北京通州、河北三河一带）东及平谷（今北京平谷），斩敌一万三千，追剿义军余众至右北平郡无终、土垠（今河北丰润）两县，直到俊靡（今河北遵化西北）才停军西撤，义军残余基本被打散。

李轶死后，洛阳城内人心涣散，出降者甚多。此时刘秀正引兵征战蓟北，趁河内空虚，朱鲔派讨难将军苏茂领军三万过五社津（今河南巩义北黄河渡口）进攻温县，其自带数万攻平阴（今河南孟津东北）以牵制冯异。战役计划设计得不错，怎奈军心浮动战力不强，苏茂部迅速被寇恂会同冯异援军击败，其副将贾强被斩。而冯异领军主动渡河攻击朱鲔，朱鲔大败逃归洛阳。冯异寇恂一路追击至洛阳城下，绕城一周方引兵撤退。由此，洛阳全城震动，白天也不敢再开城门了。

五月，刘秀由蓟城南还。经过范阳，昔日的战场上尸横依旧，遂传令收殓掩埋战殒的将士。转行中山，诸将再次劝进，称三分天下萧王已据其二，"跨州据土，带甲百万"，应以"社稷为计，万姓为心"，早登尊位。但刘秀还是拒绝此议。

行至平棘（今河北赵县南）县，诸将一再劝进。刘秀说，今"寇贼未平，四面受敌"，何以正号？诸将暂退，耿纯进谏，说天下士人所以抛亲人、弃故土，跟随萧王出入于箭石之间，其皆怀着攀龙附凤的本意，以成平生之志；今功业将成，天人符瑞亦显，而大王却"留时逆众"，不即尊位；臣恐诸将"望绝计穷"，心生去意，不肯久苦；倘若众将四散，势难再合，"时不可留，众不可逆"。耿纯的这番言语其实就是他自己内心的冀望，恳切情真。刘秀听后口气软了，表示将予以衡量斟酌。

应该说，刘秀的反应当然含有做作的成分，但当时四方割据，尽管其整体实力已跃居诸强首位，不过重整汉室、归于一统的日子还远未可以预见，所以其屡次拒绝众将的劝进，也可能是他真实内心的体现。

进至鄗县，儒生强华从关中奉上《赤伏符》，明确是为刘秀将为人主的前兆。适冯异应诏来鄗谒见，刘秀遂问以四方动静变化。冯异同样表达了更始败象既定，而宗庙之忧在于刘秀的看法，亦劝其宜从众议。最后刘秀传令，于鄗南千秋亭五成陌设坛，遂行登基大典。

六月己未（时公历8月5日），刘秀登基称帝，改元建武，史称光武皇帝。遂改鄗县为高邑，大赦天下。而此时，长安城里的更始政权早已君臣反目，相互攻伐不断。赤眉军亦已于郑（今陕西渭南华州）县北立十五岁的刘盆子为天子。留给刘玄苟延残喘的日子仅剩下半年。

建武元年六月甲子，邓禹大败王匡，平定河东。秋七月，邓禹由汾阴（今山西万荣西南）西渡黄河，兵进夏阳（今陕西韩城）。辛未日，刘秀遣使拜邓禹为大司徒；丁丑日，以王梁为大司空；壬午日，又以吴汉为大司马、景丹为骠骑大将军、耿弇为建威大将军、盖延为虎牙大将军、朱祐为建义大将军、杜茂为大将军；封前将军耿纯为高阳侯。

八月初三己亥日，刘秀移驾怀（今河南武陟西）县，遣耿弇、陈俊军驻五社津，警戒荥阳以东；令吴汉率朱祐、廷尉岑彭、执金吾贾复等十一将军，进兵围战洛阳。九月，赤眉军攻入长安，更始帝刘玄逃奔高陵。辛未日，刘秀下诏封刘玄为淮阳王。时更始诸将皆降于赤眉，唯独丞相曹竟至死不降，横剑自杀。

朱鲔被围数月，他自觉之前与刘秀的嫌隙过深，因而凭城据守于洛阳，不肯投降。时刘秀已西临河阳（今河南孟州西）县，遂遣朱鲔故友岑彭前往说降。当年刘縯破宛城，新莽棘阳令长岑彭归降，成了刘縯部将，刘縯被杀后，又做了朱鲔的校尉，所以此二人有过渊源。经岑彭传话，朱鲔获悉刘秀不计前仇，把他与李轶区别对待，于是打消了顾虑。辛卯日，朱鲔自缚出城，与岑彭共诣河阳请降。后刘秀拜朱鲔为平狄将军，封扶沟侯。

冬十月癸丑日，刘秀车驾进入洛阳，居南宫却非殿，遂定都洛阳。随后刘秀遣侍中去湳阳（今河南南阳瓦店）接阴丽华来都，以为贵人。

是月，刘玄请降赤眉军，被封长沙王。但因长安政情诡谲，又有张卬等人作祟，即于十二月遭赤眉军将领谢禄缢杀。刘秀知道后，念其为刘姓族兄，一源同宗，便诏令邓禹将刘玄收葬于长安东郊白鹿原的霸陵。

【原文】《后汉书·卷十七·冯异传》异乃遗李轶书曰："昔微子去殷而入周，项伯叛楚而归汉，周勃迎代王而黜少帝，霍光尊孝宣而废昌邑。今长安坏乱，赤眉临郊……是故萧王跋涉霜雪，经营河北。季文诚能觉悟成败，亟定大计，论功古人，转祸为福，在此时矣。"异见其信效，具以奏闻。光武故宣露轶书，令朱鲔知之。鲔怒，遂使人刺杀轶。

【原文】《后汉书·卷一·光武帝纪》耿纯进曰："天下士大夫捐亲戚，弃土壤，从大王于矢石之闲者，其计固望其攀龙鳞，附凤翼，以成其所志耳。今功业即定，天人亦应，而大王留时逆众，不正号位，纯恐士大夫望绝计穷，则有去归之思，无为久自苦也。大众一散，难可复合。时不可留，众不可逆。"纯言甚诚切，光武深感，曰："吾将思之。"

第十一篇　邓后称制安汉室　虞诩增灶破羌虏

【典故与事件】邓氏干政；盘根错节；增灶计；赤亭之战

【经传与出处】《后汉书》《后汉纪》《资治通鉴》《中国历史地图集》

汉和帝元兴元年十二月辛未日，时公元106年2月，和帝刘肇于洛阳章德前殿英年早逝，年仅二十七岁。皇少子刘隆于当晚即位，史称汉殇帝。史书没有记载刘隆生母的姓名身份，只交代和帝在世时，因其十多个儿子先后夭折，刘隆遂被养在民间，其时才出生一百多天。当然所谓民间即指宫外，皇家宗嗣岂容平民染指。

由于皇帝身陷襁褓，皇后邓绥在进位皇太后之后，便顺理成章地登临崇德殿，临朝称制。邓绥出身名门，少时即诗书女红俱佳，但其非同常人之处，倒不在于她令人艳羡的地位和容貌，而是其从小养成的自制隐忍的品性。进宫十年，及至二十五岁得逞临朝，无时不显其谨小慎微的表象。范晔在《后汉书·皇后纪》里认为和熹邓皇后凭异质禀赋膨胀了其攫取权利的野心，但最后也承认她"持权引谤，所幸非己；焦心恤患，自强唯国"。

在把汉和帝送进慎陵后，延平元年，即公元106年，四月丙寅，邓绥敕令以其兄虎贲中郎将邓骘为车骑将军，其弟黄门侍郎邓悝为虎贲中郎将，还有俩弟弟邓弘、邓闾进位侍中，欲图巩固戚权。然而大忧甫定，帝殇又临。八月辛亥日，刘隆不意夭亡。幼帝百日即位，历两岁，到八月寿终，足岁至多一岁又一两个月，是为中国历史上最年幼、最短命的皇帝。

　　这一刻，邓绥一定会为自己在和帝丧仪期间特意礼遇清河王刘庆的先见之明而意满。刘庆的儿子刘祜时年十三岁，邓绥肯定有所预感，在封王各归其国之际，将刘祜留在了洛阳。邓绥随即与邓骘议定，以刘祜继嗣于和帝。定策当晚，邓骘便持节用王青盖车将刘祜接进宫禁。接下来崇德殿上的所谓仪制无非就是走个过场，太后临朝，百官吉服在班，拜刘祜为长安侯。遂诏令刘祜为孝和皇帝嗣，再策命长安侯刘祜即皇帝位，太后邓绥亦不改临朝之制。

　　邓太后的初心当然是力争做个明主。国殇之后，她整饬吏治，削减宫耗，举贤士，改刑制，约束戚宾，举止皆显明智。但即便如此，亦难改外戚专权、宦官豫政、三公虚位的朝堂政局。史书直接点名大长秋郑众、中常侍蔡伦依势用权，确定东汉中官干政由郑众始。而蔡伦主持改进造纸技术，赢得了很高的历史评价，但瑜也不能掩瑕，其功过自有泾渭。至于各地天灾飞蝗，更是连年不绝，官吏局促、百姓困苦。

　　公元二世纪初期的中国，内忧不断，外患频仍。当时西域都护班超已去世多年，此后任尚、段禧两任都护已经力不从心，段禧独保龟兹它乾城，几乎与中央政府失去了联系。永初元年，即公元107年，六月壬戌，东汉政府撤西域都护，主动放弃了对西域的控制，在柳中、伊吾卢（今新疆哈密）屯田的军吏一并迁返。相比西域，边塞侵扰则更显纷繁，时东汉经明章中兴，疆域有所扩展，与各少数民族的冲突随即加剧。北面，鲜卑乌桓日渐强盛，匈奴亦根深蒂固；西面，羌胡亦敌亦友，频动干戈；南面，蛮夷趁势作乱；东面，亦有海贼张伯路依岛劫掠滨海诸郡。大汉中国，四面临敌，虽不至于危亡旦夕，但也难免展露了颓势。

　　永初二年，即公元108年，春正月，邓骘西征凉州汉阳郡，在郡治冀县（今甘肃天水甘谷）西被钟羌数千人打败，死千余人。幸亏西域副校尉梁懂回兵东归，大败诸羌万余人，总算弹压住了诸羌豪强。临冬十月，邓骘令征西校尉任尚及从事中郎司马钧率各路郡兵，与先零（xiān lián）羌数万人于平襄（今甘肃通渭）展开决战，结果大败，八千多人阵亡。自始诸羌更趋猖獗，河湟一带诸县几近失控。司马钧后拜征西将军，是晋宣帝司马懿的高祖。

永初四年正月，度辽将军梁慬、辽东太守耿夔合兵击破南单于。二月，南匈奴犯寇常山郡，先零羌分支滇零部南下汉中。谒者庞参再劝大将军邓骘弃凉州，徙边民退居关中三辅。庞参曾任左校令，因犯法收监若卢狱。若卢狱是当时东汉朝廷关押犯罪的高级官员的诏狱，庞参被关在里面出不来，就通过其儿子上书，提出了有关调整边塞民政、军事政策的建议，其中心思想就是收缩外线、内迁戍民，以放弃凉州为要议，虽有冒天下之大不韪的风险，却迎合了邓太后的主张。邓太后立刻将庞参由囚徒升为谒者，并顺势诏回镇守凉州汉阳郡的车骑将军邓骘。邓骘在边关待了快一年，风光无限地返回洛阳，辄升为大将军。

既然庞参甘愿做挡箭牌，邓骘便在公卿集议时抛出了弃守凉州的提议，并生造了一套理论依据。他说，凉州与并州正如同两件衣服，都破了洞，拆一件补一件还可以保留一件完整的衣服，如若不然，两件都将不保；若放弃了凉州，朝廷就可以专注北边防御，拒虏于并州之外。诸公卿显贵一时没有回过味来，皆认为邓骘的话似有道理。实际上，邓骘将国家领土完整的民族大义缩小到两件衣服的存留取舍，是偷换概念的逻辑误导，既无理更无耻，必然会招致来自朝野的反对声浪。

第一个提出反对意见的便是郎中虞诩。虞诩由陈国（今河南淮阳）孝廉踏入仕途，最初被安排做光禄勋李修的属官。听到邓骘的谬论，虞诩立即向李修表述了自己的看法。他认为，大汉疆土由先帝拼征而定，如何为节支微量的库费而举州捐弃；一旦凉州陷落羌狄，扶风、冯翊、京兆三辅即成边塞，必致皇陵外显，社稷难固；谚语有云"关西出将，关东出相"，凉州士风勇猛，多出良将，如今羌胡不敢入侵三辅，即谓凉州在后难为东顾。而凉州士民之所以披坚执锐，甘冒箭石于阵前，前仆后继未生退意，亦在其心属大汉的缘故。今如将凉州割弃，边民内迁，必会引来民怨直至兵变。至彼时，凉州豪强汇合羌狄席卷东来，试问谁能御敌？可以预见此后的结局，函谷关以西、皇陵、西京将皆不属大汉所有。以补衣喻为国政，只恐边事纷乱势将难绝。

对于本段记载，《后汉书·虞诩传》与《资治通鉴》的说法是有出入的。司马光在他的巨制中，回避了虞诩的出身，直接跟时任太尉的张禹扯上了关系，但《后汉书》讲得明白，虞诩到朝廷做官肯定出在李修门下，而且明确虞诩的反对意见是通过李修反映到朝堂上去的。那么《资治通鉴》为什么不提李修呢？猜测原因是司马光自以为有一处疑点难作澄清，因当时在太尉任上的是张禹，而李修是在来年的正月才代张禹做的太尉，时间层面对应不上。其实拿一个人担任过的最高职位作为后人对其的称谓也是一种行文惯例，当时李修尚未位列三公，但并不妨碍范晔通篇以太尉称之，表面上模糊了其职衔进阶的先后年份。

经虞诩劝计，李修明白过来，说邓骘妄言，几将误国。虞诩随即提出可行的方案，建议李修上书廷议，要求四府九卿（四府：太傅、太尉、司徒、司空；九卿：太常、光禄、卫尉、廷尉、太仆、大鸿胪、宗正、大司农、少府）提拔凉州能士及牧守长吏等上层官员的子弟为官，外称恩遇功勤，内可加其约束，据以笼络一州豪强，稳固边防。

在又一次的四府集议中，邓骘的补衣论遭到否决，虞诩固州虚擢的建议得到认可并予以定案成文，即令付诸实施。由此邓骘邓悝兄弟暗中深恶虞诩，欲图在官员调动时寻机报复。正逢河内郡朝歌（今河南淇县）境内有民匪作乱，以宁季为首聚众数千，掠杀官吏，祸害连年，州郡两级官府均未能将其剿灭。邓骘以虞诩才干，议其为朝歌县令。虞诩的同僚故交都认为虞诩仕途显入危境，朝歌长实不好当。但虞诩却一笑置之，说志不求易、事不避难是作为臣子的本分；正遇盘根错节，才显利器之锋。

虞诩北往赴任，首先拜见了河内郡太守马棱。马棱问虞诩，你冠冕儒生，当谋划于朝堂，如何受令朝歌？虞诩说我接命后，同僚皆来劝慰，猜想他们认为我在朝歌任上难有作为；但依下官愚见，朝歌民乱乃犬羊相聚只求温饱，终不能成势，太守尽可宽心。马棱表示愿闻其详，于是虞诩分析道，朝歌处韩、魏故国边境，西靠太行，南临黄河，距敖仓粮围只在百余里之遥，今青、冀两州避灾流民或有数万，而贼寇竟不知开仓募兵、劫掠武库、据守城郭，既未陷要津，便不足虑。接着虞诩转过话锋，说现在叛贼正值兴盛，州兵难以与其硬战争锋，恳请太守宽借属县兵权，以免致下官于无兵可用的拘束境地。

虞诩到任朝歌后，既得太守首肯，遂重整县治、开科募兵。即令各分曹掾史据情推举，当过强盗的优先，伤过人做过贼的其次，实在不行服丧或无业的也可入录。如此招募了一百多人，虞诩表示既往不咎，还请他们吃了顿饭。指使这帮人混入叛匪群中，诱引各处劫掠，实投官兵伏围，依计竟然擒杀数百贼寇。

虞诩令行伊始，初试得成。又暗中派会缝补的穷苦人受雇为贼寇做衣服，将红线缝入衣襟作为记号，有叛贼出入市井里巷，官府据此就地擒拿。古时候人迷信鬼神，贼寇频遭缉捕，都认为到处劫掠可能触犯了当地神明，惊惧之下四散而走，朝歌县就此平复如前。凭平乱朝歌的功绩，虞诩得到了朝廷的认可，很快迁任怀县县令。虽然怀县亦属河内郡，但却是郡治所在，距京师洛阳仅隔黄河一线。

永初五年，即公元 111 年九月，汉阳郡杜琦及其弟杜季贡与王信等人勾结羌人占据上邽城。十二月，汉阳太守赵博派门客杜习将杜琦刺杀。次年，侍御史唐喜征讨汉阳，斩王信，杜季贡逃奔先零羌滇零部。同年滇零去世，其子零昌幼年嗣位，依其族人狼莫计议，以杜季贡为部将，进占北地郡丁奚城（今宁夏灵武）。

元初二年，即公元 115 年九月，班超之子屯骑校尉班雄受命军屯三辅，以左冯翊司马钧为征西将军，领右扶风仲光、安定太守杜恢、北地太守盛包、京兆虎牙都尉耿溥、右扶风都尉皇甫旗等，率郡兵八千；又以护羌校尉庞参领羌胡兵七千两路合击零昌羌。但庞参部在勇士（今甘肃榆中）以东遭遇杜季贡截击，选择退还，而司马钧因零昌假败竟直捣丁奚城，随后散兵深入收抢庄稼，中了羌人埋伏，损兵三千后于次月败还。庞参、司马钧皆获罪下狱，司马钧在狱中自杀，庞参却又熬过此劫，获赦得免，经多年宦海沉浮，后来竟官至太尉。朝廷随后以骑都尉马贤为护羌校尉，十月，再以任尚为中郎将，领羽林、缇骑、五营军三千五百人，接替班雄军屯三辅。

史书记载，任尚临行前，与时任怀县县令的虞诩有过一段关于治边经略的探讨。虞诩认为，西北并、凉、益三州驻军二十余万，边民疲于徭役、荒废农桑，将军多次奉命讨虏未见功成，而军资耗费日溢，若此去又不克，则境遇危矣。任尚深有感触，说我忧心已久，苦无应对良策。于是虞诩便将很久以来深思熟虑的想法和盘而出。

虞诩说，兵法云，弱军不攻强敌，走兽不追飞鸟，自然之势。今羌虏皆一人一马，日行数百里，来像疾风骤雨，去如离弦之箭，我大汉以步军追击，势必不及，此乃长久以来难建战功的主因。虞诩的见地果然切中要害，他建议任尚不如遣散郡兵，每人出钱数千便可还乡，这样二十人合资就可以买一匹马，即可整编万骑之师，舍弃盔甲，轻兵驰击数千羌人，围追堵截，焉有其的逃路。如此利战便民，大功可成。

任尚深以为然，遂以虞诩之策上书朝廷，决议推行。虞诩的策略果然可行有效，后来任尚在北地郡指挥轻骑突袭盘踞在丁奚城的杜季贡，斩首四百余级，得牛马无数。

当时武都郡的羌患更显严重，邓太后已然听说虞诩有领军谋略，议定迁怀县县令虞诩为武都太守，并特意在嘉德殿召见并予以赏赐。但是虞诩未及到任，消息却已被羌人获悉。当虞诩领军出渭南过陈仓，数千羌人早已分布于陈仓散关一线，试图拦击。史书没有明确虞诩所部的人数，估计算上家属侍从和近卫部队，数百人而已，不可能超一千，实力无法与羌人比拟。

眼看前路被截，虞诩立即停军不前，然后放出风声，传已上书朝廷请兵，待援兵西至再行进军。羌人信以为真，想想闲着也是闲着，于是分抄旁县劫掠。虞诩得报众羌已散，遂领军日夜兼行百余里，快速通过散关进入武都境内。一路上，虞诩令军吏每人各挖两灶，隔日加倍。有小股羌人尾随在左右，并不敢来战。有人问虞诩，当年孙膑行减灶计而君却反计增灶；再兵法云日行不可超三十里，以防不测，如今疾行二百，是何道理？虞诩为解众疑也没有保留，说，羌虏势大人多，多倍于我，我如缓行则易为其追及，速进则其不能靠近窥测我方实力。敌虏在后见我每日增灶，臆为本郡兵马前来接应，两路合兵疾进，其便心生忌惮，不敢来追。孙膑减灶示弱，为诱敌，我增灶却敌，意示强，形势敌情各不相同，而取其反计。

在人多势众的强虏面前，虞诩所领的小部队根本没有争胜的机会，为避免与敌正面接触，虞诩释放出一则经不起推敲的谣言便轻易达成了"调虎离山"的目的。虞诩据情揣测，羌人纠集险道，除了为拦截自己，还有更为重要的目的就是抢掠财物，只要使得羌人以为抢东西的急迫程度胜于断己前途，其必分散四向，以致散关要隘门户洞开。羌人虽勇，恣意横行在西凉山川，但其既不能协同调度指挥，更没有临阵争战的谋划，见欺于虞诩，亦在必然。

虞诩率众经连日突进，摆脱了群羌的连续纠缠，终于抵达武都郡治下辨（今甘肃成县西北）城。彼时，下辨一带的形势正处于危急的边缘。羌人聚众一万，已围攻赤亭数十天。下辨城内郡兵不满三千，欲救不能，退敌不易。史书没有更多有关赤亭的只言片语，推测有可能是东汉的军事部门设置在当地的军储基地，其位置大概在下辨城西北方向不远处。武都境内的所谓诸羌在当时主要是参狼羌、钟羌、零昌羌等羌族别种分支和夷狄，人数虽多，但部支繁杂，并无统一的首领和指挥。了解了各方面的情况后，虞诩决定立即改变战法，以让羌虏也尝一尝汉军的厉害。

虞诩传令军中，暂收步军强弩，改使马弓小弩御敌。因小弩射力所限，根本无法造成对羌人的杀伤，羌虏有恃无恐，蜂拥急进，试图一举破城。看到羌人突前，虞诩遂令军士改使强弩，每二十张强弩对准一人，力求弦松人亡。转瞬之间，战局突变，汉军箭无虚发，羌虏接连倒地。冲在后面的羌人一看不妙，吓得转身就跑。遇此战机，虞诩立刻引军出城追杀，重创强羌。总结战争史上许多战例可以看到，集中火力杀伤敌人的战法均能取得很好的战绩。

翌日，虞诩领全军整队出城，经东门出，摆了下阵势。遂又引军绕至北门入城，令军士改换装束，再次出城。如此易服招摇数轮，搞得城外远眺的羌人以为大队汉军驰援而至，对下辨城内守军的人数规模失去了判断，各部茫然，军心浮动。

虞诩感觉到战情正发生微妙的转变，断定众羌不日将退，于是秘密派出五百汉军预先进至羌人必经的水道，于浅水处设伏，等待众羌回退。果然，羌人各部失去协同，猝然溃散奔逃。虞诩领军随后掩杀，大败羌虏，斩杀无数。仓皇逃至河岸的羌人正欲渡河，又遭到汉军伏兵的冲杀，扔下无数同族的尸首，狼狈四散，大部南窜益州。虞诩始到武都，在短时间内即取得胜果，一战平定羌乱，这在战争史上极为罕见。

战后，虞诩四处探查地形，依据羌虏来去无定往复骚扰的特点，于各险要山口河川修筑坚垒避所一百八十多处，严控郡境。又发布政令，招还流亡百姓，赈济贫民，一郡遂安。

武备刚息，治政的难题随即凸显在虞诩面前。武都郡地处凉州南缘，山川纵横，行路艰难。雇佣驴马货运，抵达时五石只能存其一，严重影响当地的民生存续。虞诩身为武都太守，一郡长官，为开凿东向的通途，遂亲领郡吏府兵，不惧艰辛辗转各县，勘察河川谷道。

其实武都境内有西汉水横亘东西，自陇西发源，经下辨直下沮县（今陕西勉县西）。但史书有载，当时在下辨以东三十多里处，河入峡谷，峡中有巨石塞流，俨然河坝拦江。每年春夏涨水期，由于下泻不畅，江流浸岸，淹没禾稼，冲毁墙垒，经年成患。那时虽没有爆破等现代技术，但虞诩为除顽石，采用的方法亦有成效。趁枯水期，他带领郡民沿河岸数十里砍伐树木，点火烧石，再取水浇淋。滚热的岩石遇水即裂，然后斧劈凿镌，终于将巨石化整为零，清出谷道。自始河水顺流东下，不再有险滩阻遏，更不再有漫江之虞。于是郡中又雇佣脚力船工，组建漕运船队。水路联江的直接益处是一年即可节省运资四千余万钱。史称虞诩刚到武都时，当地的物价水平是谷每石一千，盐每石八千，郡民只存一万三千多户。治事三年，一郡平安，流民迁返。人口增至四万余户，物丰价贱的量化指标是谷每石八十，盐每石四百。已经可以用百姓安居乐业、丁旺家足来形容当时虞诩治理下的武都郡之民生状况。

汉顺帝永建元年，即公元126年，虞诩官除司隶校尉，后迁尚书仆射。永和年初，官至尚书令，位列九卿。因公免官不久，朝廷又欲征召起用他，却于时离世。虞诩一生刚正不阿，疾恶如仇，得罪过很多人。他曾经九次受到谤毁，三次入狱，几上几下。其仕途之曲折和最后得以善终的结局在古代也不算多见。虞诩临终前，对他的儿子虞恭说，我一生光明磊落，别无遗憾，只是当年在朝歌杀了叛民数百，其中肯定有冤枉的。所以二十多年来，吾一门未增一口人丁，似是上天对我的责罚。

【原文】《后汉书·西羌传》诩曰："兵法：弱不攻强，走不逐飞，自然之势也。今虏皆马骑，日行数百，来如风雨，去如绝弦，以步追之，势不相及，所以旷而无功也。为使君计者，莫如罢诸郡兵，各令出钱数千，二十人共市一马，如此，可舍甲胄，驰轻兵，以万骑之众，逐数千之虏，追尾掩截，其道自究。便民利事，大功立矣。"

【原文】《后汉书·虞诩传》邓太后以诩有将帅之略，迁武都太守，引见嘉德殿，厚加赏赐。羌乃率众数千，遮诩于陈仓、崤谷，诩即停军不进，而宣言上书请兵，须到当发。羌闻之，乃分钞傍县，诩因其兵散，日夜进道，兼行百余里。令吏士各作两灶，日增倍之，羌不敢逼。或问曰："孙膑减灶而君增之。兵法日行不过三十里，以戒不虞，而今日且二百里。何也？"诩曰："虏众多，吾兵少。徐行则易为所及，速进则彼所不测。虏见吾灶日增，必谓郡兵来迎。众多行速，必惮追我。孙膑见弱，吾今示强，势有不同故也。"

第十二篇　子午谷妙论成空　五丈原苦战身死

【典故与事件】子午谷奇谋；街亭之战；木牛流马；卤城之战；木门道之战；五丈原之战

【经传与出处】《三国志》《华阳国志》《晋书》《资治通鉴》

蜀汉先主刘备章武三年，即公元 223 年，春二月，刘备病重于白帝城（今重庆奉节东）永安宫，遂立召丞相诸葛亮至永安。永安原名鱼复，于前一年刘备兵败猇亭后退回鱼复县才改称永安。于此，刘备托孤于诸葛亮及尚书令李严。夏四月癸巳，刘备病逝，时年六十三岁。

五月，后主刘禅即位于成都，改元建兴。是年诸葛亮承武乡侯，开府治事，不久又领益州牧，辄始其鞠躬尽瘁进而极端艰辛的末段人生。史称当时"政事无巨细，咸决於亮"，可见压在其肩上的权责之重。当时魏主文帝曹丕在位，劝降书由魏纷至沓来，诸葛亮一概不作理会，并于军前训示，"万人必死，横行天下"，众人只需齐心合力、同仇敌忾，即能定海内、制四方，何况蜀军今有数十万之众，各方割据势力仅可逞一时之强而已。

由于先主新丧，国势未稳，南中一带叛乱频生。为稳定局势，诸葛亮采取"务农殖谷，闭关息民"的政策，直至建兴三年春，才领军南征。蜀军所到之处，连战连捷，著名的七纵七擒夷人孟获的典故即发生于此间。到这年秋天，南中平定，诸葛亮接受参军马谡的建议，以夷人自治，而没有在南中驻军，自始夷汉相安。丞相诸葛亮遂回师整军，等待北伐战机。

建兴五年，即公元 227 年，三月，诸葛亮率各路兵马移驻汉中。临征前，上疏《出师表》文，慷慨陈词，涕泪横流，谆谆谏喻后主刘禅"亲贤臣，远小人，此先汉所以兴隆也；亲小人，远贤臣，此后汉所以倾颓也"。封建社会，集权专制于君主，当然国运之责也在君主，身为辅国重臣，诸葛孔明直截了当地指明了这一点。辞别刘禅，诸葛亮北行汉中，移府沔阳（今陕西勉县），大军驻屯在沔水北岸的阳平关及石马城，并于黄沙（今陕西勉县东）屯田积粮。沔水是汉水的上游西段，亦是汉水的古称，一些古籍即以沔水指代汉水。

历代很多学者都质疑诸葛亮北伐曹魏的动机。以结果论，那当然是自取灭亡，所以也有很多人牵强附会地从政治经济、军事文化等各个领域来分析解释其执意北伐的意图并为其最终失利进行开脱。但既然诸葛亮明知不可为而为之，那么后人费尽心机为其搜罗的各种原因就很难与其内心的真实想法沾得上边。纵然蜀军北伐客观上转移了当时的国际国内主要矛盾，但如以此为目的，想来诸葛孔明还不至于奸诈到这个程度。而实际上，从其出仕到临终最后一口气，他心心念念的理想一直就是"兴复汉室"。诸葛亮不是擅长投机的政客，其一世言行始终是一致的，所以深究其内心，他的思想很大可能也是与其言行相一致的。前距蜀汉二百年，汉光武帝刘秀逐一收拾掉那些不思进取的割据势力的历史教训对诸葛亮而言肯定影响深刻。而北伐，是他践行当年与先主刘备所达成的隆中对的战略共识的唯一选择。换句话说，以此人为人，在刘备死后，选择偏安一隅，他是做不到的。

兵出伐魏之前，诸葛亮集各路将领于南郑召开临战军事会议。镇北将军魏延时任丞相司马，针对当前魏蜀两军兵力对比及部署态势，提出了近战急攻的策略。魏延以为，魏军主将安西将军夏侯楙是曹操的女婿，怯战寡谋，丞相可拨其五千精兵，再五千随运粮草，直接由褒水谷道而出，沿秦岭南麓一路东进，再由子午道折北，十天之内，前锋即可杀至长安；料夏侯楙闻魏文长将至，必乘船东逃，长安城内仅有御史、京兆太守诸官，不足为虑；横门邸阁所存及向民间征集的粮草足以资蜀军六十日军需；俟魏军纠集复至京兆尚需二十多日，而丞相领大军由斜谷随进，亦可先于曹魏抵达。如此，咸阳以西扶风各郡一举可定。

但诸葛亮身为北伐统帅，又居丞相之职，顾及诸多，自然不可能同意魏延的冒进策略。且不论魏延的战策有无可行之处，单就战役目的来看，两人的诉求即现南辕北辙之势。依据两军态势及行军条件，魏延力求速战，着眼于攻，所以看重的是战役发起的突然性，尽力避免与敌相持，只是孤军深入、无所依托，难求险胜；诸葛亮很清楚，蜀军受制于魏的两个方向，一是汉中，二就是陇右。如今汉中已牢牢控制在自己手中，为立于不败之地，必先攻取陇西地区，以确保蜀军后路不被魏军所截，此所谓十全稳妥之策，更契合当年应对先主所询的隆中对定国之策。所以每每论及此议，魏延总认为诸葛亮过于谨慎，以致自己空负凌云之志终难遂愿。实际上诸葛亮心怀大势，根本不认为此次北伐与先时韩信袭占三秦有多少可比拟之处。毕竟今非昔比，曹魏据中原腹地，兵精粮足，而自刘关张先后离世，蜀国已由盛向衰，以现有军力，只能以缓步蚕食代替硬战鲸吞。《魏略》有记，自刘备死，"数岁寂然无声"，魏已不把蜀国看成对手，防备有所懈怠，"卒闻亮出，朝野恐惧"，明显言过其实，只多年未战，些许意外而已。

建兴六年，即公元 228 年，春，诸葛亮扬言由斜谷（斜，古音 yē，今亦可念 xié）道进取郿国城，遣镇东将军赵云、杨武将军邓芝带兵据占箕谷，虚张声势，自己则亲率大军出陇南天水郡，直指祁山，进围魏军祁山（今甘肃礼县东北）营垒。祁山是秦岭余脉，魏军于山上筑祁山堡已逾多年。时天水参军姜维随太守马遵出巡洛门，闻听蜀军掩至，马遵疑姜维等有异心，独往上邽（今甘肃天水西），致姜维不得入城。姜维西归郡治冀县，又不得入，遂与郡吏上官子脩共投蜀营，诣谒诸葛亮，为亮接纳。

由于诸葛亮治军严谨，蜀军所到之处，军形齐整，号令严明。一时间，南安、天水、安定三郡闻风去魏应蜀，关中震动；魏祁山守将高刚左顾右盼，难下决断，幸而蜀军围而不迫，祁山堡得以孤悬一线。与此同时，魏明帝曹叡的反应亦现神速，其于二月丁未日移镇长安亲临督战，派大将军曹真镇守郿城，总领陇右诸军；又遣右将军张郃率马步军五万西出关陇，阻击诸葛亮。张郃乃河北名将，原为袁绍部将，官渡之战时投靠于曹魏。

诸葛孔明足智多谋，却事必躬亲，总想面面俱到，因而终归百密一疏。在识人用人方面，相比当年曹操亦逊色颇多。此番蜀军兵出祁山，诸葛亮多路分兵，弃魏延、吴壹不用，而以参军马谡督导前军，相对魏延的激进又走向了过求平稳的另一个极端。马谡是侍中马良的弟弟，马良当年随先主在夷陵之战时死在乱军之中，而马谡则随诸葛亮一路到了成都。诸葛亮肯定记得先主临终前对马谡的评价，简单一句话，此人"言过其实，不可大用"。在面临与魏军决战的紧要关头，显然诸葛亮识人不够以致用人失当。结果，马谡没有遵照诸葛亮的行军部署，舍水据山调度失当，各种举措令人生忧。裨将军王平一再规谏终不为用，前军大部被张郃围于街亭（今甘肃庄浪东）南山。魏军断其水源，一战而破，唯有王平所领一千余人拒守犄角，击鼓作势，张郃恐遇伏兵，未敢接战。王平率部未见损失，遂一路收拢残兵，整军而退。

其时，诸葛亮主力就屯兵在数里之外，但鉴于蜀军兵力有限，估计全军顶多在六万出头，加之各处分兵，中军主力也就在两三万人；相较魏军，张郃麾下有五万精兵，又有雍凉本地驻防部队，两者实力悬殊。诸葛亮手下尽管还有魏延、关中都督吴壹等将领可用，但既探明了魏军实力，自知再战无益，也只能号令退兵。

如何一战而致全局转势呢，只源于街亭极其重要的战略位置。街亭位于当时略阳县东北，是安定、广魏、扶风三郡的交汇点，蜀魏两军的必争之地。一旦蜀军出街亭，即可越过陇山（今称六盘山），进入渭北平原。诸葛亮如遇得势，赵云邓芝一路疑兵即可由虚而实，那咸阳以西就真的无险可守了，势将跟高祖平灭三秦如出一辙。也正因有这等风险，所以魏军必然拼命要把诸葛亮挡在陇西，以保关中。

得益于蜀军兵败街亭，曹真未再西顾，倾力截击兵出箕谷的赵云。赵云眼见不得取胜，于是亲身断后，把刚刚修复的部分栈道及原赤崖以北缘谷百余里的褒斜栈道烧毁，全军而退。同期，雍州刺史郭淮亦将驻防列柳城的蜀将高翔部击败。诸葛亮一出祁山，各路蜀军全线溃败。

就在这一时点上，"空城计"的历史疑云千百年来一直未散。最早有关诸葛亮智摆空城计的记载源于《蜀记》中郭冲所论"条亮五事"，裴松之注《三国志》亦据以注解。郭冲是西晋金城（今甘肃兰州）人，可以断定的身份至少是扶风王司马骏的座上客，几乎是诸葛孔明的同时代人。魏晋时期，清谈清言日盛，在扶风王府里，一帮达官显贵闲来无事频展谈锋，论及当初诸葛孔明的功过，郭冲列举了诸葛亮的五件逸事，"空城计"是其中的第三事。

郭冲的论述是这样的，当时诸葛亮军驻阳平关，先遣魏延诸将东进，城中只留万余人马。适逢司马懿率军二十万拒挡蜀军，与魏延错道而过，径直而来。离城六十里，探马向司马懿报告了诸葛亮城中兵马空虚的军情。同时诸葛亮也得报魏军前锋已近城外，欲出城追随前军，奈何魏延重兵已相去甚远，即便他已经回救也显然势不可及。众将士均现惊慌之色，不知所措。好在丞相诸葛亮意定神闲，传令军中偃旗息鼓，不得擅出营帐，又命四门守军大开城门，清扫道路，净水泼街。至于诸葛孔明于城楼抚琴的情节只在《三国演义》中可见，即便在郭冲极显夸张的叙述中也未论及。司马懿深谙诸葛亮一贯之谨慎，偶见其府营失庇，即疑孔明设有伏兵，遂引军北向丛山。翌日早上食时，诸葛亮对属下参军尉佐抚手大笑说，司马懿以为我没有胆量孤营在此，料定领有强兵埋伏，故此沿山而去。少顷巡骑回报侦情，正合丞相所云。后来司马懿得知真情，深以为恨。

想必郭冲说得兴起，口沫飞溅之时忘记了收敛，尤其当扶风王慨然称善时，更平添了许多夸张不实之词。依据各类史书相印证，这段评述充斥着谬误，生出疑惑势在必行。首先，最大的悬疑就是空城计发生的时期不可考，很难确定是在诸葛亮一出祁山兵败街亭之后，因为硬要将空城计置于公元228年初，从中牵扯到的硬伤实在太多。《晋书》记载，魏明帝继位，迁司马懿骠骑将军，太和元年，即公元227年六月，司马懿受诏屯兵宛城，领荆、豫二州都督，二年春，诸葛亮兵出陇西，而同时，就在这年正月，司马懿远攻新城郡，斩了孟达，又将魏兴郡太守申仪抓去洛阳，后受命复镇宛城。前文已述，诸葛亮一出祁山，魏方主帅曹真驻军郿城，前军主将是张郃，夏侯楙在长安，司马懿无论如何不可能同时于上庸、街亭两地逞威；其次，阳平关位居汉中，是蜀军扼守益州的要隘，远离街亭五百多里，阳平关历史上曾是诸葛亮府营驻地，但与街亭难生瓜葛；再者，正如裴松之据情而论，诸葛亮行军一向谨慎，他连分一万兵马与魏延都不许，何以使诸军在外而致府营空虚；且当着扶风王的面讲司马懿的败绩，"对子毁父，理所不容"，司马骏又如何称善。所以裴松之以为，既不合情理，当然为虚。但所谓空穴来风，未必无因，如果当年诸葛亮没有临危据过空城，那郭冲的演绎能力可称盖世绝伦。可惜过多的妄言掩蔽了史实的本来面目，如今看来，"空城计"的出现显然已难究真相，所以公允地说，诸葛孔明空城退敌的时点、地点一定有误，但说法不见得不真。

诸葛亮预备多年，静候有时，一出祁山即告失利，自然痛心疾首，他自言"国家威力未举，使百姓困于豺狼之吻。一夫有死，皆亮之罪"。

可见其内心是如何的急迫与焦灼。当然蜀军败退亦未现仓皇之势，尽管攻占的城池难再保持，但诸葛亮也不忘驱略西县（今甘肃陇南盐官）士女数千人还于汉中，因为在古代，人口是最重要的国家资源。

检讨失利成因，诸葛亮马上将直接责任人马谡下狱，不久就将马谡及将军张休、李盛斩杀，将军黄袭被解职。参军蒋琬曾对诸葛亮说，昔日楚国杀成得臣，高兴的只有晋文公，而今天下未定却杀有用之士，岂不可惜。诸葛亮淌着泪说，孙武之所以制胜于诸侯，凭借的是军法严明；跟当年扬干乱仪，魏绛杀其御者是一个道理。现今国分兵乱，倘法度荒废，何以讨贼！这里，出现了三个典故，其一，楚国令尹成得臣兵败城濮之战，归国被杀；其二，孙武给吴王阖闾以妇人演示勒兵之法，三令五申不得规制，遂斩了吴王的两个爱姬以明约束，其余女官于是号令齐整，再不敢言笑；第三，晋悼公三年，即公元前570年，晋悼公与诸侯会盟于鸡泽，悼公的亲弟扬干不守仪制，在曲梁乱行队列，中军司马魏绛欲正军纪，又不能拿扬干怎么样，于是将其御者杀了，以戒三军。诸葛亮与蒋琬，简单两句对答便明晰了当前的治军要旨并取得了共识。由此，诸葛亮上疏自贬三等，后主以亮为右将军，行丞相事。

赵云因箕谷之败也被贬为镇军将军，诸葛亮问过邓芝，何故蜀军在陇西一线损兵折将，而渭南一线却能全军而退。邓芝回答，全因赵云将军亲临后军断后，致使军资物品井然退还，兵将几乎未见伤亡。源此，赵云所部还留有军需布匹等物，诸葛亮授意分赐将士，赵云反对，认为出战失利，本不应赏赐，并将所有物资均归入赤岸库，至十月寒冬再作补给。诸葛亮听罢大为称善。遂查考有功将士，厉兵讲武，以作后图。

此役，蜀军中唯一著有军功的只有王平。诸葛亮赏罚分明，擢升王平参军，统五部兼当营事，进阶讨寇将军。史称王平大字不识几个，常使人读史书纪传以听，口述公文皆存意理。姜维姜伯约时年二十七岁，诸葛亮与其接触后，感觉姜维忠勤时事、思虑精密，胆智过人，于是辟其为仓曹掾，加奉义将军，封当阳亭侯。

蜀国大军南撤后，曹魏军队迅即收复安定三郡。曹真判断诸葛亮既败于祁山，此后犯境必出陈仓，遂遣杂号将军郝昭及王生镇守陈仓。夏四月丁酉，魏明帝曹叡还都洛阳。

秋，八月，魏大司马、扬州牧曹休见欺于吴鄱阳太守周鲂，率步骑十万深入皖县，于石亭遭遇吴大都督陆逊阻击，战败，退至夹石，又困于吴兵堵截追杀，骡马军资丢弃殆尽，兵将折损万余。所幸豫州刺史贾逵竭力营救，曹休得以领余部败还寿春。九月庚子，曹休积郁成疾，惭愤而死，曹叡遂以前将军满宠为扬州都督。

诸葛亮得报曹休兵败东吴，河南诸军倾力东顾，关中空虚，决计再次北向伐魏。但蜀汉群臣以诸葛亮年初新败，皆存疑虑。于是诸葛亮于十一月上表后主刘禅，阐明相府经略，力陈攻魏之急，这就是历史上存有争议的诸葛孔明之"后出师表"。尽管陈寿没有在《三国志》本传中载录此表，但试想在前表全文转述的状况下，有无又载后表的必要。而裴松之出世于东晋，在其注《三国志》中即录有后表。退一步讲，即便此表为他人伪作，由于隔世不久，所涉诸项也不大可能谬于本真太多。从后表的文风及内容看，其主旨立意与前表如出一辙，亦较贴近诸葛亮彼时的心态与处境，换言之此文为诸葛亮手书的真实性很大。表文中，陈列了从帝王国运到事态时机、个人能力、用人之道、军事实力及综合国力等六个方面诸葛丞相不易破解的难题，也点明了他鞠躬尽瘁、死而后已的人生意愿及明知不可为而为之的诚意。兴复汉室的宏愿在诸葛亮的心中矢志不渝，从中可见一斑。

表文中还提到，自丞相府营移驻汉中，一年多来，丧失大将七十多人，中级将官一千余人，损失可谓惨重。值得注意的是，赵云的名字位于名单之首，而在《三国志·赵云传》中，记载赵云死于建兴七年。但本表如真是伪作却还执意点明诸葛亮于建兴六年十一月上疏刘禅，世上是否会存有故意与正史所论相悖的伪作？可得的判断是，常山赵子龙于建兴六年十一月前离世，后追谥顺平侯。

十二月，诸葛亮引兵经故道出散关，军围陈仓。但魏曹真早有安排，将军郝昭于陈仓城内已备多时。蜀军连战不克，诸葛亮于是让郝昭的同乡靳详至城前劝降郝昭。未料城楼上的郝昭回答得义正词严：朝廷律法，你很清楚；我的为人，你更明晰；我蒙受国恩，门户累重，你多言无益，我已抱必死之心；你回报诸葛亮，叫他来攻便是。于是靳详将郝昭的话转述给诸葛亮，诸葛亮却不死心，使靳详再劝，说既不能敌，何必自待破亡。郝昭对靳详说，之前的话我不再重述，我认得你，但恐箭不识你。靳详这才回营复命。

诸葛亮觉得郝昭只有一千多人，自率几万之众，而曹魏重兵远在荆、豫及扬州，其救兵无法及时回援关中，遂进兵继续攻城。于是，一场惨烈的攻防战再度擂响了战鼓。之所以说惨烈，是源于用兵之法，攻城为下。诸葛亮也是没有办法，招降不得只有强攻。在胡三省注《资治通鉴》中点明，城池攻防战的战法叙述，在通鉴等史书中既成章法，两军相持情形固定。略查宋前战史，此说不虚。本文于此亦省略战情详述。

蜀军连攻二十余日不克，但陈仓也已在旦夕。大将军曹真目下兵将匮乏，且遣将军费曜前救，又往洛阳告急，曹叡遂召张郃领军拒战诸葛亮。由于魏在扬州东线大败于吴，当时张郃正屯兵于荆北叶县方城，据守京畿侧翼。魏明帝曹叡亲临河南城（今河南洛阳），为张郃置酒送行，并遣禁卫皇城的武卫、虎贲军小部随行护卫张郃，可见其对关中及张郃的重视程度。临行还问张郃，迟至今日将军西援，诸葛亮会否已占得陈仓？张郃料定诸葛亮深入关中粮草不济，屈指一算说，待我西至，孔明或已退兵。说归说，张郃引兵三万日夜兼程前往关中。未到陈仓，诸葛亮果因粮草接济不上业已拔营起寨。魏将王双尾随追击，被诸葛亮后军魏延部斩杀。由陈仓之功，郝昭受赐关内侯。但郝昭显然时运不佳，正当明帝看重，不久即病故了。临终郝昭曾对他的儿子说，厚葬于死者无益，你只要以现有的衣物将我入殓就行了；今远离家族墓地，随你东西南北寻一址，我入土即安。

诸葛孔明当然不肯善罢甘休，转年春，又遣护军陈式进兵武都、阴平。此二郡位于雍州以南，益州之北，有羌、氐部落散居，人烟稀少，易攻难守，因此曹魏历来未曾死守二郡，只相机与蜀国拉锯。根据史料判断，有可能在诸葛亮一出祁山失利后，曹魏军趁势南下二郡，占据了下辨（今甘肃成县西北）等军事据点，达成了其前置警戒的目的。但这一态势对于蜀军来说则非常不利，不单北伐路线受阻，成都侧翼的防线也因此失去了前沿屏障。当然，诸葛亮是战略家，他遣军武都、阴平，不但为了收复此二郡，更有其预设的战役目的。

得知陈式领军进入武都，雍州刺史郭淮急率本部人马南下增援，而诸葛亮亦亲率蜀军主力随进建威（今甘肃西和北）。由此可以窥见，诸葛亮的另一企图，就是欲围歼魏军在陇西的有生力量，扫除进兵关中时沿途的羁绊。但郭淮毕竟也是曹魏名将，一看形势不对，干脆放弃武都、阴平，全军退还天水郡，不打了。

收复二郡，蜀国朝野军民皆有所振奋，后主刘禅适时下诏，恢复了诸葛亮的丞相位。夏四月，丙申，吴王孙权于武昌（今湖北鄂州）即皇帝位，改元黄龙，并遣使通报蜀汉并尊二帝之议，以相互承认对方的帝号。史载蜀汉官员多以"名体弗顺"为由主张断绝与吴国的盟约，诸葛亮凭超常理性，又据丞相地位，力排众议，指出为对抗曹魏，必须东联孙权，这是战略层面的原则问题，与名号体统无关。遂遣卫尉陈震出使武昌，庆贺孙权加冕。两国随后达成协议，以铲灭曹魏为目的中分天下，豫、青、徐、幽四州属吴，兖、冀、并、凉四州归蜀，司州诸郡以函谷关为界分属两国。九月，吴主孙权志得意满，迁都建业。

十二月，为日后伐魏作战役准备，诸葛亮又将府营迁至汉中。根据史料推测，其驻地大概位于当时阳平关与沔阳之间，即今勉县城西，隔沔水南岸就是定军山。以稳妥固地计，诸葛亮又在沔阳筑汉城，于成固修乐城两个军事要塞。

蜀汉建兴八年，即公元230年，春，诸葛亮以参军杨仪为长史，迁姜维护军、征西将军。秋七月，魏大司马曹真上疏曹叡，称蜀汉经年入寇骚扰，为拒敌境外，不如我由斜谷突入，各军数道并进，南下益州，定能大败其军。魏明帝觉得可行，遂复旨进军；又下诏大将军司马懿，使其由西城（今陕西安康）西进，与曹真合击汉中；诸将由子午谷、斜谷、故道、武都建威等各路南进。八月，曹真兵发长安，择子午道进军。

诸葛亮得报，领军进至成固赤坂严阵以待，又调李严率军两万增援汉中，还不忘表奏刘禅，以李严之子李丰接替其父之职执印江州都督。当时已是秋中，霖雨月余，栈道断绝，曹真所部艰难前行，走了一个多月，才将近子午道半程。司空陈群、太尉华歆、散骑常侍王肃等先后上疏明帝，陈情进兵之困，补给之难，且又遇连雨之患，山高路滑，军士疲惫，而彼方正以逸待劳，显然有违王兵方略。魏廷群臣纷纷吁请曹叡早做决断。

实际上，魏军越秦岭山川南下，所陷困境与彼时诸葛亮北伐遇到的危局是一样的，由于道路险阻，军行不畅，尤其军需物资转运艰难。李白诗云"蜀道之难，难于上青天"，那还是在五百年之后诗人所发出的感叹，可见当时山川阻隔，几近不可逾越。探究诸葛亮几次伐魏而功败垂成，每每受制于粮草匮乏即是主因。

由魏兴郡西城出兵的司马懿一路跋山涉水，逆沔水而西，水陆并进，直达胸朒，占领了新丰（汉丰）县城。军至丹口，亦遇秋雨不绝，终不得进退。此时，魏军几路兵马都已陷于进退维谷之间，少府杨阜也上疏曹叡说，当年武王伐纣，有白鱼跃入舟中，显为吉兆而君臣变色，忧惧不定，如何会有天降灾情异象却还不为之颤抖的道理；《左传》讲"知难而退，军之善政"，致我大军陷于深谷，绝非善策。曹叡不愧其名，于九月果断下诏曹真各部，班师退兵。

听闻曹魏退兵，益州上下，无不欢庆。诸葛亮也长吁一口气，他知道，凭蜀国一州之力，哪里挡得住据九州中国的曹魏；任凭山川险峻，亦难守土固本；出兵北伐也是为引领主动，以攻代守而已。如此动因抉择，不要说在当时，就是现在的治学者又有几个能够真切地领会。本着这一固国方略，是年秋，诸葛亮遣魏延、吴壹西入南安郡羌境，进攻雍州侧翼。两人作战一向勇猛，很快于首阳阳溪击败由郭淮、费曜带领的陇西守军。经此战，魏延迁前军师、征西大将军，吴壹为左将军。

十二月，诸葛亮任命蒋琬为相府长史。诸葛亮感觉蒋琬办事尤其得力，每次出兵，都由蒋琬筹足军粮供其调度。因此他常说，蒋公琰雅量忠心，当与我共建王业。

翌年，即公元231年，春二月，汉丞相诸葛亮又命李严为中都护，署理汉中府营诸事，自己则亲率大军，北进天水，拉开了其历史上第二次兵出祁山的战役序幕。一般认为，以蜀国一州百多万人口概算，可集结的作战部队充其量在十万左右，诸葛亮至多能带出五万人马；郭冲五事讲蜀军阵列八万，也是虚数。根据《后汉书·郡国志》记载，益州全境在东汉时有七百多万人口，但历经汉末黄巾起义、军阀混战，至三国时期，蜀国人口已不足百万。佐证在裴松之注《三国志·后主传》引时人记述，魏征西将军邓艾由阴平景谷道迂回攻入蜀国腹地，直捣成都，受降后得"士民簿"记录，当时蜀国有人口九十四万，带甲将士十万二千，吏四万，可见以上推断还是比较符合实际的，纵使官籍记载存在错误及遗漏，其载数据肯定小于实际数量，但误差也不见得太大，总还有可供参考的价值。

此役，陈寿在《三国志·诸葛亮传》中第一次引出了诸葛亮借以运送军资的工具：木牛。木牛在诸葛亮的文集中有记述，但细究文字，均是有关形状特性的描述，并未阐明其内部构造和原理。根据各种版本的释义，推测可能是造型较为复杂的独轮车，以避两轮人畜牵引车在崎岖狭窄道路上进退不能的困境，也符合其负"一岁粮"的设计要求；为保持平衡，役者应在车后推行，其所谓"牛仰双辕，人行六尺，牛行四步"，说明车轮并不很大，既利于行进，也便于驻足。至于后来建兴十二年出现的"流马"虽有可能是另一规制的多轮人力车，但更可能即指漕运。当时漕运已很发达，史书亦有记载，荆湘方言称大船为舸，而晋代崔豹的《古今注·杂注》称"孙权时名舸为赤马，言如马之走陆也"，可见马与江舟的联系在当时是很明确的。之所以诸葛亮以"流马"称谓，一是借代，二也为震慑曹魏，以虚为虚，有凭空造势的可能性。

蜀汉大军进展迅速，进入天水郡西县，前锋迅速将魏将贾嗣、魏平围于祁山堡营垒。贾嗣的名字只出现在《晋书》中一次，有可能就是魏将贾栩，但较难确证。同时，由鲜卑小种部落发展起来的轲比能部，既不服魏护乌桓校尉管辖，也常与同宗部落争斗，在北方连续骚扰魏境。大人轲比能接诸葛亮邀，领其部骑兵进至北地郡石城以策应蜀军，更为从中渔利。当时大司马曹真身在洛阳，得知战报，亦急又忧，一病不起。不过很多朝臣的反应并没有如此激烈，因魏军探马侦骑没有发现蜀军的后续辎重，众人大都以为诸葛亮必然再遇粮草不继，不待调兵，蜀军即可自破。孰料诸葛亮此次出兵准备相当充分，军需辎重的转运选择了水路，粮草由西汉水漕运，经下辨武都入西县漾水。西汉水是嘉陵江的上游支流，而祁山离漾水只在咫尺之遥。有大臣甚至谏言曹叡，提前收割上邽周围尚未成熟的麦子，以绝蜀军夺粮。但曹叡的脑子还算清楚，既要派将拒蜀，还要敕使护麦。

是月，魏明帝召大将军司马懿入朝洛阳，委其为雍、凉二州都督，西拒诸葛亮，征西车骑将军张郃、后将军费曜、征蜀护军戴凌、雍州刺史郭淮等皆归其麾下。司马懿是三世老臣，在文帝曹丕驾崩时，身为抚军大将军的司马懿更与中军大将军曹真、镇军大将军陈群、征东大将军曹休同为辅政大臣。眼下大司马曹真病重，曹休三年前即已亡故，陈群是文官，能够独当一面的也只有司马懿了。曹叡直言，西方战事可托付者非大将军不可。

三月，曹真病逝，谥号元侯。司马懿则一路西来，兵屯长安，集各路战将研讨军情，自始有机会与诸葛亮正面交锋。司马懿迅速做出部署，要求费曜、戴凌所部留四千精兵与郭淮协防上邽，余者尽出，西救祁山。但从后来的战局看，这支所谓西援祁山的魏军前锋，未及出战就被诸葛亮大军给堵了回去。张郃提出，应分兵驻留雍县、郿城，以防蜀军越秦岭攻己后方。司马懿老奸巨猾，判断亦较贴近实际，他说，如果前军挡得住诸葛亮，那确可依将军所言，但若前锋失利，我前后两军势必被诸葛亮分而击破，分兵何益。遂传令各部，进军隃麋（今陕西千阳东南）。显然司马懿对诸葛孔明心存忌惮，对于打败蜀军也未抱太大信心。

而实际上，根据郭冲三事及五事记述，当时司马懿拥兵二十万众，加上张郃所部及雍、凉本地驻军总数超过三十多万，即使郭冲讲述有些夸张，三十万的数字可能与实际不符，但相比"八万"蜀军，本地区曹魏的兵马不及蜀军的三倍也应超过两倍；更何况诸葛亮远道而来，司马懿是主场作战，天时难说，但地利、人和还是具备的，雍州刺史郭淮在雍、凉经营多年，在汉、羌边民中有些威望，从后来他从百姓中征得粮食一解军中燃眉之急可见证明。仔细体味司马仲达其时的处境，或许能够理解他彼时的心态。司马懿不同于诸葛亮，诸葛孔明为国征战，并不计较个人得失，但司马懿显然心存异志，患得患失，两人的初心明显有异。无论从军事上还是从政治上来看，诸葛亮输得起，而司马懿输不起，这是两人不同的政治抱负及在各自国中不同的地位所决定的，本文非专著，此议题不做详述。

夏四月，眼见曹魏大军增兵关中，轲比能领其部转瞬而去。根据

《三国志·明帝纪》的记载，当月，鲜卑附义王轲比能率其族人及丁零部落大人儿禅出现在幽州，宣称向魏进贡名马，实际有可能为打探中国对其的态度，毕竟今天打明天好的，他自己也搞不清惹恼了曹魏几分。不过诸葛亮的反应也很迅速，尽管蜀军兵力有限，但他依然分兵留一部续围祁山据点，自领大军北向渭河。渭河两岸，自古以来就是粟麦遍植区，而四月，正是麦子的成熟期。诸葛亮主力未遇堵截直接进至上邽城外，郭淮、费曜为阻止蜀军割麦，硬着头皮出城迎战，结果被诸葛亮杀得大败，退守城中。蜀军随即分兵收麦，以充军资。

西进的司马懿在路上得到战报，众将皆露惊惧之色，司马懿倒显镇定，他说，诸葛亮一向思虑纷杂难有决断，必先筑垒自保，然后才会纵军抢麦；我军日夜兼程，两天即可抵达上邽，与其对战。于是传令各军，晨夜不歇，卷甲疾进。其大军由关陇道西入广魏郡，经略阳、清水，南下天水郡，两天进至上邽县。

不出司马懿所料，诸葛亮已在上邽城东二里，即今甘肃天水市藉水河南岸筑成营垒，人称诸葛军垒，也称下募城。如此，司马懿更有了说辞，他说我军长途疾进，将士劳乏，如是通晓兵战的主帅肯定不会放过这个良机，焉知诸葛孔明竟不敢沿渭河拒战，可见卧龙盛名不实。于是全军渡过渭河，在蜀军大营不远处扎下城寨，严守待机。魏军的这处营垒就是上募城，又称司马垒。

两军据营对望了好几天，竟未擂鼓接战。其实，这正符合司马懿的战役谋划，他就盼望着诸葛亮最终能够不战而退。可是，如此战略意图，其手下有很多人是不理解的，或者干脆说不愿意理解。让司马懿不胜其扰的，是众将轮番不息的请战，更麻烦的是，他竟也找不到合适的托词来说服这帮人。又熬了几天，司马懿于无奈之中传令列阵，派遣大将牛金领小股轻骑到蜀军营前讨战。不多时，意外遂生，蜀军竟然倾巢而出，前卫稍稍接战，蜀军全队却转身后退，梯次南去。牛金带出的骑兵不多，本来就是以饵诱敌，突遇此等变故，只有眼睁睁地看着诸葛亮大军绝尘而走。

　　稳坐中军的司马懿得报诸葛亮大军已向祁山后撤，才知上了诸葛孔明的当，原来诸葛亮根本没有在此与魏军接战的打算。于是传令，各军拔营整队，尾随南下。军至卤城（今甘肃礼县盐官），蜀军已据南北二山，司马懿随即将两山分割包围，并断其水源，然后命令分路临山扎营，再次与蜀军形成对峙。卤城以出产矿井盐著称，前汉时期就设有管理盐业的盐官，因此卤城即称盐官。当然诸葛亮驻留此处的动因，看中的不是这里的盐，而是这里的地形。这里谷间略显开阔，但两山据险，地势起伏，是所谓的黄土梁峁沟壑地形，与上邽形同案面的一马平川有天壤之别。司马懿也知道地形有异，但经过这么多天与诸葛孔明隔空斗智，他对于诸葛亮是否急于一战已经失去了判断。

　　跟前几次北伐一样的态势，蜀军因远道而来，力求速战，而魏军盘桓于境内，本意即立足于守。当然由于蜀军在渭河边抢收了一部分麦子，此消彼长，魏军的粮草供应也遇到了麻烦，为后来的军情发展增添了变数。不过两军相较，曹魏军队的这个困局远未及蜀军那样严峻。诸葛亮第四次北伐历时最长，前后有四个多月之久，战绩也最丰，得益于从曹魏手中抢到了部分粮食，但之所以最后功亏一篑，受制的依然是粮食转运的难题。当时又临夏末，霖雨渐起，从汉中运一袋粮食到陇西势比登天。正如张郃所言，敌远路来攻，欲求一战，利于我军的做法就是不战，与敌相持以久，可望转机；又，祁山堡守军得知援军已近，依情理自会尽力坚守，我军应就地屯兵，分遣奇兵绕至蜀军侧后，断其粮道，等耗尽天时，蜀军自会败退；实不宜近出蜀军阵前又不敢与其争锋，徒然失却民望；目前诸葛亮孤军在外，粮草不足，不久自会南返。

　　司马懿当然不会听从张郃的主张，尽管张郃的说法与他避战的对策如出一辙。司马懿有更进一步的考虑，就是要求魏军尽可能地靠前以钳制住蜀军，不能让诸葛亮纵横陇西如入无人之境。也只有如此，他才有可能迎来决胜的转机。正是由于两军的战略意图有根本的区别，所以尽管诸葛亮与司马懿都于上邽城东筑成营垒，但两人的出发点及目的却截然相反。司马懿不想与蜀军开打，期望利用双方的优劣条件不战而屈蜀之兵。反观诸葛亮，既要找魏军速战，但欲求胜又不可急战。上邽地区地势平坦，不利于擅长山地作战的轻装蜀军，却利于拥有大量重装车骑的魏军展开队形。如任由魏军车骑发挥长戈重甲、两翼迂回包抄的特长，那蜀军是很难抵挡得住魏军的纵横掩杀的，其胜算就难有把握。况且上邽城中还有郭淮、费曜等军，难保他们不出来攻袭蜀军后阵。从此段军情发展的态势来看，诸葛亮筑成下募城的目的只为诱敌，不为拒战，因此他肯定还要另找地方抢占有利地形，并确保司马懿大军能够尾随而来且心无旁骛。卤城，是诸葛亮预设的战场，此战，在其胸间已酝酿有时，只等时机。

由于司马懿严令各军不可轻战，引起了诸多魏军将领的不满。大将贾栩、魏平数次请战均遇不准，因生怨言，说司马懿畏蜀如虎，活该天下人笑。司马懿听到后有些恼，但又不好治其罪，很无奈。前文已述，诸葛亮大军一到祁山就把魏将贾嗣、魏平围于祁山堡，贾嗣的名字本就有疑问，现魏平的名字也出现在请战之列，显为矛盾，也说明如《晋书》之类史书在记叙中确有许多疏漏和谬误之处。

对于主将而言，各部将领几次三番地要求出战，虽显其勇力，但确实会对自己造成很大的压力，更会动摇既定的主张，所以后来诸葛亮第五次伐魏时，司马懿学乖了，他假皇帝曹叡之口，借辛毗之手把诸将挡在营中，省却了许多为说服而生的唾沫。但这次情形有异，鉴于魏军人员及装备皆优于蜀军，确有一战决胜的资本，所以到后来司马懿也心生了犹豫。

夏五月，辛巳，司马懿分兵进击蜀军，遣张郃攻王平镇守的南山营垒，自率中路大军进攻北山蜀军。王平依山据险，殊死抵抗，由于地势所限，张郃的车骑部队无法参战，魏军多时急攻终不能破占南围。北围攻垒战却是另一番景象，魏主帅司马懿亲临督战，魏军攻势凶猛，进展迅捷。当时诸葛亮身在北围，蜀军稍做抵挡便转为溃败。魏军很快攻破蜀军营垒，拔除了营栅，按魏方的说法，诸葛亮连夜逃遁，魏军随即追击，大胜。《晋书·宣帝纪》甚至记载魏军斩杀俘获蜀军万余，不知做此矫记事出何因。实际上，真实的情形与此种说法大相径庭，诸葛亮遣魏延、右将军高翔、后将军吴班等领军分路拒战，充分发挥蜀军依势近战的特长，一战大败魏军，斩获魏军带甲士尉首级三千，玄铠五千领，角弩三千一百张。魏军溃败，司马懿退往上邽。

有关卤城之战的最终战局，各类史书说法各异，但唯有《晋书》记叙司马懿"俘斩万计"，而《汉晋春秋》《三国志》甚至后来的《资治通鉴》的说法明显与其对立。撇开作者当时局限及顾虑，评判战场胜负的依据当然是看战绩，"俘斩万计"是司马懿上奏朝廷的战报上的虚词，没有后续数据支持。鉴于后来蜀军撤还，明帝曹叡可能佯装糊涂，没有深究其详，这样处理是明智的；而蜀军所获各项是战场清理所得，数目有零有整，相较于魏方的语焉不详，亦显得与史实更近一步。纵然真实的历史无法重现，蜀军的战绩也不见得完全贴近史实，但从战情发展来看，蜀军卤城获胜的结论更似于后续演变的前因，因为经此战，蜀军又将战线往北推进到了上邽附近。进一步假设，如果诸葛亮一战折损五分之一战力，溃败之势既成，无论何时，其可作的选择只有南逃，那司马懿还不兜着蜀军的屁股赶往汉中，又如何肯放弃这乘胜扩大战果的良机。

正当诸葛亮领军与曹魏军相持没几天，始终牵挂在他心里的粮草难题重又凸显出来，军中粮食不多了。为避免重蹈覆辙，诸葛亮赶紧修书留驻汉中的都护李平，李平即李严，信中诸葛亮写明了应对此后战局变化的三种策略，"上计断其后道，中计与之持久，下计还住黄土"。意思很明确，上计就是要求李严不但要确保粮草调运，还应派出一支部队出渭水河岸，以绝魏军后援；中计只要求李严能够把军需运至前线，蜀军自会与敌相持寻机再战；所谓下计，就是李严什么也做不到，诸葛亮只有退兵汉中，重回黄沙屯兵。事实上，不用诸葛亮如是详告，这三种情形李严也能够设想得到，更清楚由此而生的后果。诸葛亮考虑事情一向周全，应该算是优点，但有时，军令过于详尽，即会压制同僚及下属的主观创造力。假使没有三策可选，只书上计，如何后来李严敢提议诸葛亮振旅回师。

同样即将饿肚子的还有司马懿。由于司马懿领中、外两军西出陇右时，只抢收到蜀军割剩的一部分夏麦，上邽城内积粮有限，十多万军队消耗极大，所以眼看着粮草也要告罄。当然司马懿可以考虑向关中调粮，但从关中到陇西，路途遥远，隔山阻水，运程一样极其艰难。由于雍州刺史郭淮与各羌胡部落均有过不浅的交往，于是他亲自出面，从各少数民族部落里征集到了一些粮食，遂解魏军燃眉之急，后来郭淮由此加号扬武将军。

由于前方战事胶着，魏明帝曹叡有些不安，右仆射侍中卫臻谏言，为策应陇右战场，应派出一支奇兵入散关，以绝蜀军粮道。曹叡应允，遂拜卫臻为征蜀将军，领军出征。从各类史书的只言片语中可以判断，其时魏蜀两军都面临着粮草困境，差别在于魏军是一时之困，而蜀军陷入的是战略困局。当年诸葛亮几次北伐，选择的时期都在冬春之交，侧重考虑即为避开雨季，趁西汉水、漾水等河道缓流水浅，利于逆水漕运，另外旱季也便于陆上运输。

时值六月盛夏，雨日渐多，与诸葛亮存在多重分歧并显有矛盾的李严终于找到了借口，他遣参军狐忠、督军成藩前至诸葛亮大营，提出当前霖雨不止，漕运不进，山路断绝，建议振旅退兵。想必诸葛亮在确认了粮食难以为继的情况后，满怀着愤懑与不甘，在面临大好战局的情形下无奈却又坚决地下达了回兵的军令。蜀军各部随即拔营，依次南撤。

不好想象司马懿在得报蜀军退兵之后的反应，按理应该高兴一阵，甚至有可能有一些忘形，因为他竟然要求张郃领本部人马前出追击。自司马懿统领西方军事，张郃一贯与其意见相左，争执不断，如今这位主帅竟不经权衡妄下军令，张郃立刻反对，他说，依兵法，围城攻坚必网开一面，敌军退还更不可穷追。但显然司马懿有太多的动因来拒绝张郃的说辞，卤城失利更迫使他力争扳回一局。无奈主官不听劝议，张郃只得领令出击。

魏军前锋在张郃引领下追至青封木门道（今甘肃礼县盐官罗家堡），终将蜀军撵上。但这支蜀军后卫部队是诸葛亮故意留下的，受命临高据险在此设伏，专候魏军追兵。张郃戎马一生，战斗经验丰富，但在率军进入木门道之前，他忘了应先"打草惊蛇"，然再进军。应该说张郃心里对蜀军可能的反击是有预见的，因为他对司马懿说过归军勿追的话，但问题是诸葛亮根本没有准备与魏军短兵相接，他有更好的办法对付张郃。也许诸葛亮丢弃了一路军资器物，做功到位，伏兵又隐蔽得深，实难察觉；抑或张郃情绪受压，思虑纷杂，谨慎不够一时失智。猝然间，凌空箭如飞蝗，魏军遂遇灭顶之灾。史载诸葛亮造有连弩，箭矢由铁铸造，八寸来长，据说一次可发十箭，按现在的话讲发射起来火力异常凶猛。难以想象，身处木门道里的魏军，在经受如此打击后还能有几人活命。张郃当然也未能幸免，其右膝腿骨被飞矢伤及，怀疑可能扎到了腿部主动脉，终因失血过多而死。可叹一代河北名将，殒命陇西。

对于一员主将来说，打草惊蛇之计是在实战调度中自然形成的应敌之策，是可以不由研学即能具备的作战理念。因为只要蛇身现形，基本上就难再伤人。所以说，张郃在木门道临危失策，没有预行打草惊蛇之计，不是他没有想到，而是在他所处特定思维状态时自认为没有将本计付诸实际的必要；从其内心深处讲，他更有急于与诸葛亮一战的愿望，有鉴于此前所经历的一路挫败，这种意愿肯定是存在的。既欲与蜀军开战，张郃就不怕诸葛亮在任何地方设置伏兵，怎么也想不到的是，这次诸葛亮搬出了新式武器连弩，这一可连续击发的弓弩杀伤力确实巨大，有可能蜀军刻意没有在之前的战事中运用，至少没有大规模的集中使用。在那一时刻，很明显魏军还未具备应付这一武器的办法及装备，被大量杀伤似在情理之中。

秋七月，卫臻行至长安，持节督领各路军事，得知诸葛亮军退，亦不作逗留，返身洛阳复命。而司马懿终未能有所作为，收拾完木门道的残局，又解了祁山军围，远远地目送诸葛亮引大军南下回了汉中。

是月丙子，明帝遣使者至陇右劳军。因雍凉仍在治下，司马懿即成大功，增其封邑，各级将领依功封赏有别，追谥张郃壮侯。当时大将军军师杜袭、督军薛悌都对司马懿说，明年麦熟时节，诸葛亮必再来犯，陇右少粮，应赶在冬季来临前储运粮草为宜。但司马懿不以为然，他认为，诸葛亮一出祁山后，再攻的是陈仓，由于无功而返，所以纵然其再要伐我，必不往陇西，而将出陇东寻求野战；诸葛亮每以缺粮而中道废功，回兵后必假以岁月积蓄粮草，凭我所料，没有三年耕熟他定无力驱师北来。司马懿打仗稍逊孔明，但在战略格局层面，此人亦非寻常。于是司马懿上表曹叡，迁徙冀州农户至陇西佃种上邽土地，设置京兆、天水、南安三郡监军治所，官民联动，协力备战。

诸葛亮南还，李严不免心生忐忑。他故作惊讶说，我已筹足军需粮草，何故现在回兵。得悉大军近至沔阳，李严托病西去沮漳乡野，闻军临沮县，又欲往江阳，终被参军狐忠劝阻。事初，他一度欲杀督运岑述以掩其罪，又表奏刘禅说军退是为诱敌，为己开脱。秋八月，蜀军各路尽还汉中，诸葛亮遂着手查证了李严的不办之责。李严还欲抵赖，诸葛亮便将其前后有关书信拿出对质，终令其词穷领罪。于是诸葛亮上表后主刘禅，大致意思是，经与中军师刘琰、前军师魏延、前将军袁綝、左将军吴壹、督前部右将军高翔、督后部后将军吴班、长史杨仪、督左部中监军邓芝、前监军刘巴、中护军费祎、前护军许允、左护军丁咸、右护军刘敏、护军姜维、中典军上官雕、中参军胡济、参军阎晏、参军爨习、参军杜义、参军杜祺、参军盛勃、从事中郎樊岐等评议，辄处李严免官罢职，收其官凭，削其封邑，废其为民，迁梓潼郡。其子李丰亦被夺兵权，留为从事中郎，协助蒋琬处理丞相府事。

建兴十年，即公元 232 年，史载诸葛亮屯田于黄沙。黄沙位于今汉中勉县城东沔水北岸，多年来，诸葛亮分兵于此屯田积粮。为休养生息计，北伐暂且搁置。是年秋，诸葛亮亲自教兵演武，操练军队，推演八阵战图。据传诸葛亮得工匠蒲元协助在此造木牛流马，不过见于正史的则是收录在《太平御览》中由姜维撰写的《蒲元别传》一文，上称蒲元以特别的淬火技艺在斜谷为蜀军锻造了三千把钢刀，每刃削铁如泥，称绝当世。建兴十一年，诸葛亮在斜谷口设置斜谷邸阁，贮存军粮。至年冬，三年休兵养士期满，各部军粮汇集于斜谷邸阁，诸葛亮即将开启其最后一次伐魏战争。

建兴十二年，即公元 234 年，春二月，诸葛亮遣使邀吴双线伐魏，随后号令出征，以张翼为前军都督，总领十万大军北出斜谷，兵驻郿国渭水南原。时褒斜两水正值枯水期，湍流未现，遂用"流马"运输，以舟船漕运军资。

魏明帝曹叡感觉诸葛亮此次出兵非同往年，遂遣骁骑将军秦朗率马步军两万增援关中。好在司马懿也不是省油的灯，他执着避战但不怯战。四月，众将皆议应于渭河北岸驻防，但司马懿另有判断，他认为关中富庶之地在渭南，百姓钱粮积聚，势为必争。于是引军南渡渭河，临岸筑垒，再一次与蜀军形成对峙。他的预判是，如果诸葛亮尚有余勇，当领军出武功水（今陕西眉县西）依南山往东，震我长安，若西上五丈原（今陕西岐山渭河南岸）据守，则我军无惧，后顾无忧。

　　果然，不久诸葛亮中军移驻五丈原。郭淮看出了诸葛亮的渡渭企图，议与司马懿当先据北原（今陕西岐山南麓），阻隔蜀军北进。但司马懿帐中参议多不认同，郭淮亦坚持己见，他说，倘诸葛亮过渭占领北原，兵进陇山一线，隔绝关陇要道，陇山两面汉夷人心摇动，势成危局于国不利。司马懿顿悟，立时称善，遂遣郭淮领本部人马回占北原。司马懿何等奸猾，至此，在郭淮的提醒下，他彻底看清了诸葛亮本次出兵的战略意图。诸葛亮虽然军屯武功，但眼光紧盯的依然是陇右，夺取了陇右，对于蜀国来讲就有了立国屏障，再不受曹魏两线挟制，在战略层面上争取到了与魏同等的地位。此之所以蜀军尽管兵临郿县、武功，也不东进京兆的原因，因为即便蜀军袭占长安得逞也不可持久，曹魏必自四面反扑，徒损兵将。诸葛亮是战略家，他不屑于作愚蠢的战术骚扰，自然不会为图一时之快攻击司马懿所谓的纵深软肋。他选择的作战方向，必定是对蜀军乃至整个蜀国都极具战略价值的地方。围绕这一目标，诸葛亮所展开的所有军事行动即显其合理与严谨的本意。而魏延其所谓出子午道袭取潼关的妙计屡被诸葛亮否决，因果即在于此。此次伐魏与前几次有所差别的就是兵进路线选择了关中渭南，但诸葛孔明的战略方向及目标，从未改变。

　　诸葛亮觉察到魏军动向，立即遣师渡渭。郭淮所部未完成堑壕筑垒便遭到了蜀军的进攻，郭淮奋力抵抗，据守北原不退。为协防北原，司马懿令将军胡遵增援郭淮，又遣将军周当屯兵阳遂，以为诱敌。阳遂在北原东面渭水北岸，应该距武功水入渭水河口对岸不远，与北原互为犄角。诸葛亮欲拿下北原，必同时占领阳遂才可固守。因未能抢得北原先机，诸葛亮随即停兵不动，司马懿倒猜得其意，说孔明不攻阳遂意取北原，遂传令各军据守营垒。

　　不日，诸葛亮大军浩荡西行，魏营诸将皆以为蜀军欲攻西围营垒，但郭淮还是看清了诸葛亮调虎离山的用意，认为蜀军表面西向，引魏军跟进，后必反身攻往阳遂。当天夜晚，蜀军果然折返，但未至阳遂，便于积石遭到魏军堵截，两军在北原下混战一场，均不能得胜。尽管司马懿至此仍从守势，但鉴于蜀军已然丧失主动，诸葛亮只得回兵五丈原驻扎。

战事陷于胶着，诸葛亮最担心的仍然是粮草补给可能不继，为相持以久，遂分兵屯田于兰坑。史载种地的蜀军与当地百姓混杂在渭水河岸，互不干扰，相安无事。

五月，吴主孙权移驾巢湖口，聚兵十万，遣上大将军陆逊、大将军诸葛瑾领军一万进至江夏、沔口，剑指襄阳；令镇北将军孙韶、奋威将军张承兵进淮水，军向广陵、淮阴。魏国东线战情立时紧张。

经勘查周边地形水系，诸葛亮针对魏军沿渭水河岸连线筑垒的不利态势，又派兵进占绥阳谷，据以牵制魏军在陈仓的守军，阻其东进。绥阳谷后称洛谷，在陈仓之东斜谷以西，溪水北流入渭，此记载见于《水经注》"渭水"章。同在此章，又记有斜水亦称武功水的缘由，文引诸葛亮的表章所述，其曾遣虎步监孟琰据守武功水东，当时魏军骑兵趁武功水涨，强攻孟琰所部。西岸蜀军一面凌水射箭，一面急架竹桥，形势一度十分危急。及竹桥完成，魏军见蜀军主力跨桥增援，遂勒马退兵，掩尘而去。

六月，曹叡自议亲征东南，满宠欲解新城，明帝不准，敕令各军坚守诸城不动。七月，曹叡龙舟东行，满宠出击，射杀孙权侄子孙泰于新城郡，吴军分路退还。曹叡由此身临寿春，遣使者持节犒劳军士，诸将各有封赏。辛巳日，其车驾还许昌。

时势瞬息而变，对于诸葛亮来说，其最不愿预见的情形还是呈现到了眼前。非但吴国不可指望，当面的司马懿也不好对付。战起，司马懿就得曹叡诏书，严令其坚守营垒避敌锋芒，蜀军进不能攻，退不得战，日久粮尽，无所掳掠，必择时退兵；如是，我军以逸待劳，随后掩杀，可得全胜。司马懿秉承明帝旨意，坚守渭水一线，拒而不战，迫使诸葛亮孤军悬外，难以进退。两军对峙百余日，诸葛亮数次挑战，司马懿均以坚韧的决心顽固到底，不为所动。至于发生的几次小规模的魏蜀对抗，其意一为争利，二是为缓解诸将因争战而生的躁动心绪，应不能以战役决战论。

尽管一般学者都认为以堂堂蜀相诸葛亮的身份不大可能借以巾帼妇人之服来羞辱执意避战的司马懿，但各类史书大都载有此记，也不像以讹传讹。可以设想当司马懿瞥见各类妇女的衣饰后该作怎样的反应，其本纪记载，司马懿终怒，表请明帝出兵决战。好在曹叡非常清楚此公用意，立即派卫尉辛毗杖节来营，以大将军军师之职压制诸将。辛毗刚直公正，敢于直言，此后诸葛亮再派将于阵前讨战，辛毗便持节立于军门，众将再不敢违令言战，遂使号令通达、六军整肃。

姜维闻听此情，报与诸葛亮，说辛佐治来魏营，今后更难诱战。诸葛亮说，司马懿本无战心，之所以固请明帝，是做给其麾下诸将看的；有道是，将在外，君命有所不受，其若能制我，何苦千里请战。于是连遣使者至魏营频下战书，以乱其军。一次司马懿接见来使，故意绕开战事不提，只问寒暑。谈及诸葛丞相饮食起居，使者对说，丞相夙兴夜寐，每顿饭只吃一小碗；又问政事忙闲，答说二十杖以上罚责皆由丞相亲自审阅。送走使者，司马懿对人说，诸葛孔明食少事烦，事必躬亲，岂可久乎。在他回复其弟度支尚书司马孚的书信中，司马懿也说，诸葛亮志大而不择机，多谋却少决断，好战又无权宜，虽提卒十万，实已陷我计中，胜之必然。

很不幸，司马懿一语成谶。秋八月，在蜀魏两军对垒相持百余日后，诸葛亮终因忧劳成疾，一病不起，实际上已然病入膏肓。诸葛亮自知难盼来日，遂与长史杨仪、司马费祎计议身后军事，决由魏延断后，各营依次回兵；虑及魏延与杨仪矛盾深重，势如水火，如魏延违令不从，即由姜维再后，遂行不顾。

彼时，尚书仆射李福受后主刘禅所遣使往军中向诸葛亮寻计国家大事。李福宣完圣旨，慰问了丞相病情，又听其交代了诸项事宜，然后回还成都。数日后，李福忽觉未尽之意，遂又返回军营来见孔明。诸葛亮说，我知道你的回返之意，这几天桩桩件件讲了很多，但仍有一事未决，就是你想问的秉政人选，留府长史蒋琬蒋公琰即宜。李福谢道，前次确实未能请问丞相，如丞相百年之后有谁可堪大任，故此又返。复请丞相，蒋琬其后谁可继之？诸葛亮说，费祎费文伟可以继任。再问其次，诸葛亮默然无语。

是月，诸葛孔明卒于五丈原军营，时年五十四岁。当时，有流星碎石陨落蜀营，似是天意。杨仪密不发丧，让费祎至魏延营中揣察魏文长的反应，魏延根本不服杨仪辖制，欲与费祎联名以做去留军计。费祎当然不可能附和魏延，敷衍出营。魏延亦派人至中军探察，竟见诸军业已整队拔营，梯次撤往北谷口。魏延大怒，趁杨仪未行，率所部抢先南入斜谷，焚烧栈道，阻其南归。

看见蜀军烧营拔寨，有百姓奔告司马懿。司马懿本已有过预见，急领魏军掩后追来。姜维让杨仪回旗击鼓，势若拒战魏军。司马懿又生疑惑，心知穷寇不可进逼，遂传令后退。蜀军随后结阵而去，进斜谷口，始为诸葛亮焚纸发丧。《晋书》亦有记载，司马懿料蜀必败，出奇兵攻击诸葛亮后营，斩首五百，俘获千余，另有六百蜀军归降，战绩不小。但此一纪录有可能是本场战役的魏方累计，也可能就是虚报，无可定论。

后一日，司马懿军行诸葛亮故垒，视其营障布局，以为天下奇才；但见兵书战策散落，遍地军资粮草，判断诸葛亮已死，急令追击。前派二千军士拨棘开路，随后骑兵步军一起跟进。追至赤岸，确认诸葛亮真的死了，但蜀军已全军南返，司马懿只有回兵。当时民间有谚语谓"死诸葛走生仲达"，司马懿听到后也很无奈，笑言"吾能料生，不便料死"。

在丞相亡故的密报传回成都后不久，一日之中，杨仪、魏延互指对方叛逆的檄文前后抵达。刘禅急问侍中董允及蒋琬，两人认为魏延难保忠心，但杨仪绝无反意。在事件还未平息之前，就基本将此变故定了性。

魏延领军在褒谷南口挡住杨仪诸军。杨仪使王平于阵前叱散其部，迫使其与其子数人逃往汉中。平北将军马岱受命追斩魏延，将其首级扔到杨仪面前，杨仪脚踩魏延头颅，说，蠢材，看你还再作恶。遂杀魏延三族。当时就有人认为，如魏延真欲叛蜀，当北去曹魏，何必南归汉中。实其与杨仪争权，未能自制，铸成大错。其行为顶多算作哗变，何致身死夷三族。

遵照诸葛亮生前遗愿，世人将其埋葬于汉中定军山，因山为坟，其冢只可容下棺椁，遗体只着当季衣服，更无随葬物品。诸葛亮生前在上奏刘禅的表文里曾经提到，他在成都所置算得上资产的除桑树八百株、薄田十五顷，再别无他物。后主诏令，赠诸葛亮武乡侯印绶，谥号忠武侯。其子诸葛瞻当时才八岁，二十九年后，邓艾伐蜀，诸葛瞻督军兵败，国破身死。一起赴死的还有诸葛亮的孙子诸葛尚。

刘禅在杨仪率各军还于成都后诏令大赦，以吴壹为车骑将军，持节领汉中都督；以蒋琬为尚书令，总领国事；又以费祎为后军师，姜维为右监军，邓芝为前军师，张翼为前领军。杨仪自认居功至大，宜领国政，未料仅拟任中军师，愤怨溢于言表。听说诸葛亮亡故，李严激愤发病亦死，因为他知道，孔明一死，别人是不可能再顾及得到他的了。稍存慰藉的是，其子李丰还在朝中，后官至朱提太守。

建兴十三年，即公元235年，春正月，朝廷议决，废杨仪庶民，徙汉嘉郡。杨仪身在汉嘉，却不知悔悟，又上书谤言，终被下狱郡中，后自杀身亡。夏四月，进位蒋琬为大将军，领益州刺史，以费祎为尚书令，侍中董允兼虎贲中郎将，统领禁军。

诸葛孔明一世功名，倾其毕生以图兴汉，至死也未改初心。但更令人钦佩的，是其心平公正、宽人律己的为人，陈寿在《三国志》中视其为仅次于管仲、萧何的良相。至于魏晋承汉，时势使然，凭其一力是不可以扭转的。唐代杜甫有诗云，"三顾频烦天下计，两朝开济老臣心。出师未捷身先死，长使英雄泪满襟"。可敬。可叹。

【原文】《后出师表》夫难平者事也，昔先帝败军于楚，当此时，曹操拊手，谓天下已定。然后先帝东连吴、越，西取巴、蜀，举兵北征，夏侯授首，此操之失计而汉事将成也。然后吴更违盟，关羽毁败，秭归蹉跌，曹丕称帝。凡事如是，难可逆见。臣鞠躬尽力，死而后已，至于成败利钝，非臣之明所能逆睹也。

【原文】《三国志·张郃传》诸葛亮出祁山。加郃位特进，遣督诸军，拒亮将马谡於街亭。谡依阻南山，不下据城。郃绝其汲道，击，大破之。诸葛亮复出，急攻陈仓，帝驿马召郃到京都，遣南北军士三万及分遣武卫、虎贲使卫郃。诸葛亮复出祁山，诏郃督诸将西至略阳，亮还保祁山，郃追至木门，与亮军交战，飞矢中郃右膝，薨，谥曰壮侯。

第十三篇　前秦主恣意伐晋　慕容垂隐忍复燕

【典故与事件】淮南之战；投鞭断流；草木皆兵；淝水之战；风声鹤唳；白龙鱼服

【经传与出处】《晋书》《资治通鉴》《北史》

东晋孝武帝太元四年，即公元 379 年，二月戊午日，在遭到前秦征南大将军、尚书令、长乐公苻丕统兵十几万分路围战整一年后，东晋中部战略要冲襄阳终被破城，守将梁州刺史、南中郎将朱序被俘，随即连同佛门高僧释道安及原桓温主簿、文史学家习凿齿一起被车载解往长安。彼时，东晋车骑将军桓冲拥兵七万龟缩于上明（今湖北松滋西）城，因秦军前卫部队五万人马驻屯于江陵（今湖北荆州），遂听任南阳、襄阳、顺阳（今河南淅川）三郡相继陷落，而据城不出。冠军将军刘波受命领军八千北向驰援，慑于秦军兵威，亦未敢参战。

苻丕是北方氐族政权前秦主苻坚的长庶子，史称其才略虽不及其叔父苻融，但却善领将兵之情。年前他采纳武卫将军苟苌之计，恃秦军兵广粮足，掩至襄阳中城下，既围缓攻，以期不战功成。但苻坚盼了近一年，不见襄阳捷报，遂遣人持节问责苻丕，并赐剑说，来年开春拿不下襄阳，你就自裁，不要再回来见我。无奈苻丕改变战术，督全军竭力攻城。鏖战一月有余，又得襄阳督护李伯护暗通款曲，终于进占襄阳。

是月，苻坚敕令以中垒将军梁成为荆州刺史，领兵一万镇守襄阳。梁成是氐族名将，其父就是当年辅佐苻坚上位后升任尚书右仆射的梁平老。在宰相王猛死后，梁成、张蚝等人是苻氏可以倚仗的少数几员外姓大将。秦主苻坚惯以宽仁怀柔之风，以朱序节义之将拜为度支尚书。不过，苻坚行事处置的随意性也很大，李伯护却因不忠而被斩首，白白履险通敌一遭。

同月，东部战场，前秦兖州刺史、扬武将军彭超攻陷彭城（今江苏徐州），后将军俱难所部占领淮阴（今江苏淮安）。三月，西部战场，东晋右将军毛虎生为牵制前秦军在荆北魏兴郡西城（今陕西安康）方向的军事压力，率军三万西攻巴中，但受阻于巴西郡，在损兵七千后退回巴东。前秦梁州刺史韦钟领其部于四月攻破西城，生擒魏兴太守吉挹。吉挹誓死不降，后绝食而亡。

五月，俱难、彭超联兵攻陷盱眙，分兵六万进围东晋幽州刺史田洛于三阿（今江苏高邮湖西）地区。三阿距广陵（今江苏扬州）仅百里路程，是时东晋朝堂震动，急调各路兵马于长江沿线戍卫。征虏将军谢石领水军前出滁水一线的涂中（涂，音chú）地区，以护卫建康侧翼安全；右卫将军毛安之、游击将军王昙之领军四万驻守堂邑（今江苏南京六合）；以兖州刺史谢玄为主将，出广陵北救三阿。

谢玄是时东晋宰相谢安的侄子，两年前受其叔父举荐出任兖州刺史，镇守广陵郡。谢玄遂于广陵江南重镇北府京口（今江苏镇江）整合各路流民武装，组建北府军，冀图拱卫建康、抵御前秦南侵的重要军事力量。像参军刘牢之、后军将军何谦、田洛等人即是其提拔的部将。

是月，前秦右将军毛当、右禁将军毛盛率领由襄阳东调淮南的两万骑兵突袭堂邑，冲散了毛安之所部。当然毛当、毛盛远袭得胜，大半要拜运气所赐，因为其部攻击的侧翼路线并没有遭遇北府军的阻击。而此时谢玄所领的北府军三万主力已经进驻神居山以北白马塘（今江苏高邮西南）一带，其正面正是由彭超、俱难直接驱遣的秦军主攻方向。当地属高邮湖区，但在彼时，高邮湖远未形成。在淮扬运河中渎水（邗沟）

的西侧，百米的低山间以面积不大的湖泊，这样的地形，正是谢玄理想的预设战场。

谢玄曾于二月领北府军一万多人北救彭城，但没有与秦军直接交战。今白马塘一役，东晋军全军上下已然志在必得。不日，两军接触于塘西，北府军果然首战告捷，大败秦军前锋，斩俱难部将都颜，兵进三阿。三阿县旧治猜测位于今江苏金湖县塔集镇，撇开其他史料佐证，单就晋军行军路线而言，这个位置也是说得通的。丙子日，谢玄再败秦军，三阿围解，俱难、彭超退往盱眙。谢玄遂与田洛合兵五万随进石梁（今安徽天长），进逼盱眙。俱难、彭超还想出来阻挡一下，结果于六月戊子日又遭败绩，晋军收复盱眙。两将后退淮阴，试图背靠淮水再作一搏。

谢玄遂遣何谦、督护诸葛侃率水军顺流北上，意图断敌后路。临近淮阴，何谦水军趁夜色先敌出击。刘牢之率军焚毁了秦军搭建在淮水上面的浮桥，继而协同诸葛侃合战秦军驻屯部队，抢获、击破秦军诸多舟船。前秦洛州刺史邵保战死，俱难、彭超领军撤至淮水北岸。谢玄当然不肯放弃这个乘胜歼敌的良机，立率何谦、龙骧将军戴逯、田洛各部追击前进，并于盱眙以北君川地区大破前秦军。俱难、彭超北窜，"仅以身免"。

前秦主苻坚接报，大怒，于七月下令收押彭超交廷尉处置。彭超闻讯，自杀身亡。俱难亦遭削爵，被免为庶人。东晋军尽管一时取胜，但受制于实力所限，遂放弃收复彭城、下邳二城，退守淮水一线。此后谢玄回镇广陵，朝廷进号其冠军将军，兼领徐州刺史。是月，前秦以毛当为徐州刺史，镇守彭城；以毛盛为兖州刺史，据守胡陆；强弩将军王显担任扬州刺史，戍卫下邳。至此，东部战线稍趋稳定，前秦与东晋两军分别据守淮水南北，隔江对峙。

前秦主苻坚建元十六年，即公元380年正月，苻坚起复一年多前谋反未果的北海公苻重为镇北大将军，驻守蓟城。三月，又以行唐公苻洛为征南大将军、领益州牧,令以镇守成都。这两项任命,显示了苻坚对待宗室至亲既欲亲善又要防范的矛盾心理。苻重、苻洛是亲兄弟,史书称这两人是前秦高祖苻健的兄子,对于苻坚来说自然是同宗别支,堂兄弟的关系。不过,这样的安排用意过分表露,有逼人过甚之嫌。明明将兄弟俩人隔开万里,分而治之,却还指望他们固守边城,以刻意彰显苻氏宗亲、弟兄同心协力的和谐景象。

苻洛此人勇猛强悍,对自己"有征伐之功而未赏"的境遇早有怨言。接到调令后,与谋臣议决举旗造反,于夏四月以七万之众兵发和龙(今辽宁朝阳)。尽管边鄙各部应者寥寥,但苻重肯定支持苻洛蓄意已久的篡权图谋。兄弟俩于中山(今河北定州)合兵十万,意欲控制冀州,并进一步远图长安。但问题是,此时的苻坚政权正值鼎盛,虽然自称天王的苻坚身边也不乏投机奸佞之徒,但其手下亦有一批能征惯战且忠心不二的战将和谋臣。在劝降无果的情况下,苻坚随即调兵平叛。其以左将军窦冲、步兵校尉吕光率步骑四万为征讨军主力,右将军都贵领冀州兵三万为前锋,屯骑校尉石越率骑兵一万由东莱走海路远袭和龙,兜苻洛的后路。五月,窦冲大败叛军于中山,生擒苻洛。苻重逃还蓟城,遭吕光所部追斩。石越率军攻克和龙,擒获苻洛附逆党羽百多人,全部斩杀,遂定幽州全境。苻洛被抓到长安,秦主苻坚留其一命,把他安置在凉州西海(今内蒙古额济纳旗)郡,其后命运不得而知。

对此,司马光在《资治通鉴》里曾发感言,"臣光曰,夫有功不赏,有罪不诛,虽尧、舜不能为治,况他人乎!"赏罚不明,无理无据,即便尧舜再世,也是没法治理好国家的。苻坚可能学到了一些儒家仁义至善的治国理念,但身处五胡十六国烽火四起的乱世,显然其过于遵循了自己内心的主观思想和主观愿望,既不识人更不识时,行事举措难能服众。时代的宠儿既为当时异类,自然最终也必为历史所抛弃。

秋七月,苻坚效法西周分封诸侯,迁三原、九嵕(zōng)、武都、

175

沂、雍各郡城氐人十五万户散布方镇，由其宗亲贵胄分领各地。苻丕配领三千户分镇邺城（今河北临漳西），临行，苻坚送其至灞上，洒泪而别。氐族民户父兄流离、至亲丧乱，哀号一路。如此迁户方略，在苻坚看来自然是经纬定国之策。他当然不知道，强行移民以占有控制土地的做法从古至今在任何地方都未成功过。大规模的异族间人口流动，必须经历历史的变迁和岁月的磨砺才能希望形成民族的团结与融合。何况当时氐族统共能有几个人，分居各州诸郡，等于分散和动摇了其作为统治民族的实力和根基。这在后来苻坚遭遇围攻时可见其弊端，当需要进行战略收缩的时候，其外援被隔绝在关东、陇西及蜀地，最终被各个击破。因为许多氐族贵族在权利分配上与其存在分歧乃至对立，所以苻坚借此把他们撵出关中，一时痛快，后患巨大。

建元十八年，即公元382年春三月，东海公苻阳、员外散骑侍郎王皮、尚书郎周虓先后谋叛泄露，由廷尉收押。苻阳是苻坚异母兄苻法的儿子。当年苻法、苻坚兄弟联手弑君，杀了前秦主苻生。因为苻法是长庶子，所以由苻坚做了天王。但不久，苟太后与其情人李威阴谋陷害苻法，竟置其于死地。史载李威蒙苟太后辟阳之宠，时任卫将军、尚书左仆射，不遗余力为苻坚扫除了其兄这个强劲的政敌。此事，即便苻坚没有参与，至少也应有他的默许；王皮，前丞相王猛之子。前秦贤相王猛于七年前病故，依其死前遗愿，苻坚没有加封王皮的官职；周虓原为东晋梓潼太守，在前秦军攻占蜀地时，其家眷遭前秦羽林左监朱肜（róng）部掳掠，周虓无奈降秦。在秦八年，周虓"厉节寇庭"，"执心忠烈"，数行义举，一心为晋。

秦主苻坚惯以以往处置风格，掉了几滴眼泪以表痛心，便赦免了三人的死罪。徙苻阳于凉州高昌郡，王皮于朔方之北，周虓至太原。苻阳、周虓后来死在当地。王皮在苻坚死后有过起伏，做过略阳太守，后投降后秦。

夏四月，苻坚以扶风太守王永为幽州剌史，以其最小的弟弟苻融为征南大将军、开府仪同三司。王永，亦是王猛之子，是王皮的哥哥。史称王永"清修好学"，甚得苻坚重用。后来王永拥立苻丕为秦主，官至前秦左丞相、太尉，与西燕慕容永部战于襄陵，兵败身死。八月，苻坚又拜其从兄子苻朗为镇东将军、青州剌史；以谏议大夫裴元略为陵江将军、领巴西梓潼二郡太守，密令其置备舟具，扩充水军，开始为征伐东晋做前期的准备。苻朗是当时名士，不得已而入仕，其只爱经籍清议，风流超然，这样的人在那个年代一定不会有好下场。

冬十月，前秦主苻坚于太极殿朝会群臣，说出了他积聚内心已久的夙愿。他说我统承大业已近三十载；今四方平定，只剩下"东南一隅，未沾王化"，每每想起，茶饭不思；我欲倾全国之兵"薄伐南裔"，粗略估计可纠集士卒九十七万；我将亲领大军征讨东南，诸卿心意如何？秘书监朱肜立即附和，说陛下理当顺应天时，替天行道；若举兵百万南征，必将不战而胜；晋主只有怀揣玉璧、车载棺木，自缚至军门谢罪；如若迷途不返，后有猛将追击，也必然亡死江海或荒野；一俟功成，可使南渡中州士民归其家园；然后我主旋舆东巡，登岱宗泰山之顶，告成封禅，"起白云于中坛，受万岁于中岳"；此乃千载之机，旷古未有。苻坚喜形于色，脱口而出，吾之志也。其时，自王猛死后，前秦丞相之位已无人能领。苻坚很看重苻融，想授以司徒，但苻融不肯受。那么，领衔文臣谋士的重臣尚书左仆射权翼就必然要首先出来讲话。权翼开口就表示反对，他说，当年纣王帝辛无道，致使天下离心离德。武王兵进盟津，八百诸侯不期而至，皆曰可伐商纣。然武王以微子、箕子、比干三仁在殷，认为征伐时机未至，遂旋旗回师。过两年，帝辛愈为暴虐，杀王子比干，因其叔父箕子为奴，长兄微子外奔。然后武王联合诸侯经牧野之战一举灭商。今晋偏居东南，虽微弱但未丧其德。且亦有谢安、桓冲等江表伟才佐政，君臣和睦，内外同心。以臣看来，未到图时。苻坚黯然良久，面对群臣说，诸君自管各言心志。他自然希望其他臣子能够站出来支持他的谋划。

太子左卫率石越代表武将发表意见，一样反对伐晋。他说，吴人恃以天险负隅江东，不受王命，陛下亲率大军兴师南岳、以平吴越，诚合百姓神明之愿、四海诸国之望；但今时，木星、土星正守在北方玄武前二星之斗宿与牛宿的侧近，南斗对应吴土，牵牛映射越地，显见福德现在吴越。星象不可能出错，如犯星伐吴，必遭天祸；晋中宗司马睿本为琅琊藩王，南渡称帝建康，受人推崇，至今遗爱恩泽犹在。现晋主司马昌明（司马曜）乃中宗之孙，倚仗长江之险，百姓听命；臣愚以为目下宜顺时修德，保境练兵，待其罅隙裂生，再议兴兵征伐不迟。

但苻坚什么人物，其亦博览典籍，目空四海，他摆出的依据似乎更难辩驳。他说，昔时武王伐纣，置占卜不吉不顾，迎岁星（木星）兴师东进，即所谓"逆岁违卜"，以致灭商。可知天道义理幽远深邃，亦难明晰；当年夫差、孙皓皆据险江湖，然终不免亡国；如今凭我兵多将广，"投鞭于江，足断其流"，又何惧长江之险阻我兵锋！石越再劝，臣听闻商纣无道，天下共讨。"夫差淫虐，孙皓昏暴"，所以众叛亲离；是故敌国战伐攻取，灭其三国，就像捡拾遗落在地上的东西那样容易；今晋虽仁德未显，但也未见大恶，愿陛下顺时积聚粮谷、厉兵秣马，以待时变。随后群臣各言利弊异同，众口纷纭、莫衷一是，时久未决。最后苻坚坐不住了，自言，正所谓在道路上盖房子，要跟所有的路人打招呼、解释，难料筑成之时。卿等无须多言，吾自决断于心。

退朝后，苻坚单独留下苻融再议。苻坚以为，自古定大事者，一两人而已。所以他对苻融说，现今群议纷杂，徒乱人心，不如我与你共决前谋。但苻融同样以天道不顺、晋国无衅及本国军疲民怨三大理由不同意对晋大举用兵。并说诸臣多言不可伐晋，实谓上策，望陛下听取谏言为是。苻坚变色道，你也这么说，天下之事，我还能指望谁！今有强兵

178

百万，资材器杖如山；我虽称不上明主，但也不算暗弱昏聩之君；趁以连捷兵威，掩击垂亡残喘之国，何患不克；难道还要将此等贼寇遗留给后世子孙，长久为国家忧患不成！

讲到江山社稷，苻融哭了。其再进谏言，说晋未到灭时，昭然之势；如劳师远攻，恐无胜算，定然无功而返；臣所忧虑的，还不止此谋。陛下宠爱鲜卑、羌、羯各族，此皆与我氐人有深仇大恨。如今这些人遍布京畿，如林侧据，若留太子独率数万弱兵留守京师监国，恐怕会有不虞之变突生于我朝腹心之地。彼时国中空虚，宗庙倾颓，悔不及矣；为臣智识浅薄，不足一顾。但王景略乃一时英才，陛下常比之如诸葛武侯，竟忘记其临没遗言了吗！王景略即王猛，其在死前曾对亲往探病的苻坚说过，晋室毕竟正朔，不可远图，宜应尽早铲除鲜卑、羌虏之患，以定国本。此言可谓切中苻坚内心至深之处，但当时苻坚心意已决，已然听不进所有的谏言和规劝。也可能王猛去世多年，尽管心胸留痕，毕竟淡了。

后来群臣上书谏言数十次，苻坚始终坚持己见，不为所动。于是群臣另辟蹊径，传话给高僧道安，说我主欲兵发东南，请道安大师借机为天下苍生进一言，劝阻一下天王。道安和尚自至长安主持译经，颇得苻坚信重，待若上宾。当时汉传佛教进入关中政治中心已有两三百年时间，广受上流社会士大夫阶层的推崇，并逐渐向普通大众蔓延，但同时也受到一大批固守儒学名教的学者及官僚的质疑和反对。道安是前秦时期的高僧，因其在经义、教规方面的各项创举而在中国佛教史上具有显要的地位。再后二十年，西域高僧鸠摩罗什由凉州（今甘肃武威）东至长安，凭借其在佛学领域的高深造诣自始成为中国佛教的译经鼻祖，其与众多弟子在草堂寺翻译完成的大量经卷占据了中国佛学迄今最主要典籍的大部分。

十一月，某日苻坚邀道安同游东苑，并请他共坐车辇。权翼立刻出来阻止，以"班姬辞辇"的前事寓意劝谏苻坚，说"毁形贱士"不宜玷污神辇。班姬是汉成帝的宠妃班婕妤，其拒绝和成帝同坐一辇共出进的理由，是她赏析古画所绘，一般明君出巡皆由良臣陪侍，只有夏、商、周末代君主才与所宠幸的妃子同辇出游，隐喻成帝不要做亡国之君。这个典故本来极富正面意义，但权翼以此来诋毁佛门中人，引得苻坚大为不悦。为维护道安的身份尊严，苻坚命权翼亲手搀扶其上辇落座，说道安大师来到大秦，德望持尊；我以举国之重也换不来大师的德行；不是大师乘辇而得荣耀，是我沾了大师的荣光。

辇车上，苻坚直言不讳，说，我正集整六军不日伐吴，大师亦将随朕南游吴、越，至疑岭拜谒虞陵，到会稽观瞻禹穴，泛舟长江，凭寄沧海，"不亦乐乎！"史书记载，舜帝巡狩南方，死在苍梧之野，其陵墓在今湖南永州九嶷山，大禹东巡死于会稽，其陵寝禹穴位于今绍兴会稽山下。道安大师早已预备了说辞，他劝苻坚，陛下顺天主世，居于中土而力制四方，功绩足以比过尧、舜先帝，何必劳动亲身宿野蒙尘，迎风沐雨，经略遐远；且东南方地势低洼，易聚不祥之气，虞舜、大禹往而不复。何以使圣驾颠簸，致苍生困顿；《诗经·大雅》"民劳"篇有云，"惠此中国，以绥四方。"只要陛下文德修远，亦可不动寸兵而坐收天下！苻坚听后不以为意，他说，上苍树我为天下百姓的君主，朕岂敢逃避辛苦。所以除烦去乱，乃冀望天下一统，以幸苍生；何况昔日帝喾高辛亦战于熊泉，唐尧放勋取胜于丹水，此皆昭示后世的君主为国伐敌的先例；诚如大师所言，从古至今各代帝王便无须征伐四方，更不致穷兵黩武了！道安和尚说不动苻坚，就退一步说，若陛下銮驾一意亲行，犹可暂驻洛阳，遣使者传檄江淮，以促晋室折返迷途，如其据险顽抗，陛下再发六师南征不迟。但苻坚铁了心要亲征，道安大师的规劝也未见有成效。

张夫人是苻坚的宠妃，也借机劝谏苻坚不可伐晋，诗书谚语讲了一大堆，但苻坚根本不与理论，反倒说妇人不可干预军政。中山公苻诜最受其父苻坚的宠爱，亦劝谏说，儿臣听说季梁佐政随国，楚人忌惮多年，宫之奇在虞国，晋军不敢轻进；但当良臣不受重用，一年不到两国就被灭亡了；前车之覆，后车之鉴；叔父阳平公，乃国之重臣谋主，但陛下却驳其善意；而东晋有谢安、桓冲等名臣理政，陛下竟执意讨伐，儿臣心里亦感困惑。苻坚听罢生气了，说，国之大谋占于元龟，朝之政令决于公卿，小孩子一个，哪有你说话的地方。苻诜是苻坚最小的儿子，有可能是张夫人所生，但史书没有明确。苻诜的上述说辞，一定是苻融、张夫人等人在数谏无果的情况下教给他当作救命稻草来抓的。但可惜此时的苻坚基于其自以为的各种有利条件只想像着领军横扫江东，绝没有预见到自己竟会一败涂地。作为一个熟读典籍的成年人，作为一个已经建立了丰功伟绩的强势君王，没有任何可能可以指望苻坚会接受其幼子的劝说。当然，一场战争的胜利与否关联到诸多方面的客观条件和无数机缘巧合的因素。假如苻坚攻晋成功，那么历史就会改予一意孤行的苻坚以雄才大略、千秋伟业等诸如此类的溢美之词，一个如唐代那样的盛世王朝也会早两三百年建立起来。因为历史不可假设，所以本文不多赘言。

建元十九年，即公元383年春正月，苻坚以骁骑将军吕光为使持节、都督西域征讨诸军事，以鄯善王休密驮、车师前部王弥寘为乡导，总兵七万，铁骑五千，兵发长安，远征西域龟兹（音 qiūcí）国。临行前，苻坚于建章宫指示吕光，如若寻获西域高僧鸠摩罗什，立即将其驿送长安。显见当时鸠摩罗什已然名声在外，其影响力所及甚至亦已到达关中地区。

因为征晋图谋遭到内外群臣与宗亲的竭力反对，弄得苻坚夜不能寐。趁出游灞上之际，苻坚从容坚定地宣谕群臣说，神圣轩辕为平定天下，犹征讨不顺，居无定所，是故日月风雨所至，莫不降服；每想到桓温入寇，我就坚定江东不能不灭；今两校强弱之势，以我铁骑冲晋，犹如疾风扫落叶，唾手可得江东；而朝廷内外，竟皆言不可伐晋，诚令我不解；

181

今我出兵决心已下，诸卿不用再议。

如此，太子苻宏也只能出来表态。其复述了一遍伐晋时机未到的种种理由，力劝苻坚说，我军大举远征，一旦兵锋受挫，劳师无功，只恐折损威名在外，耗竭资财于内，这是群臣普遍疑虑之所在；若晋军退守长江沿线，令江北百姓迁徙江南，坚壁清野，闭门不战，则当我军疲态显露，晋军还未张弓应战；况且北人不习南方湿疠之气，不可持久，届时陛下如何应对。道安大师其时在场，当即附和太子，请求苻坚接受苻宏之议。苻坚抱定其一贯思维，反问太子，当年我师灭燕，亦违犯星象出战告捷，天道固难应验；秦灭六国，难道说六国之君皆为暴虐之徒；岂可以天象、仁爱与水土论胜败！

正当苻坚只能以国主之威强行决策伐晋战略之际，冠军将军、京兆尹慕容垂经多日顾盼权衡、犹豫再三之后终于站到了主战的立场上来迎合苻坚的攻晋意图。其单独进言苻坚说，陛下德同轩（辕）、唐（尧），功高汤、武，恩威八方，四面来归；今司马昌明凭其余烬之资抗拒王命，若不诛灭，法度何存；三国孙吴僭号江东，但终为晋所并，势之必然；自古弱肉强食，小不敌大，自然之理；今我大秦顺应天时，以陛下之神武，雄兵百万，麾下众多如当年韩信、白起之有勇有谋的战将；而江南一隅，"偷魂假号"独违王命，岂可听任贼虏贻害子孙；《诗经·小雅·小旻》有云，"谋夫孔多，是用不集。"众口纷纭，一计难成；而今陛下只管圣心独断，何必遍询群臣徒乱圣虑；昔晋武平吴，也只有张华、杜预二三臣附议南攻，若依朝士言论，又如何能建不世之功；所以谚语亦云，天时既至，顺势而行，灭晋就在今岁。

慕容垂一口气说了好多层意思，可见其经过了深思熟虑，句句点在了苻坚的心窝里。苻坚"大悦"，多日来积聚在胸中的愤懑一扫而光。他对慕容垂说，与我策定天下者，唯卿一人。当即赐慕容垂锦帛五百匹。

但让苻坚意想不到的是，东晋荆州主将桓冲抢先一步，于夏五月率军十万直指襄阳。晋军各部随即在中、西部战场展开全面进攻，前将军刘波、冠军将军桓石虔、振威将军桓石民等率部进击沔水（汉江）北岸诸城；辅国将军杨亮所部攻入蜀地，进拔伍城（今四川德阳中江），生擒秦将魏光，挥兵涪城；宣城内史胡彬领军前出下蔡（今安徽凤台）；鹰扬将军郭铨进攻武当。六月，桓石虔部进据樊城，桓冲遣军分路进占筑阳万岁城（今湖北谷城），胡彬所部进驻下蔡硖石淮水两岸。另外，刘牢之率北府军两千，集结待命增援寿春。

战报传来，苻坚大怒，但其内心极度复杂，难以评述。唯独可以明确的是，其愈加坚定了与晋决战东南的决心。苻坚立遣其子巨鹿公苻睿统领骁骑将军石越、慕容垂、左卫将军毛当各部步骑五万驰援襄阳；令兖州刺史张崇兵救武当；后将军张蚝、步兵校尉姚苌增援涪城。苻睿领苻熙、石越于当月军驻新野，莫容垂、毛当兵屯邓城（今河南邓州），迫使桓冲退至沔水南岸。秋七月，桓石虔分兵与郭铨所部在武当击退张崇，掠得二千民户南返。同期，慕容垂、石越受命兵进沔水沿线，与晋军隔江对峙。由于军力单薄，莫容垂、石越趁夜命令士兵每人手持十支火把虚张声势，甚至在树枝上也系满火炬，远望数十里连绵火光，染红了半侧江水。也不知这帮人是如何做到十支火炬在手的，显然难度较高。桓冲望见此景，害怕了，遂令全线撤军，其领大部晋军退还上明。西部战场，张蚝、姚苌兵出斜谷，由汉中而南，杨亮随即引得胜之兵撤还。此役后，桓冲意识到江夏之于荆襄而言其战略位置的重要性，遂表请桓石民领襄阳太守，镇守夏口（今湖北汉口）。因与谢安争权，在征得司马曜诏准后，桓冲其后又兼领江州刺史。

在再一次吓退东晋军的骚扰之后，前秦进入战前动员。秦主苻坚下令，征调全境所有公私马匹，在原有军兵建制的基础上，于民户中每十丁再征一兵；平常人家少年骁勇擅武及富家子弟有材亦勇者，皆拜为羽林郎，所谓少年郎刚入军籍即为尉官；此外，凡举试及第灼然，尽为崇文义从，伴随圣驾左右。又传发战前檄文，诏令东晋归附之期封司马曜为尚书左仆射，谢安为吏部尚书，桓冲为侍中。鉴于不日凯旋，可先置起三人宅邸，以待其归于长安。

令下不久，竟有三万多良家少年跨马会集京师，苻坚遂以秦州主簿赵盛之为建威将军、少年都统。是时，群臣多反对苻坚亲征，赞成的只有慕容垂、姚苌及新招募的少年羽林郎。苻融再劝苻坚，称，鲜卑、羌虏诸族，其国皆为我所灭；如慕容垂、姚苌之流，表面臣服，实怀不臣之心，其冀望风云突变日久，以遂其心志，其所策划，如何采信；良家少年皆为富贵人家子弟，不习军旅，疏于战阵，苟且谀谀之言只为附会陛下之意；今陛下听信谗奉之言，草率出兵，为臣只怕功难成而留后患，届时悔之晚矣。可当时情形，半剑鞘外，苻坚已然无法收手，如何还能听得进劝谏。

八月戊午，苻坚遣苻融督领骠骑将军张蚝、抚军将军苻方、卫军将军梁成、平南将军慕容暐、冠军将军慕容垂率步骑二十五万为前锋，先期开拔；以兖州刺史姚苌为龙骧将军，督益、梁州诸军事，作为侧翼牵制。苻坚谓姚苌说，当年朕以龙骧建立帝业，其号未尝再授予人，今山南诸事尽委于卿，望无愧于龙骧！姚苌既领经略蜀地的美差，又得到龙骧之号，自然要引得他人来挑其中的不是。左将军窦冲上言，君无戏言，此有不祥征兆！一语点醒，苻坚也意识到，授姚苌龙骧似先失策后又失言。但依其行为方式，只有默然无语。

一样，苻坚自负忘形的状态也落在了前燕慕容氏一伙人的眼中。慕容垂与侄子慕容楷、慕容绍达成共识，前秦败亡之际，燕国中兴之时。说明此刻他们已经看到了苻坚战败的端倪。

甲子日，苻坚自长安东征，由张夫人陪伴圣驾。其全军总计六十多万，有骑兵二十七万，旗鼓遥相呼应，前后连绵千里。九月，苻坚云母车驾进至项城（今河南沈丘），而凉州军兵刚刚抵达咸阳，蜀地、汉中方面的水军正顺流东下抵近巫山巴东，只有幽、冀两州的军队已经抵达彭城不久。前秦雄兵水陆并进，横贯东西万里。漕运军资的船只即过万艘，由黄河经石门（今河南荥阳北）进入汝水、颍水流域。是月，苻融分遣慕容垂、慕容暐南下荆襄，以挟制桓冲所领荆州方面的晋军，其督领秦军前锋大部经汝阴方向沿颍水兵进下蔡淮河颍口（今安徽颍上正阳关），决定东晋、前秦败续存亡的淝水之战正式拉开了帷幕。

前秦来犯的消息传来，建康城内一片震惊与恐慌。东晋政权在军事上的准备明显不足，资源有限，只得由谢安亲领征讨大都督，指挥拒战御敌。当然谢安只是名义上的中军元帅，实际上由其弟尚书仆射谢石冠征虏将军号，实领征讨大都督。司马曜同时诏令谢玄为前锋都督，会合谢安次子辅国将军谢琰、当朝名士西中郎将桓伊、龙骧将军檀玄、建威将军戴熙、扬武将军陶隐等诸将，全军八万，以北府军为主力开赴淮水一线。

征前，谢玄来请叔父谢安示下对于拒敌的具体指导和安排。谢安神情自若，说，朝廷已另有旨意，言罢便不再作声。谢玄不敢再问，回去后又令部将张玄来请谢安出游东郊山墅。谢玄的这幢别墅后名檀城，根据有限的资料判断，其坐落于建康台城外青溪以东二里。此处当时是皇亲贵胄的别墅私宅聚集区，之所以又称檀城，是因为到了刘宋时期，这一别墅成了名将檀道济的私产。谢安乘马车到了山墅，亲朋好友都在。其后谢玄与谢安对垒围棋赌输赢，赌注就是檀城。平时谢安的棋艺比不过谢玄，但那天谢玄内心惶惧，放出敌手行劫不成遂推枰认输。谢安转头对一旁的外甥羊昙说，别墅归你了。然后走出山墅大门，漫步林间，到了傍晚才回来。其后，谢安与谢玄面授机宜，各路将官、分兵部署，交代得非常详尽而又明确。

但远在荆襄的桓冲对于京师的安危深以为忧，他欲遣三千精锐增援建康，却遭谢安婉拒。谢安不愿意散布都城的紧张氛围，守备森严亦只会侵扰民心，他反倒提醒桓冲要注意荆州方向的戒备。桓冲觉得谢安只忙于清谈，不懂军略，谢玄、桓伊等人年少缺少实战经验，再加晋朝军力本就单薄，所以他对帐下佐吏叹息道，天下事既至此，看来我们都要左衽穿着了。古代汉人均穿右衽衣服，而少数民族普遍左衽，故其有此言。

冬十月，苻融前锋二十多万人渡过淮河，突进东晋实际控制区，其所要攻击的第一目标就是东晋在淮南的军事重镇寿春（今安徽寿县）。寿春位于淮河中游南岸，八公山南缘，扼守着中原南下江南的主要通道的中点，时称"江南咽喉"。绵长的淮河在此遇阻北转，经凤台绕一大圈穿硖石再东而去。在大一统年代，其地理位置的重要性显不出来，但在中国历史上多次南北分治的特殊时期，寿春的战略地位就会无限地凸显出来，而成为兵家必争之地。到太元十九年时，为避已故简文太后郑阿春的名讳而易称寿春为寿阳。郑阿春是东晋开国皇帝司马睿在为琅邪王时纳的夫人，简文帝司马昱的生母。其原嫁渤海田氏，后成了寡妇，经一系列机缘巧合挤占了其表妹吴氏女的位置而成了琅琊王夫人。在司马睿死后，也只享夫人名号，称建平园夫人。咸和元年薨逝后，其得追号会稽太妃。因简文帝在位时间太短，未及追尊，直到孝武帝司马曜下诏追尊其祖母而为简文太后。既称太后，那么其名讳就必须正经对待，根据《晋书·简文宣郑太后传》的记载，当时连古籍《春秋》都改成了《阳秋》，当然寿春也只能改称寿阳了。再过几十年以后，南北朝时期，寿阳复称寿春。

是月，苻融领张蚝等将督师进围寿春，迅即展开攻城，并很快于癸酉日破城得手。东晋守将平虏将军徐元喜、安丰太守王先被俘，苻融遂指派其参军郭褒执掌淮南太守。与此同时，慕容垂部攻占郧城，斩杀晋将王太丘，基本压制住了桓冲在荆州方向的反扑势头。郧城的地理位置，一般认为在今湖北安陆，但根据有关资料揭示，在松滋亦有郧城遗迹在考。根据《晋书》记载，淝水战役后期，镇守郢城的慕容暐在得知守卫漳口的姜成战死后，立刻脱离其部逃还。但沮漳河合江口离安陆和京山的直线距离有三四百里之遥，应该不可能对慕容暐部构成直接的威胁。而如果其部驻屯于长江南岸的松滋，那么其军的后路就差不多被晋军切断了。所以猜测松滋郢城似乎更符合当时所指。

本来，东晋龙骧将军胡彬受命领水军五千试图增援寿春，不料寿春很快陷落，其部退保硖石固守，却遭到乘胜而来的大批前秦军的围困，而成为孤军。为遏阻晋军沿淮水一线西进包抄的企图，苻融遣梁成、扬州刺史王显、弋阳太守王咏等人率军五万前出五十多里，驻军于洛涧一线。洛涧即洛水河谷地区，位于今安徽淮南以东，其水源出死马塘，北流入淮，是与淝水几乎平行的淮河南侧支流。梁成领军在洛涧扎住阵营后，立即在淮河上立栅，以阻挡东晋水军西进。当谢石、谢玄、桓伊等人领晋军水陆七万进至洛涧以东二十五里时，亦忌惮于梁成所部的军力，踟蹰不敢再进。

纵观淝水之战始末，不意被围的胡彬所部客观上成了晋军的诱饵。当然诱来的并不是几十万前秦大军，而是前秦主苻坚本人及区区八千轻装骑兵。退守硖石的东晋水军由于补给被断，粮食告罄。胡彬一面唱筹量沙、施诈秦军，一面遣使密信与前军主帅谢石，说，当前贼兵盛多，我军粮食已尽，唯恐再不能会师中军。但是送信之人还没有潜出包围即被秦军掳获，搜出来的书信呈送到了苻融的手中。

对于困守硖石的晋军规模与性质的判断，苻融的结论没有差错。何况他还俘获了晋军的信使，讯问敌方虚实是免不了的。在他驰送与苻坚的军报中也没有夸大事实，亦认为被围的晋军人数不多，可以俘其全军；只怕晋军突围逃逸，宜速遣大军南下；以期生擒其领军主将。实际上，对于此条军报的行文，《资治通鉴》与《晋书·苻坚载记》的引述是有差异的。只不过，苻坚见报，错误领会了其弟的建议与前军实情，以为晋

187

军主帅亦困于军围，以为晋军人少战力有限，以为大捷在望。

有观点认为，苻融前期反对用兵于晋，其时却急欲重兵南攻，似失谨慎以至轻脱。其实不然，此种转变亦符合当时现实的变化。事竟如此，苻融当然会倾其全力于攻晋，并寻求速战，以期付出可能的较小代价换来符合苻坚心意的胜果。这是其作为前秦重臣及君主亲弟的职责与情缘所在。

史称苻坚接报大悦，他顾不得全境动员的军队尚未完成集结，撇下随征的马步大军于项城，亲领轻骑八千，兼道急行驰往寿春，身旁只有为数不多的几位谋臣及张夫人随往。一到寿春，苻坚所下的第一道军令便是，胆敢妄言秦主已至寿春者，割舌。但其下的第二道敕令，则充分显示了其不识时务、一意孤行的真实心态。他遣东晋旧将、尚书朱序去劝降谢石等人，称强弱既分，抵抗无益，不如早降。诚然，以其宽悯的心怀，自然认为别人理应回报以同样的善意。但年前周虓的例子就在眼前亦未引起他的警觉，也可能朱序装得像，消减了其可能有过的疑虑。所以与其说苻坚过于轻信他人，还不如说他过于自信以致迷离了双眼。

朱序来到东晋中军大营，见到谢石等人，表面意为劝降，暗中将前秦各军的进驻态势和盘托出。他说，倘若等到秦军百万之众分路进至淮南，以东晋之兵微实难与其为敌；今亟应趁秦诸军尚未会集，快速出击，挫其锋芒；一旦苻坚前锋遇败，士气必泄，遂可破其全军。接着，朱序又把苻坚已至寿春的情况密语与谢石等人，提请晋军众将早做定夺。

原本，谢石选择的应敌策略是固守拒战，以消耗秦军斗志与军资，冀望延时退敌。听说秦主苻坚已在寿春，谢石心中不免一惊，对于是否采取主动出击的战法亦显犹豫。但在后来谢琰等人的劝说下，经过仔细权衡，遂下决心，计从朱序所言，速战秦军。

十一月，谢玄遣鹰扬将军、广陵相刘牢之领精兵五千前出洛涧，淝水战役转入决战阶段。可惜的是，史书并没有对洛涧之战及此后的淝水之战的具体发生日期作明确的记载。按《晋书·孝武帝纪》所记，"乙亥，诸将及苻坚战于肥水，大破之，俘斩数万计，获坚舆辇及云母车"，行文明显存在歧义。如以其正确论，因为苻融前军破占寿春的日期是在十月十八癸酉日，载于《资治通鉴》，是比较明确的，所以不可能隔一天后，在乙亥日东晋军便于淝水取胜苻坚；如其记载错误，那么"乙亥"日当是"己亥"日的笔误，即十一月十四，倒更符合当时战事的进展日程；由于无法得以确证，所以对"孝武帝纪"的上述条文再作合理解释，即"乙亥"日是谢石各部进至前线的日期，按史书条陈重大事件时记录日期的惯常用法，仅指淝水战役进入阶段性时期的开始，不能代表此后战事推进的各节点实际日期。

刘牢之部进至秦军营垒十里外，梁成已在洛水西岸列阵以待。时值夜晚，刘牢之率参军刘袭、诸葛求等将领指挥北府军精锐抢渡洛水。晋军以舍我其谁的英雄气概一往直前，杀向敌阵。由于秦军过分低估了晋军的攻击能力，仓促间一时难以抵挡。梁成及其弟梁云被晋军斩杀于阵前，秦军步兵、骑兵阵队迅速崩溃。

刘牢之遂分兵淮水一线，断敌北逃的通道，然后纵兵掩杀，秦军大败。此战，晋军生擒秦将梁他、王显、梁悌、慕容屈氏等人，并当场斩杀，连同阵前被斩的梁成、王咏等，秦军计有十将死于非命；其军卒被杀及落入淮水者，竟多至一万五千；其余秦军仓皇西遁，器械军实丢弃一路，尽为晋军所获。

洛涧之战是整场淝水战役的转折点，东晋方面的作战气势自此全面盖过了前秦军。谢石随即督领诸军水陆并进，全军迅疾进至淝水一线布阵。按当时两军态势，硖石兵围似乎可解，因史书没有提及，所以不做猜测。

寿春城上，秦主苻坚与苻融东眺晋军营垒。但见晋军部阵严整，将士披坚执锐，气焰蒸腾。又见八公山上，草木随风而动，似有晋军疑兵在伏。苻坚回首谓苻融，此亦为劲敌，何谓晋军微弱！史书称其面容怃然，"始有惧色"。这就是成语"草木皆兵"的由来。

其实，苻坚的心态发生上述转变，并非全因其随性之意气，实际上还是较契合于当时情形的。首先，其前军遭遇挫败，触动颇深。再者，其肯定也意识到了，在寿春地区，能够直接受其指挥并投入战场的军队人数相较东晋军队并不占绝对优势。汇总各种史料及多数史学家的观点，认为把淝水之战作为中国古代以少胜多的典型战例的说法是站不住脚的。先看东晋方面，西征淮南寿春的北府军精锐计有八万，加上原先驻屯于淮水一线的守备部队，完全可能超过十万；并且应该看到，东晋在其他各个方向的守卫部队未做大的调动；晋军在淝水之战中的参战部队是北府军的主力，但也不能认为其已全军出动。而前秦的军队，动员了九十七万，号称百万，但相当部分直至战事结束亦在途中；随征苻坚的步骑主力留在项城，只有八千轻骑到了寿春；川陕方向的秦军又受阻于荆襄；幽、冀两州的军队因为实力有限，滞留于彭城，这在后来苻丕几乎无力对抗造反的慕容垂的事实可以印证。并且秦军东线的主帅应当是镇东将军苻朗，此君好书不好兵，也是事实，所以东线秦军未再南下亦在情理；苻融所领的前锋各军，由于慕容垂、慕容暐分兵江夏、荆州，能够抵达寿春的部队也就二十来万，由于梁成部被歼，实际在淝水一线的两军人数对比大致在二比一；但是，由于苻氏集团是由氐族为主干乌合多民族而成，尽管鲜卑、羌族各部的作战实力亦不能小视，但其毕竟心怀异志，不可能倾全力出战，更有可能临机应变、自行其是，所以苻坚手中真正能为其死命的也只有其本族军队，而氐族各部在二十万中能够占到一半亦已从多估算了。史书记载，在战前，苻坚就已经将前将军乞伏国仁遣回了陇西，以平定其叔父假意的叛乱。所以据上综述，在是年末，东晋与前秦的军队在寿春淝水两岸的实力对比大致相当，秦主苻坚占不了多少便宜。古代兵法讲究"十围五攻"，依此参照，其时苻坚以现有兵力亦难有决胜的把握。或许符坚亦已发出了要求各军速集淮南的敕令，但此时离淝水大战还有短短几天时间，其决战的主动权已然易手与东晋，累积当时的一系列错误抉择已经让他不好回头，只能一错到底了。

当然，决计速战的谢石亦以谨慎为要。他先遣一部晋军出击淝水南侧的秦军，以作试探性进攻。不想秦军南翼是张蚝的防区，而张蚝是当时前秦军中的头牌猛将，在大将邓羌离世后，其已独享"万人敌"的美名。晋军遭遇硬茬，回渡败还。张蚝挥师欲追，但谢玄、谢琰已领上万晋军列阵以待。张蚝遂停军旋兵，抵近淝水布阵，封锁河岸。

所谓世事无常，然皆缘前因。正因为秦兵临水列阵，阻碍了晋兵涉渡，谢玄遂遣使传递战书与符融，显得更合情理。谢玄在战书中称，"君悬军深入"淮南，竟临水设阵，显为持久之计，不欲与我速战；君若移师小退，容我涉水渡河，回旋西岸，以决胜负；某与公缓辔由缰，以观盛况，"不亦美乎"。话说得很漂亮，但杀机毕现，所以前秦众将皆不附此议。诸将劝谏符坚说，我众敌寡，不如近遏淝水，阻其上岸，可据不败之势。但符坚以为，可以令军后退，放晋军渡河，趁其半渡，秦军铁骑席卷河岸，掩杀晋军，焉有不胜之理！符坚如此说，符融"亦以为然"，可见这兄弟二人确实不谙于军事。在冷兵器时代，为军之将均特别重视战场气势，想尽办法来鼓动士兵的斗志，以期占得对战的上风。两军对垒之际，退者先败，是为常势。引军后退，要么诱敌，要么真败，关系到士气的涨落，所以必须慎重抉择。而秦主符坚，在大多数将领均表示反对的情况下，自以为是、独断专行，竟然接受谢玄的无理要求，为日后大败埋下了祸根。

按照古代交战规则，既有战书往来，两军肯定约定了对阵的时间。淝水之战当日，主将谢石坐镇指挥，由谢琰部八千精兵先发渡河。临水的秦军受命后退，谢玄、桓伊诸将遂领各部相继渡水而西。谢琰部众登岸，快速整队，立即向秦军发起攻击。后退中的秦兵不明所以，不知道应该接战还是继续后退。突然，朱序在秦军阵后大喊"坚败"，引起秦军前阵由退转奔，秦军阵形渐乱。苻融远看不妙，立即"驰骑略阵"，试图稳定住秦军阵脚。有可能受到秦兵相互冲撞的波及，也可能其过于慌乱，苻融战马忽然扑倒，遂遭晋军砍杀当场。前秦军各部阵列顷刻间分崩离析。

由于前秦军构成复杂，部族名目繁多，所以一般认为，作为战斗力最强的苻氏嫡系的氐族部队，不可能列于秦军前阵。在秦军整体阵形的前部，梯次配备的应该是鲜卑、羌戎各部。而氐族军队，与其说是预备队，还不如说是督战队。既为看客，甚至有可能在临战的当时亦未有投入战场的心理准备。所以当前沿告急，需要重兵接战之际，面对如滔滔洪流般向后奔逃而来的诸部秦军，这支剽悍勇猛的部队却形同虚设，无所作为，抑或已经自乱了方寸。

前军既胜，谢玄遂领部将挥兵追击。各部一路掩杀，直至西去寿春三十里外的青冈。秦军惨败，丢盔弃甲、自相践踏，沿路尸横遍野，积塞河川；侥幸逃得性命的军卒昼夜不敢停息，听到风声鹤唳，皆以为晋兵追近；正所谓亡命千里，草行露宿、忍饥受冻，近三十万大军死者十之七八。当然，史书没有记录胜战一方的伤亡数据，而相关胜果则不吝赘述。晋军取胜前秦军的重要标志是收复寿春城，并生擒伪淮南太守郭褒；苻坚所乘云母车也为晋军所获；其他仪仗器械、军资珍宝等项，多至"不可胜计"；单牛马驴骡骆驼就得了十万余；前凉末代君王、前秦尚书仆射张天锡与朱序及徐元喜等人适时归顺。凭此一役，晋军在短时期内就将其控制区域推进到了黄河南岸，为东晋的延续及此后南朝的确立赢得了时机。从某种意义上说，淝水之战的胜利亦成为华夏族人挽汉文化于悬崖而不倒的前因。

秦主苻坚虽然逃脱了性命，但其在乱军中亦遭流矢所伤，在近侍与群臣的簇拥下，遁还淮水北岸。因连日只顾着逃窜奔命，以致饥肠辘辘。为难之时，有当地人觐见，来献猪骨汤泡饭。苻坚吃罢大悦，说，昔年公孙豆粥亦不过此味！"公孙豆粥"来源于东汉初时大树将军冯异的一个典故，当年光武帝刘秀征战河北，寒冬朔风之中又冷又饿，冯异与属下弄来了还冒着热气的豆粥，刘秀与众人喝下豆粥，挨过了艰难的一夜。冯异字公孙，多年以后，做了皇帝的刘秀还对在饶阳芜蒌亭吃过的公孙豆粥念念不忘。苻坚自视己为一朝明主，遂吩咐随从赐来人帛十四、绵十斤，以显皇家恩遇。但来人不受，推辞说，小民听闻白龙鱼服，而被豫且所伤，凭陛下耳闻目睹，今蒙尘受难，岂源自上苍；况且无故嘉赏不为贤，无功受恩不显忠；陛下乃小民之父母，哪有奉养而求报之理！言罢看都没看锦帛一眼就转身告退。苻坚龙颜大惭，言与张夫人说，日前朕若听取朝臣之言停驻项城，岂有今日之事！朕还有何面目继以临朝天下？临行，这位胸怀大志的君王潜然流涕，一路收拢千余铁骑，北向退却。

"白龙鱼服"的典故出自西汉刘向编撰的《说苑·正谏》篇，是伍子胥劝谏吴王时讲的一个神话故事，天帝贵畜白龙厌倦天池之乐，鱼形而下"清泠之渊"，遭渔人豫且刺中其目。白龙上天告诉天帝，天帝听后，说，渔人固然射鱼，你龙体鱼服，人固不知端详，"豫且何罪？"言下之意，你自作自受，活该。这也是史书作者借奉食的小民之口对苻坚遭此大败的评价。《晋书》另记，淝水大败后，苻坚曾与张夫人失散，后来由慕容暐护送张夫人与其会合，但这种说法疑点颇多。毕竟张夫人称不上"不祥之人"，其遭遇的口碑褒贬更不能与当年夏姬相提并论，且此说出自"慕容德载记"，显而易见画蛇添足的笔痕。

苻坚引残部仓皇北窜。由于缺少主将辖制，驻屯项城的秦军早已远遁，所幸迎面遇到了驰援而来的慕容垂所领三万人马，圣驾飘零的狼狈之像才稍稍得以改观。当时慕容垂四子慕容宝及其弟奋威将军慕容德等人皆认为燕国复祚的时机已显，正可重起鲜卑社稷，均力劝慕容垂弑杀苻坚。但慕容垂因为先前亡燕奔秦的心结还未解开；没有与慕容暐取得再建后燕的思想上的统一；亦甩不开苻坚一向恩泽予己的动辄牵扯到忠义层面的心理包袱，瞬息之间延误了亡秦的战略图谋，几万人马遂折服君命。

当前方捷报飞马传至建康，谢安正与来客对弈行棋。看罢战报，谢安将笺札搁在床榻上，续垒黑白，并无喜色。客人问淮上战情如何，待了片刻谢安才缓缓说，小辈们已然破贼。直至棋罢，谢安始终一脸平静、面不更色。此典出自《世说新语·雅量》篇，按照谢安一贯的行为处世的风格，可能确有其事。不过在后来的《晋书·谢安传》中，又增添了一个谢安将木屐屐齿踢断在门槛上的细节，并感叹其"矫情镇物如此"。也正因为这个典故影响甚广，以至于司马光在编撰《资治通鉴》时竟违背其专注政情的经世宗旨，亦将如上条文按《晋书》所述收录其中，虽未作点评，但已显相惜之意。

苻坚车驾抵达洛阳，离散的文武百官相继归拢，溃兵归建亦逾十余万人，一时军容仪仗粗备，声威犹存。西行到渑池附近，慕容垂在其子慕容农等人的劝说下，抓住最后的机会，向苻坚提请奉诏镇抚东北边境，并过谒陵庙祭祀先人。苻坚未做细想便当场应允。权翼进谏反对，苻坚却为保全万乘之君的脸面而不肯收回成命。直至认识到其中的风险，才令石越率精兵三千协助苻丕镇守邺城，令张蚝领羽林军五千戍卫并州（今山西太原晋源），以毛当领军四千守住洛阳，据以防范鲜卑人显见将要发生的反叛。

领得苻坚旨意，慕容垂引其部族迅即东返。其以典军程同穿着自己的衣服，乘着自己的马，携僮仆伴向洛北富平津河桥，本人则在凉马台提早涉草筏渡过了黄河，回到了久别多年的燕赵大地。程同在河桥南遭遇权翼的伏兵，好在他驰马快跑，逃脱了性命。

十二月，苻坚君臣停驻于长安东之行宫，哭祭了苻融后才进入都城。从史书寥寥几个字的记录来看，彼时苻融惨死疆场，其遗体应该没有抢回。其后苻坚进太庙告罪，宣谕大赦天下，抚恤战死将士遗属，文武官员各升一级，追赠苻融大司马衔，谥号哀公。庚午日，东晋亦诏谕大赦，以谢石为尚书令，进号谢玄为前将军，并遣殿中将军犒赏前线三军。

慕容垂的回归令苻丕相当被动，他拒绝石越趁早铲除慕容族人的劝告当然也不能算错，只是迟疑之间就让慕容垂抓到了先机。逢丁零翟斌于洛阳起事反秦，豫州牧、平原公苻晖遣毛当出兵镇压，结果毛当被斩阵前。受命平叛的慕容垂拖延旬日，踯躅于河内募兵，于壬午日夜领其部族亲从前后夹击部属氐族骑兵，杀氐骑主将苻飞龙，坑杀千人。次日癸未，慕容垂纠集三万部众经黄河浮桥南渡，意取洛阳。身在邺城的慕容农、慕容楷、慕容绍得悉，先后微服潜出邺城，亡奔列人（今河北肥乡东北）县及辟阳。

建元二十年，即公元 384 年，正月初一乙酉日，苻丕大会属官宾客，不见慕容氏族人，"始觉有变"。三天后，才知道前燕贵族遗老已在列人起兵反秦。其时的苻丕心中一定悔恨交加。

丁亥日初三，谢石领众将及俘获的秦人乐工凯旋建康；乙未日，朝廷以张天锡为散骑常侍，授朱序龙骧将军、琅琊内史。

鉴于苻晖坚守洛阳，慕容垂亦无心破城。在收降了翟斌丁零部，同时合并前燕故臣各领部曲及鲜卑诸部后，慕容垂引军东来，于荥阳自称燕王，分封诸将与族亲，与苻坚彻底决裂。与此同时，慕容农在列人召集乌桓、鲜卑及东夷各部数万人，于辛卯日夜在列人城西击溃前往围剿的秦军步骑万余人，主将石越尸首两分。慕容垂又遣建威将军王腾在石门搭建浮桥，意为北取邺城。庚戌日，慕容垂引兵进抵邺城，与慕容农等各部相继汇合。慕容垂遂立其世子慕容宝为太子，保留慕容农骠骑大将军衔，并立即领其本族及丁零、乌桓诸部二十多万之众围攻邺城，于两天后壬子日攻占邺城外围。

二月辛巳，桓冲羞惭成疾身故。谢安后以桓石民为荆州刺史，桓石虔为豫州刺史，以桓伊为江州刺史。谢安无忧名利，显然有先人后己的心胸。

三月，慕容暐弟、北地长史慕容泓得知慕容垂举事，遂亡命关东，一路竟聚拢鲜卑民众数千，于是回据华阴（今陕西渭南华阴）县，自称都督陕西诸军事、雍州牧、济北王。苻坚一意孤行，终于引火烧身，战乱很快迫近了京畿地区。彼时，其跟权翼说，不听你的话，纵使鲜卑闹至这般田地，今朕不欲与其争夺关东之地，只是该如何应付这慕容泓呢？可见当时苻氏，不仅实力大损，其精神状态亦已气馁灰心。在此情境下，苻坚只得倚仗自己的几个儿子，以苻熙为雍州刺史，镇守蒲坂（今山西运城永济）；以苻睿都督中外诸军事、卫大将军，领兵五万，讨伐慕容泓；以窦冲为随军长史，姚苌为司马，扶协苻睿东伐。

但是，葫芦还没按下，瓢已浮了起来。慕容泓弟、平阳郡（今山西临汾）太守慕容冲亦挟众二万于当地易帜，南下进攻蒲坂，苻坚只得令窦冲分兵北面阻挡。当年前燕政权为苻坚所灭，慕容暐及其王室宗亲与大批鲜卑贵胄被掳往长安，慕容冲与其姊清河公主一个十二岁、一个十四岁，清河公主"有殊色"，慕容冲有"龙阳之姿"，所谓雌雄双飞，姐弟专宠于苻坚。后经王猛劝谏，苻坚才让慕容冲出宫，年纪轻轻就让他做了一郡的长官。殊不料，今日成祸。

都说世事变幻无常，然战事更难预见。四月，由于苻睿未听姚苌的劝告，轻敌冒进，竟然在华阴泽兵败于慕容泓，其本人亦死于阵前。姚苌遣其长史赵都、参军姜协向苻坚说明情况后再请罪，苻坚却将二人杀掉以泄私愤。如此一来，又把姚苌逼上了绝路。

姚苌其父姚弋仲是秦州南安（今甘肃陇西）赤亭羌人，在后赵灭亡后归于晋室，死前拜使持节、大单于，后来五子姚襄战死，第二十四子姚苌率众投降前秦，原西州胡羌豪族遂大量散居于关中地区。所以当姚苌畏罪逃往渭北马牧草场时，五万多户羌人在各自首领率领下共推姚苌为盟主，以寻求自治图强。于是姚苌"降心从议"，在尹纬等人煽动各部羌豪的劝说下，僭越称王，后秦政权自始实质建立，并登录纪事年表。尹纬在前秦朝做过吏部令史，与王猛才情相似，但因其同宗尹赤曾追随过苻坚的死敌姚襄，所以尹姓在前秦不得重用。

从史书记载来看，并没有姚苌怂恿苻坚攻晋的细节。但姚苌跟慕容垂一样，一定怀有叛秦自立的野心，虽沉寂多年，亦暗自等待着时机。所不同的是，年前慕容垂唆使苻坚决断南侵的国策是在史书上坐实了的，而姚苌乘机给苻坚说上几句奉迎的话而得后者赏识的可能性也不是没有。所以《资治通鉴》将姚苌、慕容垂及所谓良家子同归于一类，认为这些人是撺掇苻坚南侵的祸首。但是最终苻坚身中"上屋抽梯"之计、大军惨败于江淮，能怪小人作祟吗？其主要责任当然要归咎于前秦主本人。实际上，以慕容垂、姚苌为例，附会苻坚败亡的缘由乃此二人"置梯"和"抽梯"的劣行，有似穿凿，未免牵强。在五胡乱华的当时，出几个如慕容垂、姚苌那样的英雄豪杰势在必行，只是苻坚过于另类，难免不败。

由于慕容冲攻击蒲坂不成，在河东战场败于窦冲所部，其遂领余部八千人骑投靠了慕容泓，慕容泓部众在短短一月间便迅速发展到十万多人。随后慕容泓遣使觐见苻坚，要求以虎牢关为界分治疆域，也算退了一步。苻坚哪里肯依，找来慕容暐一通申斥，谓其宗族皆人面兽心；但依然认为鲜卑"猖悖若此"还是慕容垂、慕容泓、慕容冲三竖的罪责，与慕容暐无干；并命其书信招降三人，以恕叛罪。慕容暐只有叩头流血、连哭带骗，暗中传信慕容泓，如闻其死讯，即可登临尊位，兴复大业。于是慕容泓改年号燕兴，建立西燕，挥师西进。

五月，姚苌移驻北地郡，四方羌胡十多万人投于其麾下。六月，苻坚亲率步骑二万北击后秦，军驻赵氏坞；其遂遣护军将军杨璧分路合围，断敌水源；窦冲领军又于鹳雀渠打退企图决堰抢水的姚苌之弟姚尹买所部二万精兵，斩姚尹买于阵中。但苻坚所谓天佑姚苌，正当后秦部众面临断水缺粮的困境之际，不期大雨突降，后秦营中河谷积水深至三尺，周营百步之外，只积寸余水潭。后秦军得水复振。

是月，西燕营中突发变故，慕容泓遭其谋臣高盖等人所杀，慕容冲得立皇太弟，高盖掌尚书令。姚苌亦识时务，其遣子姚崇至慕容冲营中为质，意图连横西燕共讨前秦。在此形势下，姚苌率部一鼓作气击溃前秦军，扭转了战局。至此，姚苌部众盘踞九嵕岭北，"厉兵积粟，以观时变"。关中三方争势，其态势趋向基本利于后秦。

七月，苻晖总领洛阳、陕城（今河南三门峡西）等地部众七万人西归长安。猜想这些人中氐人应占其多数，当初苻坚令其同族方镇关外的错误决策如今只能以回归的方式作根本性的纠正。因为西燕慕容冲部正缓慢向长安推进，苻坚被迫中止与姚苌的争战，回兵长安。面临西来的反叛，其遂遣高阳公苻方镇守骊山；以苻晖为都督中外诸军事、车骑大将军，领兵五万拒战慕容冲；并以河间公苻琳为中军大将军，以为后备。

秦、燕两军接战于郑西地区，即故郑国（今陕西渭南华州）以西，慕容冲令妇女乘牛马揭竿助威。一时扬尘鼓噪，声势颇具，西燕军趁势大破苻晖所部。前将军姜宇与苻琳领兵三万拒战慕容冲于灞上，亦遭败绩，二人双双战死。慕容冲部占据阿房宫城。

是月，因为慕容垂无法满足丁零人的贪欲，建义大将军、河南王翟斌欲领其部反燕，但暗中与苻丕通谋事泄，反遭慕容垂所杀。由于慕容垂意欲承望天下之心，没有将丁零翟氏斩尽杀绝，结果留下祸根。此后慕容垂与翟斌之侄翟真、翟辽及翟钊等人纠缠多年，加上占据幽燕的苻氏残余，尽管慕容垂逐步壮大了后燕政权，但因长期困战于黄河以北的冀、幽地区，在定都中山（今河北定州）后，又在处置鲜卑拓跋氏的战略决策上选择失误，竟拱手让对方抢走了攫取中原的先机，以致终究未能成就巅峰霸业。《晋书》称翟辽乃翟真之子，但《通鉴》记载两人是堂兄弟的关系，从短短几年丁零翟氏几易其主的情况看，不大可能会在四代之间完成承嗣。

九月，慕容冲领西燕军进逼长安城下。苻坚登上城楼责问慕容冲，奴辈不在四外放牧牛羊，何苦来城下送死！慕容冲答，奴苦难忍，欲取而代之。即便这时，慕容冲如此直言不讳，苻坚依然顾念昔日旧情，让人送下去锦袍一领，以显君恩。慕容冲令属官詹事回复苻坚，称孤心在天下，"岂顾一袍小惠"；如能明理知命，便应君臣自缚，送还前燕皇帝（慕容暐）；孤自当宽宥苻氏，以报旧恩，免得辜负了"既往之施"。苻坚大怒，自叹当初不用王猛、苻融的谏议根除鲜卑，纵使白虏猖獗至此。白虏，是当时氐人对待鲜卑人的蔑称，可能跟鲜卑人种存在关系，本文不能同意鲜卑人尚着白衣而得此称谓的说法。

关东冀兖。苻丕困守邺城，粮草已尽，因外援不至、长安信断，堪堪危悬一线。当时谢玄已经进驻彭城，东晋自淮、泗北进的各军全线抵近黄河沿岸，前秦势力范围被进一步压缩。但苻丕困兽犹斗，他不接受司马杨膺归晋的提议，只许以邺城为筹码，谋求谢玄的军事援助。

十月，后秦姚苌再次与群僚部属明确了坐山观虎斗、以静待变的中期战略方案，随后以其长子姚兴据守北地郡，令宁北将军姚穆扼守同官川河谷，其亲领部众西攻新平（今陕西彬县）郡与安定（今甘肃泾川北）郡。

十一月，隐居倒虎山（今陕西渭南元象山）的陇西处士王嘉进入长安，竟招来上万氐、羌游民归附了前秦。可见古代方士妖言惑众、影响深远之至。苻坚每日于外殿召见王嘉与道安大师，动静、大小诸事悉问询于二人。这与苻坚初时的思想意识大相径庭。

十二月甲寅，苻坚领军于仇班渠（今陕西泾阳西）拒战慕容冲，大败西燕军。次日乙卯，秦军于雀桑再败燕军。甲子日，两军战于白渠，秦军失利，苻坚身陷军围。殿中将军邓迈、左中郎将邓绥、尚书郎邓琼等身先士卒，披兽皮挺长矛冲散西燕军，解苻坚于阵中。壬申日，高盖领西燕军夜袭长安，一度突破南城，窦冲、前禁将军李辩等奋力退敌，斩燕军八百首级。

秦燕两军相杀正酣，"身在曹营心在汉"的慕容暐决意最后一搏。其以其子新婚三日，邀请苻坚屈就圣驾到其府邸宴饮，暗中与部落豪帅悉罗腾、屈突铁侯等谋设伏兵，乘机刺杀苻坚。王嘉预计天要下雨，可能去不了。果然当夜大雨，苻坚銮驾没法在次日晨间出宫。尽管阴谋没有付诸实施，但内情已然外泄。鲜卑北部人突贤的妹妹是左将军窦冲的小妾，突贤向其妹告别时说出了实情。突贤之妹转脸将此秘密说与了窦冲，当然她的用意只是指望窦冲如遇事败可保其兄活命。窦冲闻言，飞马入宫禀报苻坚。苻坚惊惧之余即召悉罗腾、慕容暐对质。慕容暐还想狡辩几句，但悉罗腾爽快地承认了起意弑君的事实。于是苻坚令下，先杀悉罗腾，再杀慕容暐及其宗族。长安城中鲜卑族人不分长幼、男女，一千多人缘此连坐丧命。

由于苻坚内心还保有一丝的善意和仁爱，慕容垂的幼子慕容柔与慕容宝之子慕容盛竟然捡得小命，两个小孩寻隙逃出城外，投奔了慕容冲的西燕大营。

前燕皇帝一死，对于所有觊觎燕国帝位的慕容氏继任者来说，名义上的障碍就没有了。当月，慕容冲于阿房宫城宣告即皇帝位，改元更始，志得意满。

建元二十一年（东晋孝武帝太元十年），即公元385年，正月癸未，秦、燕两军于长安城西再展兵锋。结果慕容冲部大败，奔逃回阿房宫城。秦军掩至城外，前秦诸将请求苻坚乘胜攻门入城，但苻坚担心会遭慕容冲反扑，遂鸣金回兵长安。

二月，疲于应付后燕进攻的幽州刺史王永及平州刺史苻冲命人火烧和龙（今辽宁朝阳）与蓟城殿宇，领军民三万转奔壶关（今山西长治壶关）。曾几何时幅员辽阔的前秦帝国正向河东并州迅速收缩。

是时，龙骧将军刘牢之部已经进至黄河北岸的枋头。由于杨膺、姜让企图挟持苻丕附晋的图谋泄露而死在了苻丕刀下，所以基本推翻了晋军不战而收兖、冀的可能性。得悉如上变故，刘牢之所部遂迟滞实施北进邺城的战略设想，"盘桓不进"。

前秦主苻坚于渭水南岸一时取得上风，有些忘形。可能为激昂苻晖勇力，竟责让其子说，尔颇有才干，部属甚众却屡败于白虏小儿，料你还有什么用处！苻晖遭其父责难，竟愤懑羞惭不过，于三月自杀身亡。李辩、都水使者彭和正恐怕长安城守不住，召集西州（陇西）人脱离苻坚，留屯于城外韭园。同月，慕容冲绕过长安城，转攻骊山。苻方抵挡不住西燕军的冲击，兵败被杀。此后，前秦左将军苟池、右将军俱石子为抢收麦子，领五千骑兵再战慕容冲于骊山，秦军再败。西燕慕容永部斩苟池于阵前，俱难其弟俱石子投奔邺城苻丕。

苻坚听报骊山战况，极为震怒，即遣领军将军、驸马杨定领二千五百精骑出击。史称杨定"果勇善战"，竟率骑兵横扫西燕军，掳掠鲜卑万余人西还。慕容冲忌惮杨定回旋复至，不得已依靠设置陷马坑以求据守。然苻坚丝毫未减对"白虏"鲜卑的仇恨，下令将降虏悉数坑杀。中国古代每逢战乱，人口急剧减少，除一方面百姓蒙难、民不聊生的现实因素，还有另一方面的原因就是大规模的杀降，冤冤相报，直至交战的一方被彻底打败或灭亡。

亦在三月，刘牢之部北向黎阳孙就栅作试探性进攻。岂料慕容垂亲自领兵来救，晋军不敌，退驻黎阳。

夏四月，慕容垂久攻邺城不下，刘牢之部进至临漳县外围。乙卯日，慕容垂由邺南新城北向退却。到次日丙辰，刘牢之汇合沛郡太守周次所部跟进追击。根据史料记载，邺南新城始建于南北朝东魏时期，猜测当

201

时的所谓新城仅仅是城外散市和聚居区，是史书作者凭后世人的认知援以定位的地理名称。

庚申日，晋军在董唐渊追上实际并未远遁的慕容垂。刘牢之部疾驰二百里，至五桥泽，正争相收集后燕军沿途散弃的军资辎重时，遭到慕容垂的反击，晋军被杀得大败。刘牢之单骑马跳五丈涧，才得逃脱。幸亏苻丕领军接应，刘牢之引残部退保邺城。苻丕遂率众驻屯枋头，以东晋粮谷军援维持。因五桥泽败绩，刘牢之被征还，好在当时东晋正处用人之际，刘牢之不久复位，起伏于北府军中，始终是军中重要的将领。

是月，姚苌坑杀新平城内五千军民，在围战前秦新平太守苟辅半年后，终于占领新平郡。

五月，慕容冲卷土重来，领军急攻长安。苻坚穿戴盔甲，亲至城上督战。几轮攻守，苻坚飞矢满身，鲜血淋漓。彼时关中虽亦存近百城池堡壁还在氐族人的控制之下，还经常有人不顾险恶破围运粮，试图以一己之力解困长安，但绝大多数免不了死在鲜卑人的刀下。史载慕容冲纵兵扫荡关中，各郡士民流散，"道路断绝，千里无烟"。

有被掳掠的三辅之民暗中计议放火举事，使人请求苻坚派兵接应。苻坚起先不同意，其时他已意识到江山倾覆几成必然，但在众人固请下，遣出七百骑兵为应。但这一谋划的实现难度很大，许多人放火反遭风焰所伤，举事活命者最后只存十之一二。

当时有谶语暗示，帝至五将山（今陕西岐山东北）中可期长久，可能是苻坚为自己西奔五将山而故意放出的风声。其后战报又至，令苻坚胆破心寒。杨定出战长安城西，不敌遭擒，苻坚内心最后的指望不在了。苻坚无奈以太子苻宏留守长安，遂携张夫人及幼子苻诜、二女苻宝、苻锦，引数百人骑驰离长安城，出奔五将山。临行不忘告谕各州郡，计定初冬回救长安。人马路过韭园，苻坚袭破以李辩、彭和正为首叛离的西州部族，也算出了一口恶气。

六月，眼看西燕军攻势如潮，苻宏只得弃守长安，领其母、妻及宗室，引数千骑西奔武都下辨；城中百官各自逃散；权翼等人奔附后秦。苻宏后来投降东晋，被安置于巴郡江州。权翼原是羌豪姚弋仲手下谋士，后跟随姚苌投靠了苻坚。尽管其对苻坚亦存忠心，但如今归于后秦，也在情理。西燕主慕容冲于是进占长安，纵兵疯狂劫掠，致百姓丧命无数。

秋七月，姚苌自安定回到新平。即遣骁骑将军吴忠领军驰往五将山，将苻坚围在山中。此时，侧卫秦主左右的军士已跑光了，只有十几个近侍还在苻坚身边。苻坚看到后秦叛贼闯进，未做表示，神色俨然自若，召侍从传膳进食，坐定静待羌人近前。一会儿吴忠过来，命属下将苻坚押往新平，另室幽禁。

八月丁酉，使持节、侍中、中书监、大都督十五州诸军事、卫将军、太保谢安于建康薨逝，享年六十六岁。庚子日，司马曜以其亲弟弟司马道子为都督中外诸军事，谢石掌卫将军。

姚苌派人要苻坚交出传国印玺。其自觉胡族依次坐江山，如今该轮到他们羌人坐享尊位了。苻坚一听使者来意，怒目叱责道，小小羌人竟也敢忤逆天子；五胡次序，无羌在列；国玺已送晋朝，尔等如何能得！史书论述，五胡为匈奴、羯、鲜卑、氐、羌，苻坚故意将胡羌排斥在五胡之外，实为贬低姚苌，否定羌人统治关中乃至天下的合理性和合法性。

姚苌当然不敢亲自来见苻坚，于是他又遣右司马尹纬来做说客，请求苻坚禅位与他。苻坚说，禅让换代，是圣贤之事，姚苌一个叛贼，如何效法古人！但苻坚与尹纬言语交流，觉得此人也不一般。便问尹纬，在我朝做过什么官呀？尹纬说，尚书令史。尹纬做过的吏部令史相当于部长助理或秘书一类的技术官僚，根本不算什么大官。苻坚感叹道，卿与王猛等人，皆负宰相之才，而朕竟不知有卿，天道亡秦！

苻坚自认平生恩遇姚苌，如今反为其人阶下囚徒，所以愤恨不已，经常秽语大骂姚苌以求一死。他断定自己死后，两个女儿也落不了好，遂对张夫人说，岂可让我儿遭羌奴玷污。随后无奈将苻宝、苻锦两位公主杀死，以绝最后的牵绊，可谓惨绝人寰。是月辛丑，姚苌下令将前秦主苻坚缢杀于新平佛寺，张夫人、苻诜亦一同自杀。时年苻坚只有四十八岁，因其一意孤行，侵晋失败，导致速亡。当时连姚苌手下的将士都为之哀恸，可见许多人当初得到过苻坚多少好处，现今不但撵其下了龙床，还没饶过他的性命，说起来，有些过分。

司马光在《资治通鉴》里总结秦主苻坚国破身亡的前因时，引述魏文侯与儒家李克探讨吴王夫差覆国的历史教训，言辞恳切地附和李克，认为是"骤胜而骄"之故。李克以为"数战数胜"，文侯问，这不是好事吗？李克解释，数战民疲，数胜主骄，一个骄妄的君主御使一国疲极之民，至今未见有不亡之国。结论是，战场胜利的负面影响更甚于取得的胜果。但除非圣贤，天下能有几人看得透这胜败转圜的成因变换。

在《吕氏春秋·适威》及《淮南子·道应训》篇中，记述与李克讨论吴亡经验的均是魏武侯，由于李克身份存在争议，显然司马光有其自己的主张，认定李克做中山相应在魏文侯时期，从而否认前人典籍的相关说法。这与其在《资治通鉴》开篇第一卷中有关李克的记叙是一致的。试想司马光会在其最主要的"臣光曰"中论述有误，不可能的。

但是，就历史的演进发展来看，慕容垂、姚苌的反叛行为的确是导致苻坚悲惨结局的直接原因。苻坚对于降将的过分宽柔，史书亦有公论。但如此做法，是团结各方势力、强国兴邦的必然策略，而苻坚的谬误在于，重用他族首领并委以军权，滋长了这帮人代位君权的野心和资本。切实可行的做法，是架空其首领，重用其部属；断其首领复辟的心念，展其部属上升的空间；具此狠辣的手段，才有坐稳江山的可能，而中下层民众的依附是为关键。

亦在八月，苻丕放弃邺城，带领六万部众西经潞川（浊漳水）北抵晋阳，在确认长安陷落后，遂于九月继位登极，改元太安。苻丕于次年十月遭东晋扬威将军冯该所杀，身首异处，未竟其复仇兴国的心愿。此后前秦再历两帝，持续近十年之久，于公元394年终告灭亡。

同期，吕光自龟兹回据姑臧（今甘肃武威），自领凉州刺史。其后吕光建立后凉，还做过太上皇，也称得上一世雄才。

冬十月，慕容冲遣高盖率军五万与姚苌战于新平南，高盖遭遇大败，降于后秦。投靠西燕的杨定乘机逃亡陇西，一度做大，号龙骧将军、仇池公，后自称秦州刺史、陇西王。

丁亥日，东晋再评淮淝功勋，追封谢安庐陵郡公，封谢石南康公，谢玄康乐公，谢琰望蔡公，桓伊永修公，其余众将各有封赏。

太元十一年，即公元386年，正月初六戊申日，年仅十六岁的鲜卑拓跋氏嫡传世子拓跋珪于牛川（今内蒙古乌兰察布黄旗海东北）被各部推举为首领，重建代国，改元登国。在拓跋珪的一手经营下，只短短十几年时间，一个强大的北魏王朝便迅速崛起，继而进占中原。

辛未日，慕容垂在中山正式称帝。慕容垂一生攻战无败，但是十年后，在其年届七十之际，太子慕容宝在参合陂之役的惨败，让他看到了后燕灭亡的前兆。除非自己再活五百年，其他人根本倚仗不上。

二月，西燕左将军韩延（但《晋书》又称，是慕容冲部将许木末）领兵造反，杀慕容冲于长安。慕容冲因其违背民愿、不肯东归而遭此下场。西燕在慕容永承位后东迁长子（今山西长子），但经慕容氏诸强的相互残杀，很快灭亡。

四月，姚苌入据长安，即大秦皇帝位，改元建初。此后多年，姚苌与前秦残余混战于关中及陇右，互有胜败。姚苌一生长于心计，谋多于勇。也正因为他心机过重，临终前梦见苻坚来向他索命，他竟将夺命前秦主的罪孽归咎于其兄姚襄，为其生前的种种劣迹增添了新的注解。

【原文】《晋书·苻坚传》臣（权翼）以为晋未可伐。夫以纣之无道，天下离心，八百诸侯不谋而至，武王犹曰彼有人焉，回师止旆。三仁诛放，然后奋戈牧野；（石越）但今岁镇星守斗牛，福德有吴。悬象无差，弗可犯也。且晋中宗，藩王耳，夷夏之情，咸共推之，遗爱犹在于人。昌明，其孙也，国有长江之险，朝无昏贰之衅。臣愚以为利用修德，未宜动师。

【原文】《世说新语·雅量第六》谢公与人围棋，俄而谢玄淮上信至。看书竟，默然无言，徐向局。客问淮上利害，答曰："小儿辈大破贼。"意色举止，不异于常。

第十四篇　檀道济唱筹量沙　刘义隆自毁长城

【典故与事件】魏宋滑台之役；宋文帝讨谢晦之役；宋攻魏河南之战；唱筹量沙；自毁长城

【经传与出处】《宋书》《南史》《资治通鉴》《魏书》

　　东晋元熙二年，即公元 420 年夏六月壬戌，晋恭帝司马德文欣然誊录由中书令傅亮草拟的禅位书于红纸上，东晋朝实际灭亡。丁卯日，宋王刘裕于建康南郊设坛，即皇帝位，入主台城。刘裕以司马德文为零陵王，监居故秣陵县衙。当然，身为废帝，几无善终。次年九月，刘裕派人支走褚妃，用被子将司马德文闷死。晋朝的最后一位皇帝只活到了三十六岁。

　　但是，刘裕此后的个人境遇亦不能算好，他实际只做了两年的皇帝，便在永初三年，即公元 422 年迎来了他辉煌人生的最后岁月。是年五月，刘裕于重病中召见太子刘义符，示诫，并点评朝中重臣。其中心意思是，檀道济虽有才干但无远志，不像其兄檀韶那样难以驾驭；徐羡之、傅亮，不可能另生他图；谢晦数度随军征战，惯于机变，若生异志，必是此人；若事临彼时，可稍做退却，以会稽、江州东西钳制，平复可期。刘裕甚至想到了假如后世遇幼主即位，朝政悉委宰相，不烦母后临朝，换言之，女人及外戚绝不能干政。

　　基于如上认识，刘裕遂以司空徐羡之、中书令傅亮、领军将军谢晦、镇北将军檀道济同为顾命大臣，期以四人在自己身后辅佐少帝。历史上

207

的顾命大臣，一般而言，命运多舛。从后来发生的事实可得印证，刘裕的临终遗言部分言中，但亦在关键位置看走了眼。所以也可以这样说，即便有如其说准的地方也只能算是他蒙对的，一个人自知都难，何况识人。癸亥日，南朝开国皇帝殂（cú）于西殿，时年六十岁。太子刘义符同日即位，年仅十七岁。可以想象，刘裕是带着多么大的不甘与不安离开人世的，他个人戎马一生，洞悉世态冷暖，而其长子少年秉政，却茫然未知艰难。

同月，北魏鲜卑族拓跋氏政权明元帝拓跋嗣以其长子、皇太子拓跋焘临朝摄政，时年监国拓跋焘更只有一十五岁。冬十月，北魏主帅达奚斤率步骑二万渡过黄河，驻营于滑台城东二里。东郡太守王景度急向镇守成皋虎牢关的司州刺史毛德祖求救，毛德祖遂遣司马翟广领步骑三千东援。古滑台城位于今河南滑县，黄河故道东南岸，盖因春秋时期滑伯封国得名而来。至秦汉，本地改置白马县，其治城大致位于滑台东北方向不远处。滑台是当时刘宋王朝对抗北夷南侵的前沿据点，其战略地位不言而喻。达奚斤连攻不克，直至次月庚戌才强攻占领滑台，赶跑了王景度，并趁势于濮阳土楼镇击败翟广所部，挥师西进虎牢。

不想毛德祖能征善战，魏军进击虎牢却未能占得便宜。跟进南下的魏主拓跋嗣遂两路用兵，以黑槊将军于栗磾领兵三千西进，驻屯河阳，意图攻取洛北金墉城；又于十二月以楚兵将军叔孙建等将为首，驰往东南，占领黄河古道上的碻磝（今山东茌平西南）渡，兵进兖、青两州。镇守尹卯垒的兖州刺史徐琰首先弃城南逃，泰山、高平、金乡诸郡相继失陷。孤悬东阳城（今山东青州，原称益都）的青州刺史竺夔赶紧遣使向朝廷告急。

景平元年，即公元 423 年，正月癸卯，河南郡太守王涓之弃守金墉城，魏将于栗磾占领洛阳。东路，叔孙建部亦于当月进占临淄，济南郡太守垣苗放弃历城（今山东济南），退进东阳城与竺夔合兵拒敌。庚申日，南兖州刺史檀道济奉诏领军北出州治广陵（今江苏扬州），兵进彭城（今江苏徐州）。

尽管魏军驰骋中原，攻城略地，进展神速，但面对虎牢关城及东阳城的坚强防守，竟也束手无策。至三月乙己，魏主拓跋嗣进汲郡抵枋头，魏军在东西两面战场上依然未有突破。枋头位于今河南淇县东南，靠近淇水入黄河古道河口，枋头由当年曹操在淇水河口以枋木拦坝以通漕运得名而来，自魏晋以来，一向显为军事要冲。

盘踞虎牢的毛德祖也不是一味死守，他遣参军范道基率军四百由地道杀出，攻击魏军后路，斩敌数百。又趁达奚斤分兵南攻颍川，毛德祖领兵出城大战魏将吴兵将军公孙表，逢达奚斤回兵，只得败退回城。毛德祖是荥阳人，在刘裕北定关、洛之前，曾与公孙表有过交集，于是毛德祖借鉴当年曹操离间马超、韩遂之计，把与公孙表书信往来的事实透露给达奚斤，公孙表百口莫辩，拓跋嗣又听信谗言，夜里派人将公孙表勒死在帐中。

东阳城内，文武军吏统共一千五百多人，而叔孙建督军三万围城，累日急攻。面对强敌，城内屡出奇兵反击，竟不使魏军破城。但经连续苦战，军士伤亡殆尽，危城旦夕将倾。此时，在彭城完成集结的檀道济面对司、青两州同时告急的困局，考虑到本部人马所限，遂与驻扎湖陆的徐州刺史王懿合兵，决计就近先救青州，由兖州刺史郑顺之留驻湖陆。

湖陆城今沉于山东微山县昭阳湖，南连江苏沛县龙固镇，五胡乱华时期一度曾为南兖州治城。四月己巳，檀道济军至临朐。其时叔孙建几近破占东阳城，但听说檀道济军在咫尺，加上时值夏季，疫病流行，其遂拒绝了建义将军刁雍拒敌速战的建议，传令撤军。壬申日，魏军焚毁攻城器械，烧营逃遁。援军至东阳城，无粮作炊。于是打开窖藏提取陈谷，窖井深达数丈，提出来再碾谷出米，一天已经过了，再欲去追远遁的魏军已然不及。由于东阳城支离破碎亦不能守，竺夔遂迁治不其（jī）

城。不其城位于山东即墨西南，崂山西北部，今已不存。青州军围既解，檀道济随后领军退驻湖陆。

闰四月，叔孙建部经滑台西进，与达奚斤汇兵，合攻虎牢。丁巳日，魏军挖地道破坏了关城内的汲井。两天后己未日，虎牢关城在被围二百多天后终于陷落，除范道基领二百人突围外，毛德祖及其部将翟广、窦霸等全部被俘。当时，除驻屯湖陆的檀道济、王懿所部之外，豫州刺史刘粹部将高道瑾据于项城，龙骧将军沈叔狸所部驻守在肥水河口，皆因力量单薄，未敢前救。此役，魏军因疫病所致死者十之二三，尽管攻取了司州及其以南部分地区，但代价极其巨大。毛德祖于元嘉六年死在北魏，其拼死不降的不屈气概亦受到南朝政权的肯定。

十一月己巳，魏主拓跋嗣死在平城（今山西大同）西宫，年仅三十二岁。壬申日，北魏第三帝拓跋焘即位，史称太武皇帝。

南朝景平二年，即公元 424 初，为打击公开与己对抗的南豫州历阳集团，徐羡之等朝议将庐陵王刘义真废为庶人，徙新安郡。历阳集团以刘义符二弟刘义真为首，仆从有太子左卫率谢灵运、员外常侍颜延之、慧琳道人等。这帮人的为人行事世有公论，所谓孤傲不羁，常可以与藐视朝堂画上等号，不论何朝何代大抵一样。

夏五月，檀道济及江州刺史王弘受诏至建康，始知废立之谋。徐羡之给出的理由自然冠冕堂皇，称少帝居丧失礼，把商铺开进华林园，亲自上柜做卖，傍晚荡舟天渊池，夜里就睡在龙舟上，诸如此类。是年少帝虚岁十九，最大的可能是徐羡之已难以驾驭，并认为谋求废立自然著就功勋于后继的帝王，可望延续荣宠。身为辅政大臣，檀道济应该也同意废黜少帝的主张，但他对于处置刘义真的做法明确表示过反对，只是徐羡之决心已下，难以回头了。

废立图谋于五月甲申日开始实施。谢晦假借领军府房屋破败，令家人仆役出府，集结嫡系将士在府中。当天夜里，檀道济与谢晦同屋就寝，谢晦辗转无眠，而檀道济接枕就熟，谢晦从此钦佩檀道济处事不惊的胆略。翌日乙酉清晨，谢晦、檀道济领兵在前，徐羡之等人跟在后面，经东掖门进入皇城，再由云龙门入台城。由于有中书舍人邢安泰、潘盛做内应，沿路未遇抵抗，直至少帝寝殿。皇帝还没起来，军士闯进去立杀近侍二人，混乱中还伤到了少帝的手指。众臣遂收缴印玺，扶帝出东阁，送回太子宫；由檀道济据守朝堂；然后逼迫少帝生母张皇太后下诏，废少帝为营阳王；将其母子一起迁禁吴郡。

有幸被徐羡之、傅亮看中承接大统的是宜都王刘义隆。于是由傅亮领衔行台，引百官亲往江陵（今湖北荆州）奉迎法驾。六月癸丑，坐镇建康的徐羡之按之前与傅亮等人的密议，使邢安泰弑少帝于吴郡。当时刘义符暂住在吴郡西门即昌门内的金昌亭，亭，指代馆驿。刘义符年少有勇力，不堪引颈就戮，其突出金昌亭，想从昌门逃生。但城门已预先关闭，少帝急中倒地，群徒跟进，顷刻少帝殒命当场。随后，徐羡之又派人至新安郡将刘义真杀害。

秋七月，傅亮领行台抵达江陵，立大司马门于城南。接着，百官在傅亮的带领下晋谒刘义隆，上劝进表，献皇帝印绶。当时，刘义符、刘义真身死的消息已经传到江陵，为防不测，在起驾之前，刘义隆以司马王华留守荆州，以南蛮校尉到彦之权镇襄阳，做好了应变的准备。甲戌日，行台舟船由江陵顺流东下，中兵参军朱容子抱刀守在刘义隆座船舱门外，二十多天未曾解带，百官不能靠近。八月丙申，刘义隆车驾到达建康新亭。次日丁酉，刘义隆至紫金山（时称蒋山）祭拜先帝刘裕初宁陵。其后还于中堂，经四次辞让，刘义隆即位称孤。

做了皇帝的刘义隆遂移驾进台城，登临太极前殿。依惯例，新皇帝下诏大赦天下，改景平二年为元嘉元年。庚子日，依照徐羡之之前的拟任决定，刘义隆以谢晦为抚军将军、荆州刺史，接替自己镇守江陵。癸卯日，又诏令徐羡之进位司徒，王弘进位司空，傅亮加左光禄大夫、开府仪同三司，谢晦进号镇北将军，檀道济进号征北将军。并以王昙首、王华为侍中，王昙首领右卫将军，王华领骁骑将军，朱容子为右军将军。戊申日，又令刘粹为雍州刺史，骁骑将军管义之为豫州刺史，征召到彦之为中领军。

谢晦当年三十五岁，西行前，其特意向祠部尚书蔡廓讨问前途。蔡廓对他说，身为顾命大臣，废昏君立明主，犹可称义；"但杀人二兄而以之北面"，既功高震主，又据上游重地；古往今来，身免难望。谢晦听罢心中懔惧，等到由新亭扬帆西去、回头遥望石头城也已经看不清楚的时候，他这才面露喜色。自语，总算得以脱身。

元嘉二年，即公元 425 年春正月，徐羡之、傅亮连上三表，呈请刘义隆亲政。此时的徐羡之内心还算坦荡，自丙寅日皇帝执掌国政后，其便主动辞谢回家。但如此一来，其身后的利益集团不干了，以其侄子吴郡太守徐佩之为首，及侍中程道惠、吴兴太守王韶之、邢安泰、潘盛等人均认为徐羡之举措失宜，皆苦劝其不可放权。于是徐羡之转念顾后，心头一活便思绪亦繁，更看不清周遭隐藏的危机了。在家里没待上几天，遂又奉诏复位。

虽然历史不可假设，但后来的事实足以证明，生死成败都在一念之间，天意亦在人为。相较徐羡之的进退失据，王弘的抉择可谓果断。刘义隆一坐上皇位，王弘就进表固辞司空，拖了近一年于八月终获恩遇开府仪同三司，虚衔车骑大将军。

所谓清洗，酝酿已久。王华与步兵校尉孔宁子皆具上位的心愿，当然嫉恨徐羡之、傅亮把持朝纲的现状，自刘义隆即位之初，没有一天不在皇帝面前构陷后者专权的行状，处心积虑要把二人扳倒据以进位。诚然徐、傅有废帝原罪，但孔、王二人的行为自然也不属良臣做派，胡三省注《资治通鉴》里亦有此评价。

实际上，自刘义隆决意诛杀徐羡之、傅亮之日始，种种迹象亦已外显。徐、傅位列三公，傅亮坐镇中书省，自然有所察觉。只是二人已失先手，回旋余地不大；谢晦手握重兵，但远在江陵；而同为少帝顾命重臣的檀道济与他们又无共济之心。反观年轻的皇帝刘义隆却颇具城府，他所应对的策略便是分化瓦解、各个击破。刘义隆认为王弘、檀道济并没有参与预谋废立并害命其二兄的计划，况且王弘之弟王昙首是自己亲手提拔，可作倚靠。于是在下手之前，刘义隆密使通报王弘，又召檀道济入朝。王华等人确实格局不高，为此还曾表示过反对意见。刘义隆见解中肯，说檀道济顶多胁从，本非主谋，更无关害命，予以安抚使用，必无所虑。元嘉三年，即公元 426 年正月乙丑，武陵郡公檀道济应召回到建康。

翌日丙寅，刘义隆下诏声讨徐羡之、傅亮及谢晦连杀营阳、庐陵二王的罪状，诏召徐羡之、傅亮进台城。正巧谢晦的弟弟黄门侍郎谢嚼在值，于是派人飞报傅亮，殿内异常。傅亮托词嫂病，暂且回返，又信报徐羡之。徐羡之署理扬州刺史，开府在西州城，接到信笺时还未进西明门。在当时的情境之下，逃命是一个人的本能。但逃往何处？怎么逃？徐羡之、傅亮全无方略。

徐羡之乘车出建康城，步行到了新林（今江苏南京西南）浦。这个年已六十三岁的老人实在走投无路，看到一处陶窑，便进去上吊自杀。傅亮也乘车到了城北，在骑马奔往哥哥傅迪的陵墓时，被屯骑校尉郭泓收捕。其兄傅迪生前曾多次告诫傅亮身居高位的险恶。在傅亮被拉进广莫门移交廷尉后，刘义隆派中书舍人拿诏书给傅亮看，并给他交了一个底，说凭你江陵迎驾的诚意，当保子女无涉。傅亮看罢诏书，说我受先帝顾命之托，以刘姓江山社稷为计，"黜昏立明"，正所谓欲加之罪，何患无辞。"欲加之罪，其无辞乎"引自《左传》里晋卿大夫里克的原话，里克为铲除后宫骊姬集团，连弑二君，情形与傅亮有相似之处。

于此，傅、徐、谢三家遭遇了刘义隆的区别对待。傅亮家属被豁免，徙住建安郡；徐佩之罢官留命；谢曒及其子等入狱；傅亮、徐羡之之子驸马徐乔之及弟徐乞奴连同谢晦长子谢世休一起被杀。

由于谢晦远据荆襄，刘义隆在诏书里表示将亲领大军讨伐；令到彦之领两万羽林军即日出征，檀道济统兵三万以为后继；并发兵符于各卫军府及荆州驻军，克期擒拿谢晦；同时还透露，要求刘粹断绝谢晦后路的敕令已于前期发出；最后声明，责止元凶谢晦，余众不问。

不过刘义隆自知少经历炼，猝起兵戈，难言胜算，遂于征伐前问策于檀道济。檀道济答，昔日臣与谢晦同从武帝北征，兵进关中的谋略中，十策有九出自谢晦，其人"才略明练"，应该很少有人比得过他；但他未尝单独领军决胜，实战恐非其所长；我了解他的智谋，他明悉我的勇力；今奉君命讨伐，臣可在其未完成列阵前将他擒获。听后，刘义隆稍定了心，次日丁卯，其以王弘为侍中、司徒、扬州刺史，以彭城王刘义康为荆州刺史，以备总镇京师。

很快，辅国将军府中兵参军乐冏派人传信谢晦，告知了徐羡之、傅亮被诛的消息，并讹以其长子谢世休及谢曒等均已被戮的凶讯。谢晦两次举哀，随即集结三万兵马，传檄建康。他首先为自己的行为作了辩护，然后指责王弘、王昙首、王华谗陷窃权，为清君侧，发兵拒战。此时，到彦之前锋已近荆州，其余诸军分路跟进。谢晦遂以其弟谢遯为竟陵内史，侄子谢世猷为南平太守，南蛮校尉司马周超为荆州司马，领兵一万留守江陵；以南蛮司马庾登之、建平太守安泰、宣威将军昭弘宗、王绍之率领精兵一万为前锋；南蛮参军魏像、宣威将军陈珍带兵二千，新兴太守贺愔领精甲三千，南蛮参军郭卓引铁骑二千由陆路分道进发；自己则亲率大军随后跟进。两万水军解缆出发，自江陵渡口一直延展至破冢（今湖北江陵东南），旌旗招展，蔽日遮江。看着连绵的战船，谢晦还独发感慨，叹所率非勤王之师。

二月，刘义隆以大姐会稽长公主总领六宫事务，于庚申日由建康起驾西征，督战各军。当谢晦中军抵达西江口（洞庭湖长江河口）时，到彦之所部已占据彭城洲。当时，庾登之前锋已在巴陵，逢雨不利火攻，畏缩不进。等了半个月，谢晦遣中兵参军孔延秀领兵击败彭城洲守将萧欣，并趁势攻占洲口栅营寨，到彦之退守隐矶。初战告捷，谢晦上表重申，只要朝廷枭首四凶，悬三王于绛阙（泛指皇城）外，他便勒军回任。

而此刻，江陵北面，刘粹受命已经南下。按谢晦之前的部署，由长宁太守窦应期领步骑五千直出义阳；司马周超、振武将军胡崇率精兵一万北出高阳；宁远将军朱澹引步骑五千西出雁塞，共拒刘粹。刘粹遣其弟车骑从事中郎刘道济、龙骧将军沈敞之及南阳太守沈道兴率步骑进至沙桥，不意遭遇周超所部的截击，死伤过半，只得退兵。但出乎谢晦意料的战情变化竟发生在长江主战场。本来，谢晦以为徐羡之、傅亮同时遇诛，料定檀道济也没有好下场。其个人根本没有把到彦之等人放在眼里，朝中将领中唯一经得起其正眼相看的只有檀道济。等到听说檀道济领兵在后，谢晦登时惶然失措。

没过几天，檀道济船队过夏口抵近隐矶，与到彦之部会合，沿岸抛缆停泊。起初，谢晦看见溯江而上的敌舰并不多，有些轻敌，因此没有立即出战。到了晚上，风起帆上，西征舰船连续驶达，覆盖了整个江面。见此情形，荆州水军人心涣散，斗志全无。戊辰日，檀道济前锋进至忌置洲（今湖北洪湖西南），列舰塞江，谢晦水军一战即败，随后全线溃散。谢晦无兵可用，连夜逃到巴陵，乘小船再向江陵。

丙子日，捷报传来，刘义隆遂由芜湖泂江东下。谢晦回到江陵，除了愧谢周超，面对残局，亦无他法。当夜，周超驾一叶扁舟离开江陵投靠了到彦之。到此，荆州部众呈鸟兽散尽，谢晦只得与谢遯、侄子谢世基、部将延陵盖等共七骑北逃。谢遯人很胖，马都不能骑，一行人走走停停，己卯日走到安陆延头，遭守将光顺之擒拿。光顺之是谢晦旧将，二话没有，将一帮人打入囚车，押送建康。

周超投在到彦之手下做了参军，但刘粹、沈敞之将沙桥之败归咎于周超，于是到彦之将周超也抓了起来。三月辛巳日，刘义隆回到建康，敕令诛杀谢晦、谢遯、谢曜、谢世基、谢世猷、谢世平及同党孔延秀、周超、贺愔、窦应期、蒋虔、严千斯等。谢晦的一个女儿做了彭城王刘义康的妃子，行刑日赤脚散发与父诀别，并责备谢晦大丈夫当战死沙场，如何落得弃尸街市，说罢哭晕了过去。死里逃生的不是没有，庾登之罢官下狱，咨议参军何承天、参军王玄谟、延陵盖等本罪赦免，王玄谟、延陵盖后来还得到刘义隆的重用。

铲除了先帝权臣，刘义隆遂征召谢灵运为秘书监，颜延之为中书侍郎，以慧琳道人参议朝政。夏五月乙未，刘义隆敕令檀道济为征南大将军、江州刺史，到彦之为南豫州刺史。

谢灵运与谢晦同宗，都属陈郡谢家支脉，其祖即东晋车骑将军谢玄；谢灵运虽受刘义隆厚遇，但刘义隆只看中他的文才，并未付以政事，以致其心意不平，加上他桀骜出世的性情，因而常常擅离职守；后来谢灵运称病东归会稽郡，于元嘉五年被免官；五年后，因牵涉谋逆，遭弃市于广州，时年四十九岁。他曾自比天下十分文采独占其一，可叹一代名士，祸于孤傲。

北魏始光四年，即公元 427 年六月，魏主拓跋焘率轻骑击败大夏三万重兵，攻破统万（今陕西靖边白城子）城，实质上灭亡了由赫连勃勃、赫连昌建立的大夏国。神麚二年，即公元 429 年，四月庚寅，拓跋焘与平阳王长孙翰兵分东西两路，直指黑山、大娥山，突袭柔然。五月丁未，拓跋焘所领西路军进至漠南，全军每骑双马突击栗水。柔然纥升盖可汗没有防备，无力组织反击，慌乱中烧毁王庭穹庐，领残部西遁。其弟匹黎先镇领东部，西窜途中遭遇长孙翰所部截击而溃散。此役，魏军俘获柔然部落三十余万之众，牲畜数以百万计。由于差两天的路程，纥升盖逃脱了拓跋焘的追击。但其即便得以死里逃生，魏主拓跋焘亦已取得了对于柔然的强势战略地位，进而摆脱了北魏南临刘宋进兵、北有柔然侵扰的两面受敌的困境，迅速拓展了其野心与谋划的实施空间。

元嘉七年，即公元430年三月戊子，刘义隆诏令右将军到彦之率甲兵五万，统领安北将军王仲德、兖州刺史竺灵秀所部，兵进中原河南地区；又令骁骑将军段宏领精骑八千直指虎牢关；豫州刺史刘德武引兵一万，其后跟进；由长沙王刘义欣集结兵马三万，以为后援。

到彦之领军由水路自淮河入泗水，每天只行十里，从四月一直走到七月，才进至东平郡须昌县，再经清水转入黄河，溯流西上。拓跋焘依谋臣太常卿崔浩的计议，遂行收缩防御的策略，自七月戊子至庚戌不到一个月的时间，驻守碻磝、滑台、虎牢、金墉城的魏军相继弃城北渡，退守黄河北岸；阳平王杜超都督河北军事，驻镇邺城；琅邪王司马楚之屯守颍川；八月，又以冠军将军安颉为前军主将，征西大将军长孙道生、丹阳王大毗沿河防御。

但是，到彦之收复河南后，根本没有作拓跋焘所担心的渡河攻魏的打算。其以司徒从事中郎朱修之守滑台，司州刺史尹冲守虎牢，建武将军杜骥守金墉，散兵于黄河一线，试图固守胜果。丙寅日，到彦之派遣裨将姚耸夫领军渡河，试探性进攻洛阳临平亭北岸渡城冶坂，结果被安颉率部打了回来，伤亡惨重。冬十月庚申，到彦之、王仲德沿河部署防御，东驻东平郡。乙亥日，魏军主将安颉在委粟津（今河南范县东）渡过黄河，展开全面反攻。金墉城最先遭到魏军前锋的攻击。丙子日，安颉指挥魏军攻破洛阳，五千宋兵死于非命。杜骥眼见姚耸夫绕城而走，遂也弃城南逃。戊寅日，金墉城陷落。后来杜骥将洛阳失守的原因归咎于姚耸夫，可怜骁将姚耸夫在寿阳遭杀头。

当时河北魏军主力集结于七女津（今山东东平西北）附近。为阻其南渡，到彦之遣裨将王蟠龙溯流抢夺渡船，被杜超所部斩杀当场。辛巳日，在安颉与龙骧将军陆俟的合力进攻下，虎牢关城陷落，尹冲坠亡城下，荥阳太守崔模降魏。十一月壬辰日，鉴于河南战情紧急，刘义隆遂以檀道济督领征讨军事，领兵驰援。甲午日，叔孙建、长孙道生所部渡河南侵。

临冬时节，黄河将封。宋军营中，粮草所剩无几。恰逢到彦之眼疾复发，更是无心再战，其不顾殿中将军垣护之及王仲德的前后劝说，也不救孤悬于身后的滑台，领宋军大部由清水退进济南郡，在历城焚舟登岸后，大军绕行青州，徒步回师彭城。兖州刺史竺灵秀随后弃守须昌，退往湖陆。济南太守萧承之无奈运用空城战法，凭险吓退魏军。

戊戌日，叔孙建部远攻湖陆，竺灵秀不敌魏军，损兵五千，魏军得势退还范县城。辛丑日，安颉督领各路魏军围攻滑台，朱修之婴城固守，拼死抵抗。十二月，北魏结束了西线战役，占据关中，将大夏国彻底吞并。因北伐失利，刘义隆将到彦之、王仲德革职下狱，并诛杀了竺灵秀，后王仲德被重新起用。战争的消耗，使南朝府藏、武库为之一空。当着外族人的面，刘义隆还与尚书库部郎顾琛假作问答，诡称库中尚存十万兵仗器甲，以免让外邦窥得家底。

元嘉八年，即公元431年正月丙申，檀道济率部进入清口，意往救援滑台，但沿途频遭叔孙建、长孙道生各部阻击。丁酉日，军至寿张县，又遇魏安平公乙旃眷所部。檀道济领王仲德、段宏等奋力冲击，大破魏军。转战至高梁亭，魏济州刺史悉颎库结前后分兵夹击。檀道济亦分遣段宏及台军主将沈虔之等领各部反击，奇兵直击敌阵，竟斩杀悉颎库结于阵前。

魏军的目标很明确，只要拖住檀道济，不使其解围滑台，本未指望能够战而胜之。至二月初，檀道济部进入济水河段，二十多天时间，前后与魏军接战三十余次，连战连捷。进至历城，前后军又与叔孙建部轻骑交锋激战，不料粮草遭其焚烧。补给一断，檀道济军再也不能勉力推进了。

　　安颉接到战报，获悉檀道济困顿历城，遂与司马楚之等全力进攻滑台。朱修之在滑台已坚守近四个月，粮食早没有了，到最后实在没有别的办法，只好与士卒合力捉老鼠烤着吃。城外，魏楚兵将军王慧龙受命前来助战。南朝将士眼看救援无望，亦无力拒战。辛酉日，滑台城被魏军攻克，主将朱修之、部将李元德、东郡太守申谟及军卒万余人被俘。

　　彼时，檀道济部的处境已变得相当凶险。魏军攻克滑台后，可以全力南面作战，双方实力对比相差悬殊，何况本部粮草将尽，进退抉择，已不容拖延。檀道济遂果断下令，各部自历城退兵。

　　但是，南朝营中降魏的叛军将檀道济部粮食告罄的军情透露了出来。于是魏军分路追击，小股骑兵出没于宋军前后左右。南朝军卒多显惶恐，斗志渺然。夜里扎营，檀道济唱筹量沙，命人将仅剩的少许粮食覆盖在沙土上面，装出粮食充裕的假象。次日天明，魏军侦骑回报，说南朝营中囤满军粮，其主将昨晚称量了一夜。可怜降魏的宋兵，被以传递伪情而遭处斩。

　　檀道济抓住时机，传令军士披上战甲，自己则身系白色战袍乘上战车，引军缓缓出营，指挥各部迅速脱离与魏军的接触，远离了外围阵线。如此景象，让魏军兵将一望便知檀道济在使伏兵诱战的计谋，只好眼看着南朝军队分部退却，不敢进逼。檀道济以"金蝉脱壳"之计遂保全军南返，就此威名大震。北魏人对其更是心存忌惮，竟以其像作为禳鬼的画符。

　　相传檀道济与"三十六计"一说也有关联。身为北府军最后一位名将，可能其在长久的军事生涯中根据前人及本人的战争经验总结出了成系列的应对战场变化的策略及兵法。但《三十六计》成书于明清，作者到底从他那里获得了多少借鉴，不得而知。分析檀道济据以扬名的金蝉脱壳之计，主旨也是以走为上；主力转移，金蝉得保，舍弃的空壳已不存在任何价值；在其身后，营帐犹在，旌旗猎猎依旧。但魏军就这样眼睁睁地看着，没有追击。因为他们宁愿让檀道济跑了，也不想中他的埋伏。

尽管未著战功，但檀道济压制住了北魏南侵的势头，领军全身而退。较到彦之而言，已然不易。元嘉九年，即公元 432 年三月丁巳，檀道济进位司空，余衔如故，受命回镇寻阳。作为之前少帝的四大顾命重臣之一，未来命运，仅余三岁星辰。据《南史·隐逸篇》记载，檀道济初到江州任上，曾慕名拜见了隐居寻阳柴桑的陶潜陶渊明。陶渊明是前朝东晋宰辅陶侃的后辈，当时距其去世已不足一年。檀道济来会时，陶渊明僵卧在床，但他倚靖节之气拒绝了檀道济送来的所谓"粱肉"的佳肴美食。不过度其好酒之癖，其中的醇酿应该会被接受。

元嘉十二年，即公元 435 年，檀道济受召入朝。临行前，其妻向氏已窥破底细，说朝廷无故征召，必藏杀心，皆源你功高盖主之祸。其时，因刘义隆久病在床，朝政由彭城王司徒刘义康专权署理。而曾经是彭城王属佐的领军将军刘湛是一个专好打击异己以攫取权利的小人，他以檀道济乃前朝功臣，享誉威名；左右心腹将领皆身经百战；几个儿子又都文武兼备等种种事实为依据，与刘义康妄论檀道济或有二心。认定一旦刘义隆晏驾，朝廷将无力压制。于是刘义康与刘义隆密议，不如趁早将檀道济斩杀，以绝后患。恰逢北魏寇边，遂召其还朝。

等到檀道济返回建康，刘义隆龙体好转，渐趋恢复，一时刘氏兄弟难下决断。檀道济在京师待了好几个月，直到来年春，刘义隆感觉局势不再紧迫，遂决定让檀道济回镇寻阳。当时，檀道济的坐船停靠在东府城对面秦淮渚的下游，还未开船，有大批鹡鸰鸟飞集，此鸟鸣声清脆响亮，但史载其声有似悲鸣。

不幸，征兆成谶。皇帝刘义隆病情突然加剧，刘义康即刻矫诏要檀道济上岸，在祭祀路神的祖道边宣诏，将檀道济及其亲属随从一干人等就地逮捕，交付廷尉关押。当时檀道济听完诏令，目露火光，义愤填膺，顷刻间将一斛酒饮干，突然将头上帻巾扯脱掷于地上，愤然道，刘义隆，你自毁万里长城！

元嘉十三年，即公元436年，三月己未日，刘义隆下诏，坐实檀道济反意。可叹檀道济征战一生，连同其八个儿子，黄门侍郎檀植、司徒从事中郎檀粲、太子舍人檀隰、征北主簿承檀伯、秘书郎檀遵、檀夷、檀邕、檀演，以及心腹大将司空参军薛彤、司空参军高进之总计十一人被诛杀于建康。史称北魏获悉此故，都说檀道济既死，南朝吴辈不足惧也。自此，北魏每岁南侵，南北朝长期对峙于黄淮一带。

元嘉二十七年，即公元450年，秋七月庚午，宁朔将军王玄谟受命领军北伐，经碻磝进围滑台二百余日不克。九月辛卯，魏主拓跋焘引军南援，于十月抵近黄河北岸。王玄谟望风而逃，全军溃散，伤亡万余人。辅国将军萧斌本欲临阵斩杀王玄谟，被太子步兵校尉沈庆之阻拦。拓跋焘乘胜置河南诸城于不顾，分遣各军呈五路南下，连克悬瓠、项城，绕过彭城、盱眙，于十二月庚午日进占长江北岸瓜步（今南京六合）山，遂建佛狸（bì lí）祠，饮马长江。刘义隆登临石头城北望军情形势，愁容满面。其自叹，倘若檀道济在，岂容胡马猖狂至此。并自省"索虏"不易招惹。

到后世，南宋辛弃疾在其《永遇乐·京口北固亭怀古》中先写"斜阳草树，寻常巷陌，人道寄奴曾住。想当年，金戈铁马，气吞万里如虎"。寄奴，是宋武帝刘裕的小名，词句极尽赞叹其驰骋沙场的功绩。后续"元嘉草草，封狼居胥，赢得仓皇北顾"，即是对如上史实的讽喻，突出了刘姓父子二人截然相反的君王气概；指出刘义隆作为承嗣君王，空负复疆之志，勿论章法，弃忠臣良将而不用，奈何江山破碎；另一方面，本词作成之时，临开禧北伐之际，亦表达了作者对赵宋君主的衷心劝谏。

【原文】《南史·檀道济传》时人降魏者具说粮食已罄，于是道济夜唱筹量沙，以所余少米散其上。及旦，魏军谓资粮有余，故不复追。以降者妄，斩以徇。时道济兵寡弱，军中大惧。道济乃命军士悉甲，身白服乘舆，徐出外围。魏军惧有伏，不敢逼，乃归。

【原文】《南史·檀道济传》魏人闻之，皆曰"道济已死，吴子辈不足复惮"。自是频岁南伐，有饮马长江之志。二十七年，魏军至瓜步，文帝登石头城望，甚有忧色。叹曰："若道济在，岂至此！"

第十五篇　杜子美献三礼赋　哥舒翰收石堡城

【典故与事件】擒贼擒王；口蜜腹剑；石堡城之战

【经传与出处】《资治通鉴》《旧唐书》《新唐书》《中国历史地图集》

"挽弓当挽强，用箭当用长。射人先射马，擒贼先擒王。"这是中唐"诗圣"杜甫所著《前出塞》曲第六首中的诗句。诗人以浅显的诗句一语阐明了当时在边关争战中广受时人认同的有关战术及战略层面的精髓要领，既表达了作者对单纯军事斗争的理解，又为解析与彼时大唐皇权一意孤行的治政理念所相悖的个人政见做好了铺垫。

唐玄宗开元初年，得益于李隆基本人勤政治国、任用贤能，百年大唐基业国势骤强，迎来了难得一见的开元盛世。但是李隆基不擅长做太平皇帝，随着国力鼎盛、四方来朝，其个人心境亦发生了极大的转变，登基之初的治国原则被逐一抛弃，改弦易辙之后变得好大喜功并且刚愎自用。尤其在开元十一年，即公元 723 年，玄宗接受中书令张说的献策改府兵制为募兵制之后，大唐尚武精神亦达顶点。作为一国之主，他推动四方边镇对外用兵，鼓励边关将领征战建功，不但使得大唐与各少数民族番国、部落之间的多年和平渐复不在，同时也迫使国库用于军费的开支快速上升。说到底，国库钱银即是百姓赋税，所有与劳民伤财有关的事情当然最终也要落实到百姓的肩上。

客观地讲，唐玄宗改革征兵制度的初衷自然有其必要性及合理的诉求。府兵制完备于北魏，以亦农亦兵为基本特征。到盛唐时期经一两百年变迁，由于大唐军队缺战日久，府兵制的各种弊端遂得以充分暴露，史称其时"当蕃卫士，浸以贫弱，逃亡略尽"。为改变国富兵弱的境况，唐朝中央政府始行募兵制度，以大幅度提升国家军备支出、免除募兵杂役为主要着力点，在短期内便募得十几万"长从宿卫"。募兵之初，效果凸显。自中唐始，中国的军事部门真正进入了职业军人时代，所谓"兵农始分"，丁壮一旦入籍从军，就不再有农民的身份。但玄宗如何能够预见，短短三十多年时间，募兵制的缺陷就会爆发，军力强大的藩镇竟可以架空皇权，直至引发叛乱。

开元二十九年，即公元741年春，吐蕃遣使来告，金城公主已于年前薨逝，同时表请两国息兵停战。由于吐蕃与大唐在河湟及安西两个方向上交兵日久，玄宗竟置吐蕃请和于不顾，对于两国"舅甥盟约"的有效性更未予确认。金城公主和番三十年，为促进唐与吐蕃的友好交流做出了一定的贡献，但源于路途遥远、信息闭塞，其为保持两国和平所能发挥的作用也十分有限。拖了好几个月，玄宗才同意在光顺门外为金城公主举哀发丧，辍朝三日。

同年十二月乙巳日，吐蕃军队扫荡达化（今青海尖扎）县。但河西、陇右节度使盖嘉运纵兵轻敌，仍然疏于防范，致振武军石堡城亦于癸未日被吐蕃攻陷。石堡城位踞今青海湟源西南，是河湟地区连接吐蕃的门户，此城的得失关系到当时鄯州、廓州乃至整个陇右的安定与否，其战略地位不言而喻。盖嘉运因此而罢职，此后多年，为拒敌于国门之外，唐军有策略地西向展开，即为实现重夺石堡城的战略目标而进行前移部署。

天宝元年，即公元742年，正月壬子日，因分范阳节度制下新置平卢节度，营州都督安禄山遂为平卢节度使。其时，备边诸军已置安西、北庭、河西、朔方、河东、范阳、平卢、陇右、剑南九节度及岭南五府经略。在玄宗登基之前，国家供给边防的衣粮所费不过二百万，到天宝年，军耗陡增，每年用衣一千零二十万匹，粮食一百九十万斛，百姓负担开始加重。

天宝二年四月，陇右节度使皇甫惟明领军长途奔袭得手，攻破吐蕃军队的前进基地洪济城（今青海贵德西）。天宝三载，即公元 744 年，三月，安禄山兼范阳节度使。时年唐玄宗虚岁六十，精神状态可能有所下降，就想高居庙堂、无为而治，便问高力士如把国政悉付右相李林甫如何。高力士回答，天子巡狩乃古制，何况天下权柄焉可以假借他人；待其既成威势，谁还再敢论其是非。史称李林甫为人做派口蜜腹剑，是包括皇帝在内所有人都难以应付的人物。高力士的言下之意是单靠外臣来朝述职是不可以完全掌控天下的，李林甫则更不可委以专权。但他的回答显然不合皇帝心意，玄宗听罢面露不悦。高力士赶忙磕头请罪，自陈妄言。玄宗尽管没说什么，还赐酒高力士，但自此高力士再不敢深言政事，因为皇帝慢慢变得已经听不进忠言了。

天宝四载，即公元 745 年正月，回纥怀仁可汗的军队打败了突厥白眉可汗所部，白眉可汗身首异处，回纥献其头颅于大唐，传首京师。从此回纥迅速扩张，势力范围东达室韦，西抵金山（今阿尔泰山脉），南跨戈壁大漠，占据了大部分突厥人的领地，唐朝北边烽燧无警日久。丙戌日，朔方节度使王忠嗣领军在萨河内山大破突厥左厢阿波达干等十一部，突厥在汉与其他少数民族夹击下走向了衰亡。王忠嗣本名王训，其父王海宾于开元二年在渭州西界武阶驿抵御吐蕃入寇时战死，时年王忠嗣九岁，被玄宗收养在宫中，成为肃宗幼时玩伴。二月己酉，王忠嗣兼河东节度使，一将统御自朔方到云中数千里边防。八月壬寅，玄宗正式册封女道士杨太真为贵妃。九月甲申，皇甫惟明急功冒进攻战石堡城未果，副将褚訚战死。

天宝五载春，皇甫惟明兼河西节度使；不久，又以王忠嗣为河西、陇右节度使，兼知朔方、河东节度事。王忠嗣到任，即充实二镇战马，与吐蕃多次战于青海、积石，皆获胜利。其后，王忠嗣西攻吐谷浑，在瓜州（今甘肃安西）墨离军全俘其部。这一年，皇帝下诏广求天下之士，杜甫具选复试，来到长安，欲求为官入仕。时年杜甫三十五岁。

但是，诗人满怀的希望终成泡影。李林甫恐怕贤能入朝于己不利，于天宝六载特委尚书面试，御史中丞监考，以诗、赋、论考察入京才俊，结果无人及第，李林甫竟上表贺称"野无遗贤"。此时的玄宗心里耿耿于怀的只是被吐蕃占去的石堡城，在王忠嗣力辞朔方、河东节度后，玄宗随即问计王忠嗣有关收复石堡城的备战谋划。王忠嗣认为石堡城易守难攻，即使能够破城，也必然伤亡数万，不如顿兵挟制，厉兵秣马，以为后图。玄宗听后立时不快。

适逢将军董延光自请出战石堡城，于是玄宗命王忠嗣分兵助战。王忠嗣表面领命，实际并未策应董延光。当时柳城契丹首领之后李光弼在王忠嗣手下任河西兵马使，他看出王忠嗣的做法十分不妥，遂来劝解主将。王忠嗣感谢李光弼的真心，但其意已决，并表示假如主上追责，大唐仅少了一员战将而保全了数万将士的性命，其心也甘。李光弼听罢也大为感动。

如前预见，董延光逾期难克石堡城，便把责任归咎于王忠嗣助军不力。玄宗大怒，诏王忠嗣入朝，交三法司（大理寺、刑部、御史台）会审。史称王忠嗣几陷极刑，幸亏其部将哥舒翰得到玄宗赏识，于十一月辛卯被提为西平郡（鄯州，治今青海乐都）太守、知陇右节度，经其力保，最终于己亥日贬王忠嗣为汉阳太守。两年后，王忠嗣暴亡，时年四十五岁。

天宝七载，哥舒翰在青海湖畔建立神威军营垒。吐蕃来战，被哥舒翰领军击退。青海湖中有龙驹岛，哥舒翰又领军在岛上构筑了应龙城。唐军临水据垒，取得了青海湖的控制权，吐蕃踪迹遂难近湖岸。

天宝八载，即公元749年六月，陇右节度使哥舒翰受命领陇右、河西两镇驻军和突厥兵，以及朔方、河东的增援部队合计六万三千出战吐蕃，进攻石堡城。石堡城三面悬崖，只有一条小石路延伸至山下，城上积存有大量的滚木礌石，粮食充裕，吐蕃仅以数百人凭险据守。唐军连攻多日不能得手，死伤无数。哥舒翰急了，欲将部将高秀岩、张守瑜斩首。二将请得延期三日，挥兵再上，以人海战术终破石堡城，俘获吐蕃包括主将铁刃悉诺罗在内四百多人。唐朝官兵死伤上万，一如几年前王忠嗣的预判。

哥舒翰因功加官，受赐庄园宅第，其一个儿子还加封五品官。闰六月，哥舒翰既占石堡城，即以石堡城为神武军，派遣一部官兵于赤岭（即青海湟源西南日月山）以西开垦屯田，又发二千军卒戍守龙驹岛。但到冬天，冰封湖面，吐蕃大军云集，戍卫唐兵全部战死。

天宝九载冬，因为皇帝将在来年初行三大礼，杜甫遂上《进大礼赋表》文。有说法称，同时，杜甫就预献了三大礼赋，即《朝献太清宫赋》《朝享太庙赋》和《有事于南郊赋》三篇。天宝十载，即公元751年春，正月壬辰，皇帝朝献太清宫；癸巳，朝享太庙；甲午，有事于南郊合祀天地。杜甫的三篇文章得到玄宗的赞赏，遂受命待制集贤院，获得了"参列选序"的资格。可惜皇帝恩遇仅此而已，有李林甫在，像杜甫这样的文人士子亦无出头之日。

二月，安禄山兼领河东节度，自始统制三镇。夏四月，源于去岁南诏王反云南，杀云南太守张虔陀，剑南节度使鲜于仲通领军八万，征讨南诏（治今云南洱海地区）。大军兵分两路，各出戎州、巂州，进至曲靖。南诏王阁罗凤请和，并威胁如不应允将投靠吐蕃。鲜于仲通将来使囚禁，挥兵至西洱河，被南诏蛮人打败，大将王天运战死，损兵六万，鲜于仲通只身逃还。虽遭此惨败，但鲜于仲通并没有受到朝廷责罚，因为他的败绩被杨国忠给掩盖了。杨国忠本名杨钊，时任兵部侍郎兼御史中丞。得益于鲜于仲通的举荐，杨国忠从一个县尉擢迁朝堂。由于与杨贵妃沾亲，加之此人极善钻营，遂受玄宗宠信，"恩幸日隆"。

为挽回云南局势，朝廷于京畿及河南河北募兵。听说要攻云南，应募者寥寥，杨国忠指使御史分道抓人强征，甚至连有功勋可免之人也未能幸免，一时间百姓怨声载道。

与此同时，在安西都护府治下，安西节度使高仙芝计赚石国王，其王子漏网，投奔去了诸胡，欲引大食国进犯安西四镇（碎叶、龟兹、于阗、疏勒）。七月，高仙芝率领番、汉三万人马西出七百多里，进至今哈萨克斯坦江布尔的恒罗斯城，遇到了阿拉伯帝国黑衣大食的军队。两军相持五日未见胜负，唐军葛罗禄部突然倒戈，高仙芝中军遭到冲击，阵脚溃散，唐军随后大败。此役，唐军遭受到重创，仅剩几千人返回安西。

八月，安禄山领兵六万，出平卢千余里，抵吐护真河，逼近契丹牙帐。当时雨久，契丹人拼死抵抗，反把唐军杀得大败。安禄山人马尽丧，丢盔失鞋，在二十几个亲兵的护卫下逃了回来。惊魂甫定，安禄山遂杀左贤王哥解、河东兵马使鱼承仙，借以顶罪。

大概就在这一年，四十岁的杜甫完成了《出塞》曲九首的创作初稿。他借居长安，眼巴巴地盼望着皇帝哪天能够想起他来，委以重任。但是日复一日，佳音渺茫，到秋天还大病了一场。事实上，杜甫在其多篇诗歌的字里行间里已充分表达了他对时局和国政的独到看法。《前出塞》曲第六首的后四句："杀人亦有限，列国自有疆。苟能制侵陵，岂在多杀伤。"凭着这样的思想境界，与皇帝的任意随心迥然相悖，即便皇帝存心顾及，试问玄宗如何愿意将一个刺猬召在身边。

天宝十一载，即公元752年，三月，安禄山集结番汉马步军二十万，并奏请突厥人李献忠所部助战，欲图雪耻去岁之败。李献忠本名阿布思，降唐前为突厥西叶护，本就瞧不起亦为胡人的安禄山，但又怕遭安禄山陷害，干脆率部抢掠府库后叛归漠北。安禄山只好放弃了进兵的计划。

四月，杨国忠兼领京兆尹。十一月乙卯，李林甫薨逝于天子行在华清宫。庚申日，杨国忠擢升右相兼文部（吏部）尚书。堂堂大唐王朝，始终由奸佞小人当道，并不是说彼时小人显多，而是由于皇帝喜好使然。国运兴衰，按古时旧论，既倚仗臣忠，更在于君明。

时年冬，杜甫故友高适进为哥舒翰军幕掌书记，随哥舒翰入朝长安。历经多年，好友重逢，亦难揣测杜甫当时的心绪。两人暂集俄别，相赠以诗。

本来，玄宗想撮合哥舒翰和安禄山原本对立的关系，趁两人同时在京，指使高力士从中斡旋。不料二人在酒桌上再次吵翻，遂成终身死敌。其实，连安禄山自己也可能没有意识到，在其内心深处，他正霍霍磨炼着弑君之刃。所有的前因都将导致在不到三年的时间里酝酿成为一场旷世的浩劫。

【原文】《旧唐书·杜甫传》杜甫，字子美。甫天宝初应进士不第。天宝末，献《三大礼赋》。玄宗奇之，召试文章，授京兆府兵曹参军。

【原文】《旧唐书·哥舒翰传》明年，筑神威军于青海上，吐蕃至，攻破之；又筑城于青海中龙驹岛，有白龙见，遂名为应龙城，吐蕃屏迹不敢近青海。吐蕃保石堡城，路远而险，久不拔。八载，以朔方、河东群牧十万众委翰总统攻石堡城。翰使麾下将高秀岩、张守瑜进攻，不旬日而拔之。

第十六篇　玄宗觅活舍贵妃　张巡决死保睢阳

【典故与事件】安史之乱；雍丘之战；灵宝之战；马嵬之变；睢阳
之战

【经传与出处】《旧唐书》《新唐书》《资治通鉴》

唐玄宗天宝十四载，即公元 755 年，十一月甲子日，身兼范阳、平
卢、河东三镇节度使的安禄山在范阳蓟城（今北京大兴）起兵，历时八
年之久的安史之乱由此爆发。玄宗李隆基当政时期，开创了长达三十多
年的"开元盛世"。但中央政府过于宽松的政策治理，却也逐渐造成了皇
权统治亦过分倚仗于四方边镇的态势；以杨氏家族为代表的上流阶层的
内部矛盾已然凸现；面对前所未有的盛唐繁荣，各方势力针对政经领域
的所谓利益再分配的诉求日益高涨。而安禄山与宰相杨国忠之间的个人
恩怨则直接引发了这场有可能避免的战乱。

由于唐朝经历了百年的和平，人们早已淡忘了金戈铁马烽火狼烟，
一遇叛军来犯，几无还手之力，沿路郡县望风投降。不到一月，河北大
部、陈留、荥阳相继失陷。当然，河北诸郡长官也并非全是见风使舵之
辈，最有名的就是颜杲卿、颜真卿兄弟。颜杲卿时任常山太守，曲意逢
迎叛军，暗中联合河北诸郡共同讨贼，但毕竟寡不敌众，拒战六日，常
山郡迅速被叛将史思明攻陷，颜杲卿与其子及部属被押往洛阳遭安禄山
残杀。颜真卿是颜杲卿的堂弟，中国古代著名书法家，他自创"颜体"，
在楷书书法上有极高造诣。当时颜真卿是平原郡太守，他早预见安禄山

心存二心，由于备战充分，坚守了大半年，但唐军几路人马拥兵自保，颜真卿不得援助，最后只得弃守平原。

兵乱之初，安西节度使封常清受命在洛阳用十多天时间募得六万新兵，皆市井之徒、乌合之众，待叛军杀到便连战连败。是年十二月丁酉日，东都洛阳陷落。封常清领余部西去陕郡与副元帅高仙芝会合，稍做权衡后遂放弃陕郡，退守潼关。此时的玄宗早已气急败坏，对于身为监军的宦官边令诚的谗言也未加甄别，断然下旨斩杀封常清、高仙芝二人，致使朝中已无统军平叛的适当人选，只得拜因病在家的河西、陇右节度使哥舒翰为副元帅，汇各部人马二十万据守潼关。

哥舒翰是突厥人，以哥舒部名为姓，贵族出身，虽年初得过中风，但为人依然强硬，而宰相杨国忠胸襟显然狭隘，使得日后将相生隙成为必然。

天宝十五载，即公元756年，正月初一乙卯日，安禄山在洛阳称帝。安禄山，营州柳城（今辽宁朝阳）杂胡，粟特族，早年因与幽州节度使张守珪的渊源而开启了其非凡的军旅生涯，最后竟致三镇节度使、伪大燕皇帝。是月，安禄山遣其子安庆绪领兵进犯潼关，久攻不克。而同时，朔方节度使郭子仪领河东节度副使李光弼、朔方左锋仆固怀恩等在河东道击败北线叛军，进至东陉关，进逼河北。郭子仪武状元出身，当时年届六旬，其人勤谨一生，到晚年连受肃宗、代宗、德宗三帝恩遇。同月丙辰，济南太守李随暂任河南节度使，以许远为睢阳（今河南商丘南）太守、防御使。

二月，吴王李祇受命河南都知兵马使，单父县尉贾贲领兵两千进至雍丘（今河南杞县）。此时，贼将张通晤攻陷宋、曹两州，谯郡太守杨万石投降叛军，但真源县令张巡不从，起兵讨贼，自率精兵千人西至雍丘与贾贲会合。

张巡是开元末年进士，其兄张晓亦位居监察御史，张巡历任清河县令，期满归京后正遇杨国忠专权，但他没有去巴结以图显位，遂调任真源县令。下车伊始，县里有豪吏华南金仗势欺人、为所欲为，张巡行事果敢而有分寸，断然将华南金诛杀，但放过其余党，让他们弃恶从善。其在县简约署理政务，深得百姓拥戴。正遇国势危难，张巡率众在玄元皇帝（老子李耳）祠哭拜后起兵抗敌。

事犹巧合，业已投敌的雍丘县令令狐潮将俘获的淮阳兵百余人拘押在雍丘城内，不甘就戮的淮阳军卒趁令狐潮出城拜见叛将李庭望之际，窃得机会杀死守卫，冲将出来。贾贲、张巡趁势领兵进占雍丘城，张巡命杀令狐潮妻儿，枭首城上。令狐潮闻听大怒，也可能大悲，遂领军围攻雍丘城。贾贲出战阵亡，张巡骑马与敌力战，身上多处受伤竟置之不顾，终保城门不失。贾贲部遂听命张巡，死守雍丘。后张巡以战报呈吴王祇，吴王遂举张巡为兖东经略使。同月，李光弼受命河北道采访史，领朔方兵一万、太原弓弩手三千东出河北井陉，收复常山七县。

三月，哥舒翰诬杀安禄山族弟户部尚书安思顺、太仆卿安元贞，遂使杨国忠起兔死狐悲之感。乙卯日，令狐潮纠集叛军几路人马合兵四万复聚雍丘城下，城内唐军人人惊惧。张巡为鼓士气，留一千人守城，亲率一千人杀出城外。他把唐军分成数队，趁叛军立足未稳，轮番冲击敌阵，叛军只得后退。次日，叛军再攻，环城设置了百余座抛车，大石砸毁了城楼及墙垛，贼兵趁势蜂拥攀城。张巡命人在城上竖起木栅以作屏障，又拿蒿草沾上油脂点燃后从上抛下，烧退了敌军。这场攻防战一直延续了六十多天，张巡灵活运用战术，以两千来人历经大小三百余战，饭不解甲，带伤鏖战，多次趁敌攻城间隙出城反击，甚至于夜间偷袭叛军营寨，力保城池不破。

五月，朝廷召李祇为太仆卿，又命虢王李巨为陈留、谯郡太守、河南节度使。久驻雍丘城外的令狐潮终于气馁，下令撤军，张巡乘胜追击，俘虏二千胡兵，唐军士气大振。令狐潮气急，复至城下，用好语规劝张巡顺应天时。张巡答之，足下平生自诩忠义，"今日之举，忠义何在！"令狐潮怀惭而去。

六月，哥舒翰借故斩杀灞上守将、杨国忠亲信杜乾运，使得杨国忠由恨转惧于哥舒翰。当时郭子仪、李光弼复至常山，大败史思明，河北十余郡复易大唐之帜，战局对于唐军非常有利。为打击哥舒翰求得自保，杨国忠趁机进言玄宗，要求哥舒翰出潼关平洛阳。哥舒翰上表力陈己见，奏言安禄山置重兵于潼陕之间，以羸弱残兵相诱官军，实图西取西京，今各道征兵尚未聚集，官军宜据险以守。郭子仪、李光弼也上言，认为应引兵北取范阳，倾贼巢穴，潼关守军当固守待机，不可轻出。李隆基站在皇帝的立场上，自然不可能听从如上言论，随即武断下旨，严令哥舒翰领兵出击，不得延误。

六月丙戌日，哥舒翰含泪领兵出关。庚寅日，叛军主将崔乾祐率军大败哥舒翰前后两军于灵宝西原，二十万唐军仅剩八千多人逃回潼关。次日辛卯，崔乾祐攻占潼关。本来，哥舒翰还想在关西驿收拢残兵，以图收复潼关，不想被属下番将火拔归仁挟持东去，正遇叛将田乾真，便悉数投敌。潼关破关当日，哥舒翰派人急报长安，玄宗并未及时召见。等到了夜间，表示平安的烽火没有传来，皇帝才心生惊惧。

乙未日清晨，玄宗携在京的皇子皇孙、宰相杨国忠、贵妃四姐妹及兵部尚书韦见素、御史大夫魏方进等人及为数不多的宦官宫女，在左龙武大将军陈玄礼领禁卫六军的护卫下，过延秋门西出长安落荒而走。翌日丙申，行至马嵬驿（今陕西兴平西），六军哗变，诛杀杨国忠父子、魏方进及贵妃的两个姐姐韩国夫人和秦国夫人，杨国忠的头颅被用枪挑在驿门外。陈玄礼进见玄宗，转达了六军的愤怨，请皇帝亦拿贵妃割恩正法。无奈之下，玄宗命高力士缢杀杨贵妃于佛堂，一代国色死时虚岁三十八岁。

依据前因后果的逻辑关系揣度，马嵬之变与太子李亨脱不了干系。

应该说，弑父篡位的做法即便在社稷倾覆的险境下做出来亦显过分，那么与玄宗分道扬镳自行北上也可算得上是理想的选择。一俟李隆基得知自己被尊为了上皇，可想而知心潮喷涌，但也唯有默然无言。

同月己亥，安禄山遣孙孝哲领兵进占长安，以张通儒为西京留守。当时，河南道诸郡尽被叛军分割，雍丘城又被令狐潮围困了四十多天。得知唐玄宗逃往蜀郡，令狐潮遂书信招降张巡。张巡等人与外界隔绝日久，更不晓皇帝所踪，看过信后，有六名将官表示了投敌的意愿，张巡未置可否。第二日，张巡在帅府高挂皇帝像，参拜后下令处斩六人，军心就此稳固。

但张巡所面临的现实战情则愈加严酷。由于围城日久，城内军需粮草匮乏，坚守孤城谈何容易。是日傍晚，城外大河里驶来数百艘大小船只，是令狐潮叛军的军饷盐米运至，因临日暮未及卸船。夜里，张巡在城南聚集唐军，令狐潮亦调重兵扼守城南，以防张巡袭营。看准时机，张巡即派勇猛军卒出城，驴马衔枚噤声，趁黑摸到河边，抢夺回盐米千斛，其余点火付之一炬。张巡燃眉之急稍解，至于令狐潮的反应及感受，史书无暇顾及记载。

因攻防时久，城内唐军箭矢用尽，武库未及赶造。面对急迫军情，张巡又心生一计。他命人用枯槁扎成千余草人，披上黑衣，夜里用绳慢慢放下城去。城外叛军发现，以为唐军又欲偷袭，于是对准草人万箭齐发，以尽毙唐军为快。等射了很久，叛军始觉不妙，发现唐军从城上坠下的全是草人，遂息鼓松弦。张巡下令将草人拉回城上，但见草人从头到脚遍插箭矢，收集后竟计几十万枝。

此后几个晚上，唐军照旧下坠草人引诱贼兵。值守的叛军发现后不作理会，反嘲笑唐军用计愚钝。张巡果断派出五百精兵连夜突击令狐潮营垒，叛军猝不及防，四散奔逃。唐军趁势把叛军赶杀出十多里以外，并焚毁无数敌军营帐后才回撤入城。令狐潮连吃败仗，恼羞成怒，挥兵续围雍丘，并下令各路务必严阵以待，不准放一个唐兵出城。

　　此役，张巡首先虚张声势，吓唬贼兵，待诱箭成功后，即变化出"无中生有"之计，以假为真，袭战成功。如此意图，犹可使累受其害的叛军主将令狐潮判断失据，难辨真假。当时艰难时刻，张巡连续用计，倾本部御敌之本，以勇当先，相辅谋略，屡屡挫败强敌。难能可贵的是，与敌周旋数月，接连取胜的战果是在己方孤立无援的境况下，凭一颗忠心和一腔热血，将士合力，舍命拼杀取得的。史书评价张巡"博通群书，晓战阵法"，其斐然战绩之所以能够彪炳史册，亦在于他谋略抉择因势而断，灵活运用，战术指挥变化无穷，出敌意料。

　　但尽管贼兵屡遭败绩，围城日久，亦使唐军倍感吃力。张巡得报城内木柴已尽，于是传话令狐潮，说欲领兵弃城而走，请其解围让行。令狐潮求之不得，遂命四面各军后退三十里，任由唐军出城。唐军果然出城，拆除了贼兵在城外搭造的营垒房屋，将木料全部运回城里。令狐潮知道上当，怒至城外责问张巡。张巡故意晾了令狐潮一阵，才回话说，我把此城还与阁下，你须付我三十匹鞍辔齐全的战马，我好纵马离去，你也可唾手获城。事已至此，令狐潮想也没想，当即答应了张巡的要求，很快就把三十匹战马拉到城下，交与了唐军。

　　张巡将马匹分配给平素作战骁勇的战将，嘱托他们当贼兵复至，各斩一将为要。次日，令狐潮见张巡按兵不动，终于回过味来，又到城下要张巡答话。张巡敷衍说，我本欲走，奈何将士不从。他让偏将雷万春立于城上拖住令狐潮，自去检视准备出击的将士。雷万春没说两句话，贼兵一排弩箭射至，六箭直中面门。使令狐潮疑惑的是，雷万春竟然纹丝不动，以为是木头人所扮，便派人靠前看个仔细。结果去人回报，说果然是真人，唐将雷万春。令狐潮听罢大惊失色，见张巡复现城楼，忍不住扯开脖子向张巡喊道，足下军令严明从雷将军之举可得一见，但这未免也有失天道吧。张巡反唇相讥，你"未识人伦，焉知天道"。话音未落，城门洞开，三十员战将飞马杀出。令狐潮本想攻城，但未完成列阵，被唐军一阵冲杀，只得慌乱后退。唐军三十人斩百余贼兵，擒敌将十四名，军械牛马也得了不少。又遇挫败的令狐潮只好归整军队，移驻陈留郡再作打算。

隔不多久，叛将瞿伯玉率步骑兵七千屯驻白沙涡，张巡探得消息，果断率军星夜突袭，大败敌军。收兵经桃陵（今河南杞县东南），又遇四百贼兵增援，尽数俘获。唐军把其中的胡兵分辨出来，全部斩杀，并遣散了荥阳、陈留等地的胁从兵。凭此战，张巡所部声势远播，十来天里，从占领区来雍丘归附的百姓就达一万余户。

七月甲子日，李亨在灵武（今宁夏吴忠北）即皇帝位，史称肃宗，改元至德。庚辰日，玄宗抵达成都，随行而至者仅一千三百来人。当月，令狐潮与瞿伯玉又来骚扰，并派了四名使者前来招降张巡。张巡立斩四人，随从则绑赴吴王李祗治所。至七月，雍丘城被围了四个月，城外常有贼兵数万，而张巡手下将士仅三千有余，每与敌战，必取胜而还。虢王李巨其时领河南节度使，进驻彭城后遂授张巡先锋印。

八月，贼将李庭望率番汉二万人欲东取襄邑（今河南睢县）和宁陵，夜晚扎营在雍丘城外三十里。襄邑、宁陵珠联于连接彭城的通道上，两城一旦陷落，雍丘城的处境将极为不利。于是张巡亲率三千刀牌手出城掩杀，歼其大半。李庭望率余部趁夜逃遁。

九月戊辰日，肃宗离朔方灵武。投靠叛军的宦官边令诚逃还，肃宗降旨将其斩首。

十月，肃宗以北海太守贺兰进明领河南节度使。甲申日，雍丘城外，令狐潮与叛将王福德复引万余贼兵来攻。张巡部众虽悬殊于敌，但早不再把令狐潮放在眼里，即刻领军出击，斩敌数千。十一月，令狐潮率一万人马驻扎于雍丘城北，张巡遣雷万春率四百骑兵出击，不料被贼兵包围，张巡领军后援，大败令狐潮，贼兵遂远遁而去。

十二月，贼兵攻占鲁郡、东平，济阴太守高承义投敌。李庭望、令狐潮驻屯杞州；虢王李巨弃彭城，退守临淮，形势愈加危急。为切断张巡后路，叛将杨朝宗率马步军两万欲取宁陵。张巡料雍丘已不能守，遂领全军计骑兵三百、步军三千东去宁陵驻守，又至睢阳郡面见太守许远及城父县令姚訚。是日，杨朝宗进至宁陵城西北，张巡、许远各于宁陵、睢阳出兵接战。在宁陵城北，唐将雷万春、南霁云领兵与敌昼夜拼杀，交战数十回合，大胜叛军，斩敌将二十、贼兵上万，汴水河里浮尸满江，顺流而下。杨朝宗当夜远遁。

经此战，移镇彭原的肃宗敕命张巡为河南节度副使。张巡又为将士向虢王李巨请功，李巨未赐财物，只给了折冲、果毅都尉的空名告身三十通。所谓空名告身，即是未填名姓的委任状。唐代有别于他朝的一点，即不以封地酬功臣，而以官赏功，即便封爵亦是虚名，其中利弊，不做赘述。因泛滥封官，告身已形同废纸，大将军空名告身一通只够换一顿酒喝。张巡修书李巨，谏言社稷危难之秋，不应吝赏惜物。李巨未加理会。

至德二载，即公元757年，正月，安禄山在洛阳禁宫被其子安庆绪与中书侍郎严庄合谋使宦者李猪儿执刀砍破肚子而死。李猪儿是安禄山的内侍，契丹人，年少时就跟随安禄山，却遭安禄山亲手阉割，内心总存隐恨，又受严庄恫吓，遂操刀弑主。安庆绪即位，封严庄御史大夫并冯翊王，遣尹子琦率胡兵十三万进攻睢阳，欲图江淮。许远向张巡告急，于是张巡带三千人马自宁陵合兵睢阳，加许远部众总计六千八百人。

睢阳堪称江淮门户，亦是南方贡赋南来西去的必经重镇，地理位置极其险要。贼兵复至城下便迅即展开猛烈进攻，张巡指挥将士昼夜抵抗，有时一天合计击退贼兵近二十次进攻。早前，许远部将李滔救东平不成反归降叛军，大将田秀荣暗中与之有联络。有人密报许远，称田秀荣晨间戴碧帽领兵出城，以为是与贼兵的记号。许远看见果如其言，田秀荣全军覆灭孤身返城，向许远再请领精锐骑兵出战，头上却换了顶锦帽。许远赶紧将此事告知张巡，张巡召田秀荣上城盘问。田秀荣抵赖不过，只得招认。张巡令军士在城上当着贼兵将田秀荣斩首示众，并亲率唐军出战贼兵。尹子琦部经不住唐军的奋勇冲杀，溃退而去，唐军获取不少车马牛羊及各类军需。张巡将战利品悉数分与将士，自己不留一件。此役历经十六天，唐军擒获敌将六十多人，杀伤贼兵二万余人。据此，许远以不擅军事为由与张巡作了职责分工，许远负责军需调度，张巡总揽战事指挥及谋划。朝廷后来下诏，拜张巡为御史中丞，许远侍御史，姚訚吏部郎中。

二月，郭子仪收复河东道诸郡。戊子日，肃宗移至凤翔郡（前称扶风）。

三月，张巡本欲乘胜出击陈留，不意尹子琦引兵又至。张巡慷慨言与部下说，本人受皇恩垂爱，坚守孤城唯愿一死，但诸位舍命报国身付荒野，却战功难酬，令人痛心！将士们听后皆群情激越。张巡命令宰牛犒军，全军饱餐一顿后出城迎战。城外贼兵见唐军只有区区几千人马不禁失笑，张巡与许远亲自擂响战鼓，然后张巡执帅字旗领军直冲敌阵，斩敌将三十余人、军卒三千。贼兵大乱，被逐出数十里外才止步。次日，贼兵又至，张巡即领兵接战，战至夜间，交锋数十回合，多次破敌。但贼兵毕竟广众剽悍，终于围城不去。

四月，朝廷拜郭子仪为司空、天下兵马副元帅，与兵部尚书王思礼合兵西渭桥，集结潏西，着手收复西京长安。叛将安守忠、李归仁据守京西清渠，两军形成对峙。五月，唐军兵败清渠，郭子仪退守武功。

此时睢阳城外连绵的麦田秸黄穗熟，尹子琦遣贼兵抢割麦子以作军粮。张巡在城上得见，遂于夜间擂鼓整队，作势出战。贼兵闻见，号令披甲挺刀，严阵以待。哪知唐军间歇擂响战鼓，并未开城，贼兵不得要领，在城外站了一夜。天明，唐军不再击鼓，都回营房睡觉去了。贼兵疲惫难忍，推过云车向城里探望，根本不见唐军出战的迹象，于是纷纷解甲归营，警戒松弛。张巡见战机显现，即领南霁云、雷万春等十余名战将各带五十骑兵杀出城来，直冲尹子琦中军大营，砍倒大旗。贼兵在营中乱作一团，唐军趁势斩敌将五十余人，杀兵卒五千多，大胜而还。南霁云在家排行第八，人称南八，此人勇武善战、箭法绝伦，因倾慕张巡品行遂跟随在其左右，助守睢阳。

当时贼军中有一胡人首领尽管兵败亦不服张巡，率领千余近卫骑兵至城下要张巡出来答话。张巡暗派数十名骁勇军卒埋伏于城下的沟壑里，手持钩枪、陌刀，佩强弩，令以击鼓为号，跃出杀贼。胡人首领自恃人多势众，疏于防备。策马近至沟畔，朝城上大放厥词，可能表达的是要张巡识时务向其投降之类的意思。正口沫飞溅，突闻城上鼓响人噪，疑惑中，身边侍卫已被突然出现的唐军砍翻了好几个。未等缓过神来，悍然看见唐军的陌刀长刃已横在其颈下，顷刻间便身首异处。胡人骑兵本欲营救主将，怎奈唐军弩机散发不得近前，眼睁睁看着唐军杀了他们的首领后一个个攀上城，登入垛口，一千人马盘桓城外，竟不知所措。

尹子琦攻城未成又添新恨，遂催动人马强攻睢阳。张巡见贼将过于接近城池前沿，欲使弓箭射杀尹子琦。但因不识其人难定目标，便故意削了段蒿秆射向贼兵，没有铁尖的蒿秆未伤贼兵半点皮毛，反使其大喜过望，举着蒿秆奔至尹子琦马前报告唐军箭矢已尽的新发现。张巡在城头看得真切，遂令南霁云飞矢射向尹子琦。南霁云是神射手，一箭流星飞去，直入尹子琦左眼。如何疼痛的形状几乎难以用文字描述，尹子琦一声喊叫，抱鞍败退而去。

本来，许远在睢阳城里储存有谷米六万斛，足够全城支撑一年。但李巨硬要许远拨出一半的粮食支应濮阳、济阴两郡，许远据理反对，但李巨坚持己见。等到分拨的粮食运抵济阴，该郡随即叛反，遂难挽回。七月，尹子琦领兵数万，瞪着一只眼睛卷土重来。此时的睢阳城内，军卒已减员至一千六百人，且饥饿疲瘦不堪，多数已无力拉开硬弓。府库仓廪告罄有日，军士们每天只能分得一勺谷米，无奈以茶叶树皮伴入煮了充饥。后来，为数不多的战马也被杀光吃尽。城外，唐军援兵的身影不见一个，而贼兵的军需补员如绵延长蛇纷至沓来。

情境危难之际，张巡更不敢放松戒备，他号令唐军修备护城器具，决死一战的信念浸漫全军。贼兵先以云梯攻城，云梯高如半弯彩虹，二百精兵预登其上，直接推进临城，试图腾越以下。张巡预先在城下挖了三个洞，等到云梯推至，三洞升出粗木，一木底端有铁钩，钩住云梯使其不能退；一木立于云梯前，使其亦不能进；又一木底架铁笼，内盛引火之物，烈焰腾起将云梯烧断，梯上贼兵均死于大火。贼兵又推来钩车，钩头所及之处，城上阁楼棚屋、掩体屏障遭其毁倒殆尽。唐军即用大木联锁链，链上有大铁环，据以将钩头敲折，又使革车将钩头挟入城上将其截断，然后释其车架，贼兵只得引空车而还。接下来的木驴战阵遭遇更惨，贼兵刚慢移到城下，唐军便以铁水由上浇灌而下，木驴瞬间即告瓦解，尽数被毁。

张巡的御敌之策都是实时临机应对，但是屡败贼兵。史书记载张巡身高七尺，怒时须髯尽张。镇守睢阳时，军民上万，每与人通名，遂识而不忘。他与令狐潮、尹子琦前后交战大小四百余场，杀贼十二万，临战指挥均不依原有战法，而令各部将领随机决断，不必动辄请示主将，以免贻误战机。张巡也有解释，他说今胡人来犯，云合鸟散，变化多端，各面战场情境各异，但战情转化只在瞬息之间，显然主将无法巨细俱应，只有允许各部临机应战，将士通心，方可御敌。每与敌战张巡必亲临战阵；平时诚意对待下属，用人不疑，疑人又处置果断；号令清晰，赏罚明确；与将士同冒寒暑，甘苦与共，由此属下部曲无不倾其死力。

由于睢阳是贼兵进袭江淮的跳板，是必须攻占的战略要冲，所以尹子琦更不罢休，竟在睢阳城外西北构筑土坡，间以柴木，累日加高，借此登城。唐军见此也不加阻挠，每晚趁黑夜于暗里掷松明、干蒿于坡中，接连十几天贼兵也未察觉。及至坡头高近城垛，唐军伺机顺风点火，因坡中夹杂尽是易燃之物，顷刻便大火冲天，浓烟滚滚，贼兵无法靠近灭火，眼看着大火烧了二十多日，余火才渐次熄灭，攻城大计遂告失败。尹子琦意识到难以强攻得手，于是下令在睢阳城外挖三重壕沟并立栅栏，决计困死张巡。

张巡遣南霁云先至彭城请援，守将许叔冀时任河南都知兵马使，见报未发一兵，只给了一些布匹应付了事。南霁云在马上大骂许叔冀，要找其拼命，许大将军躲在府里不敢露面。后来，张巡又派南霁云向临淮告急。南霁云带三十精骑冲入敌万人之围，左右开弓，贼将接连坠马，贼兵见状不敢近前，由此突出重围，只折损两名骑兵。见到贺兰进明，他倒反问南霁云，睢阳存亡已定，出兵何益。逼得南霁云甘以死罪担责，声言睢阳临淮唇齿相托，焉能不救。但贺兰进明慑于张巡功高声威，不欲成其美名，竟无意出兵。不过他也看中南霁云是个将才，欲留为己用，遂设宴款待，并令奏乐助兴。身临此境，南霁云悲苦交集，他流着眼泪说，昨天我出睢阳时，城里将士粒米未进已逾一月；今大夫不发一兵却广置筵乐，义之所在霁云难以独享，吃进嘴里也咽不下去；为表将令传至，就请让我留下一指以作凭证，我回去亦可以向张中丞有个交代。说罢，亮出佩刀，砍落一指。满座见之皆惊，不少人暗自流泪。

南霁云终于未吃一口就走了，难以言说此刻他的心境，当他经过佛寺时，悲愤之情喷涌当胸，只见他反身一箭射向寺内高耸的浮屠，矢入砖缝。南霁云留下一句，我平贼得归，定杀贺兰进明，以箭为誓。史书为此特意为贺兰进明作了开脱，因房琯为相时，贺兰进明在肃宗面前说过房琯的坏话，由此两人之间原有交恶加剧，房琯即以许叔冀为河南都知兵马使，据以挟制贺兰进明。许叔冀虽职位低贺兰进明一等，但亦为御史大夫，依仗所部精锐，不受进明节制。因而当张巡请援报至，贺兰进明既嫉张巡功高势大，又怕出师遭遇闪失反受许叔冀排挤，权衡再三未敢发兵。

八月，中书侍郎张镐代贺兰进明兼河南节度使。睢阳城内，军卒仅剩下了六百，张巡许远分城据守，张巡守东北两面，许远守西南两边。张巡与兵卒同吃茶叶充饥，也不再下城回家。一日叛将李怀忠至城下，张巡问他投敌多久了，答，两年。又问，阁下祖、父辈是否曾在大唐为官，回答说是。张巡说，你家世代为官，食天子俸禄，又何投贼，把箭头指向我？李怀忠说，此言差矣，我昔日为唐将，出生入死鏖战多场，今从贼走也是天意。张巡劝诫说，自古反叛终会平灭，到时阁下父母妻子儿女势必株连随你赴死，问你于心何忍？李怀忠语塞，掩面而去。不久，即带部众数十人去贼归降了朝廷。往往贼将来攻，张巡便用好言逆语劝说，要他们不受胡蛮蛊惑，弃恶投明。凭一腔凛然正气，张巡前后说降叛将多达二百来人。

后来南霁云无奈转道真源，得李贲送马百匹。又至宁陵，守将廉坦分兵三千与之。闰八月，戊申日，南霁云趁夜领军突进睢阳，贼兵层层堵截，进至城下时仅剩千余，其余大都战死。当时正值大雾，张巡听到城外是南霁云的声音，急令打开城门，南霁云挥师入城，还从贼营牵过数百头牛一同得入。当然，牵牛人，有可能，数百，亦是虚词。唐军将士既喜又悲，相对而泣，都知道外援已无指望。

睢阳城坚守大半年，至此，业已到了山穷水尽的地步。剩下的军卒因不得补给气力皆乏，犹难临战。张巡许远也考虑过弃城突围的可能性，但鉴于睢阳城的战略位置及军卒们疲弱的现状，显然弃城亦难成功。他们认为，古时战国诸侯遇变都能相互救援，何况近在咫尺的同朝各军将帅。所以张巡选择了坚忍，他没有放弃，为穷尽一切资源，做出了骇人心魂而难以想象的举动，当时的景象极其惨烈。首先，张巡表明了自己情愿为国舍身的鲜明态度，他对兵卒们说，大家长年不得饱食而忠义之气不减，我作为主将，恨不得割自己的肉给大家吃，哪有为爱惜一妾而坐视大家饿死的道理。随即，把爱妾杀了，煮后分与大家吃。军士们不忍进食，坐在地上都哭了。张巡以小名节换大仁义，强令大家吃下去，好存得一丝气力与贼寇拼战到底。后来，许远也把他的奴僮杀了让大家吃。接着，便吃城中的妇女，妇女吃尽又吃老弱男子。被杀的人都知道今遭在劫难逃，无人抗拒，一个个引颈就戮，惨然赴死。直至竭尽一切能吃的东西，网罗鸟雀，掘地抓鼠，甚至将铠甲弩机上的皮子也拆下，聊以充饥。

张巡有个姐姐嫁与了陆家，李巨退往临淮时曾当道拦阻劝其不该退缩，当然李巨不听，还赐百匹重绢与她，也没受。其来到张巡军中为将士们缝补洗刷，大家都称呼她"陆家姑"。后来也未幸免。

九月，肃宗以广平王李俶为帅，领李嗣业、郭子仪、王思礼前中后三军二十万人兵发凤翔，进军长安城西，屯兵于香积寺以北澧水以东地区。癸卯日，唐军收复西京。十月戊申日，李俶率部大败叛军于新店，攻克陕郡。

十月癸丑日，贼兵登临睢阳城头。城上将士奄奄一息，眼看着贼兵翻入城内，无力抵抗。张巡、许远均被俘，连同士卒仅剩几十人，算上城内存活的百姓也只有四百多人。张巡被缚，亦不忘慰勉将士不必惧怕，死乃天意。作为战胜者，尹子琦还要问张巡一两句：听说阁下每与我战，必大呼小叫，瞪破眼角，咬碎钢牙，何以至此呢？张巡答道，我欲生吞尔贼，怎奈力不从心。尹子琦大怒，用刀撬开张巡的嘴巴一窥究竟，果然张巡的嘴里只剩三四颗牙齿。张巡破口大骂，我为君王尽忠，死不足惜，尔等依附反贼，怎能长久。

尹子琦敬服张巡节义，被骂狗血喷头亦杀意未决。他手下人劝他，张巡以忠义为先，哪肯为我所用，何况他在梁宋（睢阳）亦有威望，留下必成后患。尹子琦即用刀架在张巡脖颈逼其屈从，张巡慨然不动。又招南霁云投降，也没有回应。张巡朝南霁云喊道，南八，壮士俱不畏死，不可置己于不义。南霁云笑言，我也想有所作为，中丞您是知道的，今日何敢畏死！如此，张巡、南霁云、姚訚、雷万春等人先后遇害，共计三十六人。贼兵又将许远等五人押赴洛阳，向安庆绪表功。

睢阳城破三日后，张镐救兵掩至，贼兵弃城，远遁无影。谯郡太守闾丘晓因违令缓进，被张镐杖杀。庚申夜，安庆绪逃离洛阳，临行，杀哥舒翰等被俘唐将三十多人。在偃师，许远也就戮身死。许远与张巡同岁，死时均为四十九岁。

睢阳城破十日后，即十月壬戌日，李俶进驻东都洛阳。乙丑日，郭子仪兵进河阳、河内郡。严庄适时归顺了朝廷，而尹子琦则在陈留被杀。十二月丁未，肃宗迎上皇李隆基归京，居于兴庆宫。

当时，很多人一方面叹服于张巡以死抗贼的高义，又因睢阳城里经历了人吃人的事实而于朝野频生争议。鉴于此，张巡的生前好友李翰特为张巡作传，褒议张巡以寡击贼，护佑江淮，几乎坚持到了官军灭贼的最后一刻。指出张巡守城之初，断未生食人之计，实属外援渺茫又须坚守城池的无奈之举。当时即有诸多名士支持这一观点，于是争议渐息。皇帝下诏，追封张巡扬州大都督，许远荆州大都督，南霁云开府仪同三司、扬州大都督，荫及子孙。

当然，人吃人的悲惨景象毕竟震撼人心，其后几年微词其实不断，直至当今亦存非议。也许蜚语难耐或为转移视线，代宗大历年间，张巡的儿子去疾上书控诉许远不忠，称张巡、许远同日被掳，而张巡等人遭剖胸割心，而许远及部下未伤毫发；其父临死亦骂许远二心；请求剥夺许远封号。皇帝要张去疾和许远的儿子许岘与百官评议，最后认为唯许远未在城陷当日遭屠显为事实，然许远亦为睢阳太守，生擒后再议处置也合常理。如说后死即或附贼，那么众多死于张巡生前的将士反诬张巡亦叛又该作何论？议罢，以去疾年幼，未能通其父志结语。

又近百年后，唐宣宗大中初年，续张巡、许远、南霁云画像于凌烟阁，称张巡河南节度副使、左金吾卫将军、检校主客郎中、兼御史中丞，许远睢阳郡太守、兼御史中丞，南霁云睢阳郡太守、特进左金吾卫将军。自始三人与卫国公李靖及鄂国公尉迟敬德比肩，享誉青史。

【原文】《新唐书·张巡传》城中矢尽，巡缚藁为人千余，被黑衣，夜縋城下，潮兵争射之，久，乃藁人；还，得箭数十万。其后复夜縋人，贼笑，不设备，乃以死士五百斫潮营，军大乱，焚垒幕，追奔十余里。贼惭，益兵围之。

【原文】《资治通鉴·卷二百二十》尹子奇久围睢阳，城中食尽，议弃城东走，张巡、许远谋，以为："睢阳，江、淮之保障，若弃之去，贼必乘胜长驱，是无江、淮也。且我众饥羸，走必不达。古者战国诸侯，尚相救恤，况密迩群帅乎！不如坚守以待之。"茶纸既尽，遂食马；马尽，罗雀掘鼠；雀鼠又尽，巡出爱妾，杀以食士，远亦杀其奴；然后括城中妇人食之；既尽，继以男子老弱。人知必死，莫有叛者，所余才四百人。

第十七篇　侬智高孤军反宋　狄武襄百钱祈神

【典故与事件】侬智高起义；假痴不癫

【经传与出处】《宋史》《续资治通鉴》《续资治通鉴长编》《宋史全文》《涑水记闻》《皇宋通鉴长编纪事本末》《孙威敏征南录》《宋朝事实类苑》《湘山野录》《武溪集》

宋仁宗皇祐四年，即公元 1052 年四月，广源（今越南广渊）州壮族首领侬智高自右江文村起兵，率众五千沿右江东下，一举攻破横山寨（今广西田东），主将右侍禁张日新、邕州都巡检高士安、钦横州同巡检吴香战死。义军随即顺流而下东南，直扑邕州州治，即今广西首府南宁，在轻易突破心圩防线后，快速杀至邕州城下。知州陈珙如梦方醒，急令通判王乾祐守来远门，权都监李肃守大安门，指使武吉守朝天门，多面防守，拼死抵抗。

其实暴动早有先兆，邕州司户参军孔宗旦觉察到侬智高部众的异常，多次提请陈珙加强戒备，但陈珙不以为然，反诬孔宗旦狂妄。直到横山寨陷落，陈珙亦不敢上奏朝廷。孔宗旦将家属送往桂州（今广西桂林），只身留守，誓与州城共存亡。他哪里知道，其同僚，即陈珙左右的大多数属官早已暗通于义军，邕州城内的军政状况已尽为侬智高所掌握。五月初一乙巳日，广西都监张立率军自宾州（今广西宾阳）前来增援，进入城中。陈珙亲自到城上犒赏援军，行酒刚过，城外义军便发起猛烈进攻，并很快得手，破城而入。宋朝官兵有千余人在此战中阵亡，陈珙、王乾祐、张立、节度推官陈辅尧、观察推官唐鉴、孔宗旦等皆被俘。

当时的北宋王朝虽开朝已近百年，但与北辽契丹、西夏党项亦对峙多年，其军事重心自然在西、北一线；国都开封位踞中原腹地，唯一可以倚仗的也只有黄河天险；尽管宋廷对所谓南蛮也有所防范，枢密院、中书省军政二府乃至皇帝都对此多有指示，但问题是南方各路、州表面上看军政机构完备，却限于财政桎梏及皇权执政思维，尚具维持之力而无应变之心，更没有把南方各族的疾苦哀怨落到眼里。而侬智高猝然发动的席卷广南东、西两路的起义或称叛乱，自然超出了北宋各级官员的前期设想，失利城陷也是理所应当。

侬智高是时傥犹州（今广西靖西）侬氏继承人，史载其父侬全福曾为傥犹州知州，后兼并了万涯（今广西大新）州及武勒（今广西扶绥）州，占据了左右江广源州的大部，由此触怒了交趾国李朝政权。交趾（今越南北部）是北宋王朝的属国，于宋初时取得相对独立，极具扩张其势力范围的野心。因侬全福公然与交趾对抗，不久遭交趾袭虏，最终死于交趾太宗李德政的刀下。侬智高当时亦处少年，与其母阿侬辗转傥犹州、安德州（今广西靖西安德镇）各地，重新汇集壮族部众，延续其父与交趾为敌的政治路线，并多番向宋廷广南官署示好，请求内附。但北宋统治者眼看着广源州遭交趾侵占却无动于衷，竟称"广源虽号邕（州）管西羁縻州，其实服役于交趾"。羁縻州，即相当于少数民族自治区，宋廷从上到下既没有为此与交趾国翻脸一战的决心，亦置当地百姓的民心所向于不顾。把所谓的蛮夷看作番邦外国，接纳的心意和安抚的策略远未形成。

其间，侬智高一度为交趾所擒。不过交趾亦以怀柔政策将其释归，许以广源州知州。随着侬智高成长为气血青年，其与其母阿侬先后在傥犹州及安德州建立大历国和南天国，并很快与交趾国彻底决裂。可惜的是，其频频向大宋请以归附的希望一次次遭后者拒绝而破灭，进退无路的侬智高在与广州进士黄玮、黄师宓及侬建侯、侬志忠等人共谋下，看准广南各州地方长官疏于防范的良机，遂毅然破釜沉舟，以"据广州以自王"为最终目标，聚集部民五千多人自右江起兵，突然发动与大宋王朝的岭南争夺战。

既占邕州，侬智高检视军资府库，找到了先前其上书宋廷请为内属的金函表文，这才意识到知州陈珙根本没有把他们这帮南蛮放在眼里，亦未上奏朝廷。侬智高遂令将病目迷茫的陈珙推出，连同其属官及张立一起斩首。张立、孔宗旦临刑大骂不绝，可叹身首异处。后来，孔宗旦得朝廷赠为太子中允。李肃、武吉、武缘（今广西武鸣）令长梅微之、支使苏从等因与黄师宓有旧，而捡得一命。至此，侬智高及其部众与北宋朝廷之间亦已无法弥补新生的仇隙。侬智高遂于邕州建立大南国，自称仁惠皇帝，年号启历，并大赦其境。黄师宓、黄玮等人皆得宋制官名，起义军部众迅速扩大至万人。

五月癸丑日，即邕州城破八天后，侬智高率众沿郁江（本河段今称邕江）东进横州（今广西横县），知州张仲回、监押王日用弃城而逃。丙辰日，侬智高兵进贵州（今广西贵港），知州李琚也已弃城；过三天庚申日，义军过浔州（今广西桂平）进入龚州（今广西平南）境内，知州张序望风而逃；次日辛酉，起义军横扫藤州（今广西藤县）、梧州（今广西梧州）、封州（今广东封开），侵入广南东路。封州州治没有围城壕堑，守卒总共才百人，知州曹觐时年三十五岁，他不听属下适时避战的劝说，仍令都监陈晔引兵抗击，封川令长率乡丁、弓箭手跟进。但是双方实力相差太大，义军很快占据上风，打散了封州兵卒。曹觐还想抵抗，被义军生擒。义军原本想收降曹觐，多次劝其归顺，并以官爵女色相诱，均遭其严词拒绝。在船中关了两天，曹觐亦绝食不从。他把藏在怀中的州印交给其从卒，嘱咐说等他死后，走小道把印绶上交路署。义军知利诱无果，遂将曹觐杀害，死尸扔入西江（珠江下游段）中。《宋朝事实类苑》称曹觐被"反贼"烧死在河滩上，临死骂声不绝，誉为忠孝节义之士。事后曹觐得朝廷追赠为太常少卿，封妻荫子。

壬戌日，侬智高部众顺流南下康州（今广东德庆），进逼州城。知州赵师旦到任才一天，侦骑回报，说"贼寇"沿江而来，自邕州以下各州皆已不战弃城（此言可能有事实依据）。赵师旦斥道，你也欲叫我逃跑不成。遂令搜查城中细作，抓获三人立斩以振军威。实际上康州城仅有士卒三百，由兵马监押马贵领军，孤城以待。康州与封州又近在咫尺，义军一日即进至城下。马贵引军开城迎战，杀伤义军数十人。正值日暮时分，义军只得退却。赵师旦的妻子当时刚生完孩子，赵师旦取出州印交给妻子，让她抱着孩子出匿山中，说，明日"贼寇"必将蜂拥而至，我知道难以却敌，但我不可以临战脱逃，你留下等死不值得。其妻遂随知州僚属家眷出城避难。赵师旦与马贵率部卒固守州城。吃饭时，马贵不能下咽，独赵师旦饱食如常。夜里，马贵辗转不能眠，而赵师旦则鼾声大作。天亮后，义军猛攻康州城，属下俱请避退。赵师旦说，战死阵前与引颈就戮，大家选哪一个？一句话震动了所有人，部众皆愿为国家赴死。所以到康州城破之时，竟无一人逃跑。后来赵师旦与马贵退进府衙，赵师旦据坐正厅，箭杀义军数人，并大骂其乃饿獠；又责问，朝廷哪里辜负了你们，竟敢反叛掠民；天子只需发一校兵八百人南来平叛，你们谁能活命。侬智高大怒，即令将赵师旦、马贵斩杀，纵兵焚烧康州府衙民居，以泄州人据战之恨。赵师旦死时四十二岁，后来，时人在康州为其建庙立祀，朝廷追赠其为光禄少卿。赵师旦早年曾在江山（今浙江江山）做过知县，颇受当地百姓拥戴，所以当其灵柩回宣城路过江山县时，当地百姓沿路送祭，连绵数百里，络绎不绝。

曹觐、赵师旦之流，自然凭着忠义浩然的正气，凛然面对侬智高部众的威逼与利诱，终不肯卖身求生和求荣。尽管付出了生命的代价，但还是挡不住义军东进的洪流。出现这样的结果，与当时各路、州的政治气氛有极大的关联。北宋仁宗皇祐年，其时所谓"承平岁久"，岭南各州城防缺失、兵甲无备，大多数地方官对保境安民的警惕性和责任心都显不够。甚至连曹觐抵抗"贼寇"的无畏事迹也可能与史实存在出入。分别由司马光、江少虞编撰的《涑水记闻》与《宋朝事实类苑》均记载，曹觐在义军进抵封州时换掉官服逃跑了，但不幸还是被义军搜获而最终遇害。在《宋朝事实类苑》里记有明确的说法，曹觐的一个朋友是广东路主管漕运的官员，在事后为其立碑时，将赵师旦的壮举嫁接到了曹觐的头上，毕竟曹觐为国捐躯是事实，其身前事或许有所欠缺也难匡正。

康州城破翌日，癸亥，义军突进端州（今广东肇庆），知州丁宝臣亦弃城而走。史书有论，欧阳修、王安石均认为丁宝臣曾与反贼接战，因士卒不力而去，所以认定两人有关丁宝臣的言论属"饰说"，与真实情形可能存在差异。

自侬智高率众攻占邕州，短短一月不到，义军横扫广南东、西两路，连破十州，侵入广州，突进三水。广南东路钤辖王锴领兵驻守市舶亭，远见"贼船"东来，不及请令，自行退守州城。丙寅日，侬智高兵围广州城。两天前，急报已至广州，知州仲简不信，反以为来人妄报，将告急之人关了起来，并下令，有传言贼兵将至者斩。史称仲简"性愚且狠"，以致广州百姓浑然不备。直至"贼船"近岸，百姓蜂拥避祸，多以金银细软贿门军，以求先入。混乱中形成践踏，致"死者甚众"，加上广州城围仅五里，许多人只得被拒城外。

当日，义军部众几十人"青黛涂面，跳跃上岸"，城外守军一触即溃，退守州城。留在城外的百姓遂皆转附义军，使得"贼势益张"。原本，海上巡检、右侍禁王世宁请求王锴分兵，以其所领水军与敌抗衡江面，但王锴不听。当"贼船"抵城，王锴又催促王世宁所部入城。王世宁弃船登岸，退至州城南门见到王锴，怒斥其不顾大义、惧战不进。王锴恼羞成怒，以王世宁违令将其斩杀当场。

朝廷最初的反应跟仲简差不多。当侬智高反情传至，竟要求进奏院不得转报各路州。所以知制诰吕溱进言，盗贼为患一方，宜令诸路共备，今封锁边防叛情，绝非良策。广州城外，侬智高截断城中水源，麾兵奋力攻城，日夜不息；其时进港海船多为义军所掠，义军俘获了一些东南亚土著，号昆仑奴，驱使他们登高楼车，以俯瞰城中动向；义军阵中还有发石车，以圆石为炮轰击城内，每发一石即砸死数人。好在前知州魏瓘筑城（有史料称子城）虽小，但砖墙坚固；城中凿井多口，亦使饮水不竭；城楼上置备的大弩杀伤力极强，弩发一箭便可洞穿甲胄。番将蒲亚讷带领士卒以火油焚烧攻具，义军连攻数日不能登城，攻势渐渐消减。

时英州（今广东英德）知州苏缄得知广州被围，谓其属吏说，广州与英州相邻，且为都府所在，今其州城危在旦夕，"恬不往救，非义也。"于是募得勇丁数千，由提点刑狱鲍轲带领，连夜南下，驻兵于广州城外二十里待机。而实际上，鲍轲原欲迁其家小往岭北南雄州避战，是被知州萧勃堵回来的。因此，他躲过了后来朝廷的追责，并差点升任广东路转运使。

其时，广州进士黄师宓为侬智高谋主的实情早已传得四州尽知，苏缄遂命人将其父绑来，即刻斩杀，大大震慑了义军的嚣张气焰。黄师宓是北宋失意文人的典型代表，侬智高弃守险关远攻广州，与黄师宓阴暗的用意存在着必然的联系。只是铤而走险的重大抉择，在行事之初就注定了最后的结局。像侬智高是否属于反叛还存在争议，但黄师宓则无论如何也逃脱不了这个罪名。随后，苏缄又杀了六十多名趁火打劫之徒，使受胁歧路者六千八百余人复归其业，稳定住了广州北部的民间局势。

壬申日，知韶州（今广东韶关）陈曙接诏受命，领兵救援广州。六月乙亥，朝廷以前屯田员外郎、直史馆杨畋为广南东西路体量安抚使；庚辰日，又以前卫尉卿余靖改任广南西路安抚使、知桂州。余靖、杨畋两人都处父丧丁忧期间，但朝廷用人在急，援例起复调任岭南；辛巳日，任命资州刺史张忠为广南东路都监；壬午日，擢升陈曙为广西路钤辖，令广东转运钤辖司发兵员军资为援。甲申日，朝廷拟以仲简知荆南，原以其"能守城"之故，殊不知广州城围十多天不破，皆拜前知州魏瓘置备之功，而州人对仲简的诸种行为早已怨恨至深。司马光在《涑水记闻》里记载，"贼兵"围广州，仲简命人偷偷准备了舟船，欲同家属择机逃离，还是其僚属政治立场正确，阻止了他这个后果难堪设想的错误计划。后来仲简落职筠州（今江西高安）知州，再迁刑部郎中，也算是对他公允的处置。

还是在甲申日，广、端二州都巡检高士尧率所部出击侬智高义军，战败于市舶亭一带。两天后丙戌日，朝廷任命越州知州、给事中魏瓘为工部侍郎、集贤院学士，复知广州，随后以魏瓘兼广东经略安抚使，调拨禁军五千，以其便宜从事；又以洛苑副使、兼阁门通事舍人曹修为广南西路同体量安抚经制盗贼。

北宋统治者为吸取李唐王朝灭亡的历史教训，扩大了直属中央节制的禁军编制，为使将兵分离，而实行了募兵制。由地方调遣的厢军、乡兵只应役使和团练驻留，不能算作是正规军，也没有什么战斗力。所以当开封告急或地方遇乱时，各路、州根本无力勤王或者抵抗。

丁亥日，彰化节度使、知延州狄青擢升枢密副使。狄青出身行伍，年少从军，曾于西北边疆与当时西夏各部族激战四年，战功卓著。其临敌出阵，常披头散发，罩铜面具，以鬼魅形象示敌，以致西夏军望之胆寒。后来狄青得到经略判官尹洙、时经略使范仲淹等人的提携，逐级由下层军官升任宋军高级将领。史称狄青"十年而贵"，累迁保大、安远二军节度观察留后，马军副都指挥使，直至枢密副使，相当于全军副总参谋长。因其由低层快速升迁到了高位，且缺少背景，以致招来言官议论。御史中丞王举正就说，狄青出身兵伍而入帷执领军政，不仅本朝未有先例，更可能触发四方微词，看轻朝廷。左司谏贾黯、御史韩贽等皆有此议。好在仁宗颇有主见，格外看重狄青的神勇与才干，并没有以御史之议为意。当然作为御史言官，不说白不说，说了也白说。瞎议论，亦是其职责所在。

不过仁宗为保全皇家脸面，在召见狄青时特意做出指示，要求他用药把当年"招刺"时留在脸颊上的字除去。宋朝沿袭五代时期的军中陋习，士卒入伍要在鬓颊上刺上番号小字，涅黑而成。狄青尽管年少从军刺字，面涅黑字也已经十多年了，但当时印迹亦相当明显。可是狄青却不愿奉诏，他指着脸上的字对皇帝说，陛下提携为臣居于高位，"不问门第"而因军功；"臣所以有今日"，皆由面涅所致；我愿留着刺字激励军中将士，拼战沙场以立军功。

戊子日，宋廷以宜州知州宋克隆为邕州知州，诏其收拢州属役吏，修缮城池，安抚百姓。跟从前继后的历次农民起义一样，侬智高义军一路过州破城，又一路弃守而去，尽管给各地州县造成了一时的恐慌乃至生灵涂炭，但终究不能持久将之控制在起义军的手中，其整体实力和势力范围都无法得以加强和扩大。

庚寅日，广州城外援兵又至，由广惠等州都大提举捉贼武日宣及惠州巡检魏承宪各领所部兵卒出击，与义军再次展开激战，结果两将战死阵前。到了丙申日，朝廷调兵遣将，以北作坊使、忠州刺史、知坊州蒋偕为宫苑使、韶州团练使，领广南东、西路钤辖；以礼宾副使王正伦权署广东路钤辖；诏广南东、西路遭"蛮贼"践踏州县，不得起催夏税。宋代设夏秋两税，夏税指夏钱，秋税即秋粮。随着年代更迭，是否可以以钱银替代实物，变动很大。

广州城围日久，官军与起义军激战数轮，不能退敌。有四次甚至堪堪挡住义军，不致破城。当时起义军在陆上三面围城，又有舟船数百，汇聚于州城南门外江面，基本切断了广州与外界的所有联系。番禺县令萧注，虽仅为一县父母，亦抱有平贼之志。史称其"磊落有大志，尤喜言兵"，他自城围中匿出后，招募了渔民水手两千壮丁及大批海船集结于下游江面。还未出战，正遇海上风暴连夜袭来。萧注指挥各船乘风溯江而上，纵火焚烧"贼船"。一时间江面上烈焰翻滚、浓烟满天。义军擅长丛林山地作战，并不习水战，而作为水军，其惯以制胜的战法就是火攻。义军何曾提防着这一招，遇火顷刻大乱，众人跳船扑岸，大败而去。

广州城内守军遂大开南门（番禺县县门），接应外援，诸路援兵及职役民户车载粮草物资相继入城。广南东路转运使王罕亦领所募民兵同时进城，其还命人在南门外西侧树立鹿砦，加强城防。聚集于城西的义军主力分遣几千兵卒赶至逆战，被王罕部众协助守军合力击退。自此外援粮草皆由南门转进，义军终究无法撬动广州城门。

侬智高初围广州时，王罕正巡按在梅州，听到消息急忙南还番禺县。时盗掠四起，州县已经失控。王罕以其官凭"移牒州县"，令以集募强壮民丁自卫乡里，保境安民，并杀了几个施暴的首犯，遂定一方州县。王罕入得城内，即与广州都监侍其渊等共修守备。听说自己的儿子已死于贼手，王罕亦不动容，也没有回府，晚上就睡在城上。

当然义军只是一时受挫，不久"贼船"便纠集复至南城外，封锁江面。经此反复，宋军的拒战意志遭到了打击，加上将士疲惫至极，军心已然不稳。一天夜里，有裨将与义军勾连，意欲投敌，引诱士卒下城，正巧被巡城的侍其渊撞见。侍其渊拦住众士卒说，你们投降"贼人"，必被驱为其奴仆，回其巢穴担当苦力；朝廷还要诛灭你们全家，父母妻子难再活命；不如大家并力守城，既可保全个人家小，亦有可能记功受赏，阳关险道一辨可鉴。将士们听罢陆续返回城上，带头的裨将也不再作声。但此刻，城外接应的义军已经靠近城池。侍其渊赶紧去叫王罕，轻轻将其摇醒，问其所部还有无箭弩，王罕说有。于是两人立率弩手二十余人悄悄转至城楼侧翼，俯看大批义军已经越过壕沟，一些正蚁附登城，有几个甚至快到垛口了。随着侍其渊一声令下，弩箭齐射，迅速将义军压了下去。义军首领眼见城上有备，遂领兵退出壕外。一场兵变无形而终，一直到侬智高退出广州，侍其渊始终没有再提裨将谋叛的事。司马光在其《涑水记闻》里称，侍其渊活到八十多岁犹"气志安壮"，时任宰相、范仲淹次子范纯仁亦称其是积了阴德。

秋七月丙午，广南西路安抚使余靖受命经制广南东、西路盗贼，指挥平叛侬智高"反贼"，但广南兵马此时并不由其掌控。是月，蒋偕领所部人马连续行军十七日，驰援至广州城下。入城后，蒋偕未及与广州署衙诸官寒暄就责问仲简，阁下拥兵龟缩城内，既不出击杀"贼"，又纵容军兵暗屠平民以求嘉赏，所罪可斩！仲简尽管理亏，但毕竟惯于宦海，遂反唇相讥，哪有团练使欲斩侍从官之理！蒋偕怒道，我手中之剑连封疆诸侯亦可斩得，"何论侍从！"左右属官赶紧上来解劝，才避免了两人进一步的冲突。

面对当前形势，朝廷开始有所动作。枢密院呈文，认为"蛮贼"党徒已过二万人，每日用米即超五百石，如得不到粮食补充，其势必不能久，须法外另行禁止广南地区的粮食交易。辛酉日，遂诏令凡供给或卖与"叛匪"粮米者，主犯一律斩首，从犯发配岭北牢城，辎重车船没收。

广州城围五十七日，侬智高审时度势，既不能破城，大宋援兵又四面围集，战局对义军已显不利。壬戌日，侬智高部众全军解围而走。由于苏缄与洪州（今江西南昌）驻泊都监蔡保恭率领包括鲍轲所部总计八千多人据守在边村渡一带，沿江设置了横亘达四十里的树枝、巨石，义军只得绕出数十里，经沙头渡江，试图西渡北江，经清远县朝连、贺两州方向撤退。

时广南东路都监、英州团练使张忠刚由朝廷任命，自京师赶到广州外围战场，遂统领苏、蔡所部阻击义军。但这支八千多人的部队，人数虽不少，其实乃"乌合之兵"，战斗力有限。而义军作战相当强悍，双方刚一接触，宋军前锋即告溃败。时人腾元发所撰《孙威敏征南录》中记述，"贼寇"擅用"蛮牌捻枪"，"众进如堵，弓矢莫能加，久为南患"。蛮牌就是用藤条编成的盾牌，经多重工序制作完成，质轻而坚韧，尺寸又相当大，足以遮挡全身；捻枪是当时壮族山民所特有的以竹为杆制作的标枪，在近距离作战时，其精准度和杀伤力都非常高；在战术上，侬智高义军已经形成了以俩人为小组、攻防协同的有效战法。从武器装备到战术思想，当时的义军并不逊于宋朝的正规军。当然侬智高的战略错误在一开始即已铸成，尤其后来竟敢于同大宋禁军展开正面决战，在战略层面的轻敌思想就更加明显。

当日，两方于白田陷入混战。主将张忠对其部将说，十年前我还是一个小卒，经立战功而致团练使；目下亦是立功之时，众将当奋勇杀敌。张忠不愧为一员骁将，在前锋被义军击溃后，亦纵马冲入敌阵，并且还抓住了两名义军头目。不幸马陷淤泥中，一时出不来，遂中"贼兵"标枪而亡。此战中，虔州巡检董玉、康州巡检王懿、连州巡检张宿、合州巡检赵允明、监押张全、司理参军邓冕等宋朝将官皆先后殁于阵前。

但义军尽管得胜，亦不敢恋战，很快夺路西去。因为蒋偕所部正追击而来，已在近前，所以苏缄的厢军乡兵虽然打了败仗，却捡得了义军之前劫掠而又丢弃的大批辎重物资，遂引以为功。得知"贼寇"由沙头渡江北来，坐镇韶州的杨畋急命苏缄弃守英州，并传令蒋偕焚毁储粮，领所部及其节制人马退保韶州。杨畋过于谨慎的战略安排招致其在月后便受到了朝廷对他的降职处分。不过史书也认为，由于朝廷赋予杨畋的权责有限，张忠、将偕的职衔均在其之上，身为使者他是很难协调岭南战事的。当然，话说回来，杨畋作为宋初无敌将杨业一门的后裔，就当时所为，确实勇武不够。

甲子日，广南东路钤辖蒋偕统兵与义军接战于路田，但广东地方武装平素缺乏训练，战时又缺少激励，士气不鼓，猝一交手就被义军杀得大败。蒋偕只身脱得性命，但其部将南恩州巡检杨遂、南安军巡检邵馀庆、权宜州巡检冯岳、西路捉贼王兴、苌用和等皆战死。史载蒋偕勇猛有余而沉稳不足，指挥决策过于冒进，败于强悍的义军本不足为怪。可惜蒋偕没有总结经验教训，以致月后落得身首异处。

八月，源于侬智高的"叛乱"，朝廷针对广南路州各级官员的转降任免决定陆续发出。初一癸酉日，广南西路转运使刘文炳首当追究，被连削五级，授筠州团练副使，以负失察及防御不力之责。其实刘文炳在任时间不长，按史书记载，至晚在皇祐二年，广西转运使萧固还在任上，只短短一年多时间，换谁也不可能使广西守备有大幅的改观。刘文炳的过失是，在签发上奏州事的公文里，对侬智高反前的动向没有过多提及。而萧固在其任上，曾多次提请朝廷加强边关守备，并呈请考虑侬智高几番提出的内附请求。但即便如此，丙子日，前广西转运使、司封员外郎萧固亦遭波及，降职吉州（今江西吉安）知州，仅仅因为他没有预见到侬智高会走极端。乙酉日，又降广南东路转运使王罕为监信州（今江西上饶）酒税。司马光在其所撰的《涑水记闻》中，对王罕的贬官多有不平。因为王罕在侬智高进围广州之初，反应迅速且具方略，其后又协助据守广州城，只因被困城内，所以依职呈文不能及时上奏。次日丙戌，朝廷追赠张忠为感德节度使，其父母、子女及弟皆得封赏恩荫。

丁亥日，朝廷擢升萧注为礼宾副使，因叛乱还未平息，暂原职权署番禺县事。《宋史·萧注传》有载，萧注一介书生，进士及第，但其后半生仕途皆领武官职衔，攻伐据守颇受赞誉，以致后来神宗皇帝亦委以守边重任。当然，其最引以为豪的功绩还是在侬智高包围广州时，由他出面招募的水军一战重挫义军并最后把义军赶跑，显示出其心怀统兵克敌的大将谋略与胆识。不过司马光在《涑水记闻·卷十三》中补充了一段事实，即其在珠江下游组建水军是由东莞县主簿黄固协助甚至可能单独受命实施的。当时的番禺县即原南海县，其县治就在广州城内，而东莞县正处珠江口沿海，黄固在当地即便不具人望也应该有些人脉。黄固在海边招募了数千青壮年渔民船工，船只百余艘，后趁夜袭驶广州城下，鼓噪惊走了"贼兵"，又领命继续逆流追击，迫使义军弃船登岸远遁。但黄固与广州通判孟造过从不密，后竟遭其陷害，以黄固所率舟民贩卖私盐及县府官钱有出入为由，治其罢官下狱，直到十年后英宗治平年间才得以平反授职。

戊子日，朝廷下悬赏令。诏告广南如有捕获侬智高者，授正刺史衔，赏钱三千贯、绢两千匹；获侬智高母者，授诸司副使、钱三千贯、绢两千匹；如抓获汉贼帮凶黄师宓、黄玮，授以东头供奉官、钱一千贯。辛卯日，苏缄获授供备库使，擢升在望。

九月甲辰，新加荆湖南路、江南西路安抚使孙沔南经鼎州，改任广南东、西路安抚使。原本孙沔请求武库拨付五千套战甲，但未获准，临行只派属兵士七百，以入内押班石全彬为其副职。

是月，侬智高义军转战贺州（今广西贺州）山林，蒋偕领广东厢军随进广西，其自领千余人驻扎于太平场协同调度各军。不想侬智高派出的各路细作情报搜集相当准确，把蒋偕中军的军机部署摸了个一清二楚。戊申日夜，义军潜入太平场。官军因连日奔战，又饥又乏，刚好于寨中以酒夜饮，毫无防卫。"贼寇"直接闯入中军大营，斩蒋偕于当场。随即大批义军跟进砍杀，大破官军太平场营寨，蒋偕部将庄宅副使何宗古、右侍禁张达、三班奉职唐岘等皆死于此战。义军清理战场，把蒋偕及其偏裨将的人头枭悬于树木之上，迅速撤离，留下那一幅令人心悸的惨相在晨雾中慢慢展现于白日之下。呛人的血腥味弥漫在空气中，而四处浸淌的污血早已凝固在了泥石之上。

六天后甲寅日，桂宜柳三州巡检、三班借职李贵率所部于龙岫峒遭遇义军。此刻的官兵已经闻贼色变，刚一接战即告溃败，李贵亦死于此役。丙辰日，朝廷下降职令，走马换将。降杨畋为知鄂州，归知谏院；以曹修为荆南都监；蒋偕为潭州都监；苏缄、萧注共掌广南东路都监兼管勾东西两路贼盗事。其时蒋偕已死九日，只是开封方面还未接报。鉴于广南两路的战事缺少协调，翌日丁巳，朝廷诏令余靖提举广南兵甲，督领平叛。

庚申日，侬智高乘胜破占昭州（今广西平乐）城，知州柳应辰逃跑。广西钤辖王正伦领兵与义军激战于馆门驿，最终战死。阁门祗候王从政、三班奉职徐守一、借职文海一同被杀。史载王从政被"贼兵"以沸水浇烫致死，临死骂声不绝。为避"贼寇"，大批州民藏身山洞之内，但无意暴露了踪迹，结果被"贼兵"在洞口放火，全部窒息洞中。王正伦后赠丹州团练使。

义军虽然连战连捷，横扫岭南多路宋军，但侬智高以战促和的战略意图从未改变。其领几万部众进击桂北漓水流域，威胁桂州甚至荆湖南路的目的，亦是为了震慑宋廷。反观北宋王朝，侬智高的"叛乱"不但使得开封朝堂手忙脚乱，更迫使广南地方军政官员或奔或战、生死由命，州县失控、百姓蒙难。所以当侬智高的和议请求通过特殊渠道传至开封，四帝仁宗不免动摇了其剿灭南蛮的初心。侬智高求和请降的条件是，朝廷许其为邕、桂等七州节度使，名归大宋，实控岭南。史书亦记，虽然当时朝廷已以孙沔、余靖撤换了杨畋、曹修经制瑶蛮叛乱，但战局远未扭转，宋军各部亦处被动境地，所以仁宗皇帝依然忧心于广南，所谓"天子为之旰食"。一般遇在这样的情境中，宋朝皇帝跟番邦作妥协是有传统的，好在北宋名臣梁适的一句话，坚定了仁宗一战到底的决心。彼时梁适正在枢密副使任上，他说，如若满足"蛮夷"欲壑之心，则二广就再不属于大宋朝廷矣。梁适尽管不是经科举入仕，而是承父名望推举为官，但此人为官做事的能力毋庸置疑，既敢做敢言，且胸怀远虑。

方略议定，仁宗遂与宰相庞籍商议，物色南征主将的合适人选。庞籍给仁宗推荐的是枢密副使狄青，而事实上其时狄青也已经上过表请求出征。翌日仁宗召见狄青，狄青以己军人身份，表示只有上战场拼杀建功才算报效国家，请求调拨番落骑兵数百，协同禁军南征，预见将很快拿获贼首，羁送京师。仁宗大为欣赏狄青的胆略和气魄，遂于庚午日任命狄青为宣徽南院使、荆湖南北路宣抚使、提举广南东西路经制贼盗事，相当于南部战区总司令。原本仁宗还想以入内都知任守忠作为狄青的副职，被谏官李兑阻止了。李兑以唐朝为鉴，究其权政衰亡的一个理由，即是以宦官为监军，致使主将受其掣肘，严重妨碍到了各部作战的主动性。仁宗接受了这一说法，遂罢遣任守忠。

冬十月丙子日，依照狄青的作战请求，朝廷诏令鄜州、延安府、环州、庆州以及泾原路各州在番落、广锐军中各选拔有战场经验的步骑五千人，转调广南行营。所谓番落，是指宋朝西北地区的羌人熟户部落，而广锐军是禁军中的骑兵部队，直属侍卫马军司辖制。按狄青所论，南蛮"贼兵"便于山林攻战，乘高履险是其擅长所能，所以大宋步兵很难与其对抗，以致每战必败，而西边番落骑兵自有其破杀南蛮悍匪的战法，以故伴随禁军主力南下，择觅战机。

有人提出南方山林沟壑，并不适合骑兵出战。枢密使高若讷的解释是，番族士卒善骑射，能耐艰苦，援山过岭如履平地，趁春夏尚早，瘴毒未发，北方将士可疾驰南疆，一战破贼，此乃顺天制胜之道。在这一谋略思想的主导下，狄青随即制定了以骑兵破贼的作战计划。可以这样认为，此计划应该得到了枢密院乃至皇帝本人的认可。换言之，狄青在统兵之前，就已经确定了破定瑶蛮的作战方略，而远在广南的侬智高对此则一无所知，更没有应对戒备。

宋廷拒绝请降的消息迅速传至，侬智高在与左右亲信谋臣评议决策后，遂领全军退却南下。其主力经柳州直向宾州，部分兵力分散经宜州（今广西河池）一带撤退。至于义军之前在桂北的行军路线，有说法称在九、十月间，侬智高曾一度率众进抵全州界，以威吓宋廷接受其提出的请降条件。这在逻辑上是说得通的，那么传说与史实是否存在差距呢？实际上这一说法在正史中未见有记录，包括由南宋李焘编撰的对宋初史实有详尽记载的《续资治通鉴长编》也没有片言留痕。有可能是义军的小股部队前探到了灌阳，至于是否抵达了州治清湘，那更是无从考证。全州时属荆湖南路辖区，在过分肯定孙沔功绩的《孙威敏征南录》中，更是言之凿凿地称，由于孙沔督促荆湖各州郡加强了战备，"贼以故不敢越岭"。而全州一线正处五岭西段，有越城岭与都庞岭分居南北，所以义军借此北犯的真实性存在很大疑问。

彼时，余靖节制广西各军驻留在宾州，探知义军南下，扔下辎重粮草迅速退往邕州。丁丑日，侬智高义军进入宾州，知州程东美早已弃城而逃。余靖兵出邕州，表面上意去杀贼，实际上是为战略转移，只留属将兵马监押协防邕州城。

己卯日，皇帝降空名宣头、札子各一百道，锦袄子、金银带各二百，下付狄青，用作嘉赏军功。表面上看，仁宗以两百张纸片及四百穿戴即换回上万将士为其死命，但在宋代，如有人立军功得此嘉奖，战后只要能够活着回来，其所得的荣誉和应功待遇还是相当丰厚的。

次日庚辰，狄青向仁宗赵祯辞行，统领禁军近两万人南征，广锐军及番落骑兵已各由驻地分路向荆湖南路集结。仁宗在垂拱殿摆酒，为狄青壮行。大军出发后，仁宗与群臣议论，认为狄青素有威名，"反贼"必然有所忌惮；其身边左右传令校尉，只能用其亲信，以免泄露军情；饮食起卧之际，更应防备"蛮贼"窃发偷袭。当时，对于镇压侬智高"叛乱"一事，最为心急的可能就是仁宗赵祯，皇帝遂使人飞驰狄青军中，将这层意思戒谕狄青。

翌日辛巳，皇帝再降手诏与狄青，针对岭南民生现状做出指示。诏书中言，从速招抚为躲避贼乱而遁入山林的百姓，使其归居复业；对于乘乱为盗者，如未杀人，或者受贼胁迫而能逃还者，一并释免。如已刺面，令自去除，官府开出凭据使其自便；若误为贼从而被杀者，令勘验识别，给钱米周济家属；遭遇焚毁劫掠的民户，权免名下差役；在役民户，可宽以假时，使其翻造修葺居所；各地城墙若遇战焚毁，或者本无城围及虽有城墙而不固者，令加紧修筑完固；武库器甲军需朽坏而不可用者，督促修缮重治。从这份诏书的内容上看，很像是在岭南叛乱平定以后朝廷所做出的相关政策调整，而在狄青率部南征之际，混乱的大宋朝堂并不见得能够对当时广南民间的复杂情势做出如此细致的安排。更进一步说，仁宗为保皇朝权柄、社稷不倒，一定免不了会降白色恐怖于广南。但他却大笔挥毫，把滥杀无辜的恶名给推得一干二净。以致民间的主流思想亦将后来狄青在邕州围剿义军残余及搜捕叛民而杀人无数的冷酷行径都归在其个人头上。

看到仁宗过分信任倚重狄青，右正言韩绛觉得有必要提请皇帝对待军中之将应当有所制衡。他说狄青身为武官，独掌兵权，窃议不可。仁宗只好再问庞籍，庞籍毕竟是从基层干上来的，深知为官做事的不易。他说，若以文官为副，狄青必然受制，然号令不一，又将贻误战机，"不如不遣"。于是仁宗再次下诏重申，广南所有军队将佐皆听狄青节制，若孙沔、余靖分路进击，亦可各自决断。之所以在狄青出征后还产生这样的议论，这还得归咎于宋朝统治集团对于前朝大唐政权崩溃在各地军镇将领分权割据炽烈至极之际而不免进行的心有余悸的反思，压制武将的自由权限以控制军队的指挥调度是以文官为代表的当朝文人士大夫的集体意识，包括皇帝在内，具有一致的思想认同。大宋朝重文轻武，历来实行厚禄薄礼的武将政策，武官当然不得重任，以致自北宋立朝直至南宋灭亡，举国经济文化鼎盛斐然，但相较军事实力孱弱的矛盾始终不能解决。当时募兵制度下的军队规模很大，但普遍战斗力不强。

甲申日，侬智高领部众再进邕州，知州宋克隆及兵马监押全跑了。史载宋克隆在义军离开邕州后重执州事，但其非但不整修城防守备，还纵使士卒扫荡诸山寨，滥杀逃民诈充盗贼，获一首级赏钱十千文。当义军复至，宋克隆根本无力抵抗，一遁了之。但他很快将为自己的失职付出沉重的代价，在侬智高起义失败后，朝廷迅速追责，剥夺其一切官爵，除名，杖脊，刺配沙门岛。尽管留了他一条命，但实际上他走上的就是一条不归路。沙门岛位于今山东蓬莱外海庙岛列岛，宋时专为看押犯罪的朝廷大员，一旦踏上该岛，必然九死一生，重生渺茫。

　　侬智高再占邕州，传信邕州三十六峒，招抚诸寨部落。其中实力最强的结峒，首领黄守陵，峒内鱼米丰饶，四面围山，对外只有一条通道。侬智高派人往结峒送去金珠，在写给黄守陵的信中他首先夸耀了一番自己的战绩，随后声称其将与官军进行决战，如胜将挥兵直趋荆湖，并把邕州让给黄守陵，如败则进结峒休整，向特磨道（今云南富宁、广南一带）借来战马，教习骑战，以作后图。黄守陵看罢，动了心，回赠侬智高糯米等物以表同心。但是，侬智高错误估计了当前形势，一方面未积极防御备战，另一方面却加紧伐木造船，扬言将再围广州。

　　辛卯日，朝廷犒赏广南军兵，拨付广东、西行营军士特支钱。月末庚子日，又令减除了广州岁贡蜜煎鲥子，并说明已在途者可归地方公用，遣还护送牙兵。十一月初四乙巳日，诏令广南东、西路安抚转运使，所属各州县修造遭贼害焚毁的房屋，其所用竹木，可以免除应纳税项。但显然这一税政影响轻微，所以后来更令减免了江西、湖南、广南多路在役供给军需的民户今秋十分之三税粮。

　　余靖作为北宋文官，尽管作战不行，但毕竟还有一点政治手腕。其属下昭州军事推官石鉴原为邕州进士，熟悉溪峒山川人情，曾与峒蛮有过交集。在石鉴自荐下，移驻桂北的余靖遂遣其赴邕州诸峒展开游说。诸峒蛮本受朝廷恩惠，对跟随侬氏造反存在顾虑，而石鉴凭借如簧之舌，很快安抚住了多处峒寨。其更使人向黄守陵晓以利害得失，离间了他与侬智高之间的关系。黄守陵遂由狐疑转为退缩，这引起了侬智高的极度不满。后来侬智高竟发兵来攻，被黄守陵击退，作为义军后路的结峒便

263

再不能有所指望。

余靖招抚了九溪峒蛮，许其首领各种官职，诸峒皆表示愿意助战官军。但在大战之前，朝廷顾虑更多，并连降诏书于广南。戊申日，下诏余靖，要求堤防诸峒，恐其暗藏阴谋，而为"贼寇"所乘。其实，余靖此时还没有把以夷制夷的设想臻于完善，他自言，只要诸峒不与侬智高站到一起，便已足够。乙卯日，诏示狄青，重申严禁广南民吏与南蛮有货物买卖，违者，按前诏，斩首示众，其家属仍迁往岭北牢营。庚午日，又诏魏瓘、广东转运使元绛，有鉴于侬智高仍然有东下的企图，敦促广东加强战备，告诫单依靠水军不可以制敌。

是月，狄青率部进至长沙，与其他各部相继会合。其中既有来自番落、广锐军的五千骑兵，还有北宋名将、知德顺军杨文广所领的陇西步战精兵。时孙沔已据湖南有日，其针对"蛮贼"的作战特点，治备了大批长刀、大斧。滤及南方水涝湿重，疟疾横行，是谓"瘴疠之乡"，孙沔亦命人预备了燥湿用具，及其他各类军需、饷钱悉数齐备。可以说，当狄青的军队与孙沔会合后，官军南征的所有远虑近忧皆已为孙沔所解。军需供给的完善充裕，一定是战事取胜的先决条件，所以公允评价，在平灭侬智高"叛乱"的过程中，孙沔的前期所为应记首功。

广南各部主将闻听狄青援军已近，纷纷要求麾下主动出击，争先立功。而按史书记载的当时军情，狄青在南下的路途中已下军令，要求各部按兵静驻，不可妄动。当然他所提防的，是怕"蛮贼"乘其劳师远来，杀他个立足未稳。但由于狄青还未正式接管广南军务，以致官军其后再次遭遇了金城驿失利。

不过，众口一词的杨文广大败于桂北的说法应该是子虚乌有。且不论狄青已有禁战军令在先，只就时点而言，此时的侬智高义军主力已经退至宾州以南，杨文广既要违反军令，又要与远在六七百里外的义军交战，谈何容易，自然亦不可能得胜。与史实较为接近的说法实际上是在后来余靖指挥攻占特磨峒的一系列战役中，杨文广所部一度兵陷陆郎城、西洋江地区，主要原因是由于山区丛林地理条件复杂，各路官兵协同不力所致，当然还有"蛮寇"拼死抵抗的因素。而除了桂北柳州以外，在广南多地、云南甚至福建地区都有杨文广平妖的传说广泛流传，神奇而生动。反过来可以说，发生在北宋中期官军平灭"南蛮"的战事不仅波及面极广且社会影响极其深远。尽管侬智高的"反叛"在历史上被定性为农民起义，是反抗封建专制统治、争取民族自由的正义斗争，但其毕竟给广南百姓带来了直接的伤害，也给南方各路州制造了巨大的恐慌。杨文广平妖的故事也就是在这样的民情之下口口相传在百姓群中，表达的是老百姓对于和平生活的冀望之情。

作为广南各军的统领，余靖也想在狄青到来之前有所建功。时余靖领知桂州，由原知浔州孙抗权署。传说孙抗与广西兵马钤辖陈曙有矛盾，其唆使余靖压下狄青军令，催促陈曙南击侬智高。陈曙认为不宜急战，让苏缄向余靖当面陈情理由，但遭孙抗驳回。在此情形下，陈曙只得领八千步兵南下邕州，于金城驿（今广西南宁东北）分驻七寨，观望不进。

十二月初一壬申日，前出的义军突然发起进攻，打了陈曙所部一个措手不及。由于陈曙疏于训令，接战伊始，许多士兵还在营中聚赌。陈曙急令东头供奉官王承吉领五百宜州忠敢兵披甲迎战，但仓促中前锋很快失利，遂导致全军溃败。殿直袁用等人随散兵一起逃遁，王承吉、白州长史徐噩等人死于战场。此战，有两千多官兵死在义军刀下，陈曙领残部丢弃了大部分器械辎重，退入昆仑关。

裨将李定是孙沔的部将，每临战，其父子兄弟七人齐上阵，骁勇善斗。先时孙沔遣其部驻扎在桂州、象州（今广西来宾象州）之界，后令移驻宾州。李定得孙沔严令，不可妄自出战。果然不久余靖欲使其出击"蛮寇"，李定不从，屯兵在昆仑关外。等到义军掩击宾州，遭遇惨败的则是陈曙的军队。也正源于李定的坚守不战，宾、象二州才得以保全。

戊子日，朝廷下书余靖，同意交趾国发兵合击侬智高的请求。之前，余靖上书开封，转达了交趾国李德政轮番表示汇兵讨灭"贼寇"的迫切愿望，但朝廷也揣摩李德政可能别有用心，所以久久未下决断。后来余靖又上书，说交趾诚意要约；本来侬氏就是其国"叛逆"，如驳其善意，万一李德政转怒助"贼"，于大宋不利；纵然其未能帮助灭"贼"，也可见二者分路离贰；又称其已在邕、钦两州预备了万人粮草，可付交趾军需。这样，朝廷遂准许了余靖的建议，诏以制钱三万贯赐交趾军费，待平定"贼乱"后再予厚赏。

狄青获悉此事的来龙去脉，大不以为然，立即上奏，称李德政声称将领步兵五万、骑兵一千赴援平寇，绝非实情；况且借外兵以除内寇，亦不利我朝。一个侬智高以万人横扫二广，朝廷竟无力讨灭，而要假借蛮夷之兵。但知蛮夷一向贪得忘义，如其乘机作乱，敢问以何御其南；恳请朝廷撤回请用交趾兵之令，并传文余靖，令其再不与交趾国使者接洽。

相较之下，孙沔对岭南战情的分析与判断则更为深刻成熟。在王师过南岭进入桂州后，孙沔在与狄青商议军情时，给侬智高预设了应对官军的上中下三策。上计，收拢人员物资，退保其巢穴邕特山上的侬王山寨（即文村）。官军不得急战，只能静待战机；"贼"取中计，则据守邕城，与官军持久攻守，疲顿王师；取下计，自恃连胜广南各军，急与我王师决战，以逞其雄心；今某揣度，其必出下计。正因其得一时天幸，横行岭南，已存轻我之心，然骄纵必欲急战，战则必败，王师一战可定二广；你我二人并力合谋，岂容狂徒逃脱诛杀；某遇事必报与太尉，我部亦归太尉调遣，以免军出二令。

太尉，是孙沔对狄青的尊称。宋初时虽有太尉之号，位列三公，但与秦制太尉有实质的差别。但狄青原为枢密副使，时掌宣徽南院使、荆湖路宣抚使，实领征南大元帅衔，几乎与太尉无异。史称孙沔无意美名，甘居狄青之下，大义胸襟值得称道。狄青听罢，当然非常高兴，文官武将能够做到如此坦诚，也算难得。所以后来狄青也承认，许多平寇的军事部署皆出自孙沔的谋划，甚至在回朝后，其对仁宗也做过这样的意思表示。当然，孙沔的分析与时任广南捉杀刘几的想法高度吻合，因为刘几是孙沔推荐上来的。在这之前，孙沔一定听取了刘几针对岭南战情的见解。

是月，禁军主力出桂州，兵进宾、象。当时的军事形势有些微妙，许多将兵对南征能否取胜不抱信心。明代冯梦龙在其编撰的《智囊全集》中，就讲到了狄青为振作军队士气而施行的御兵之术。当大军行至桂林城南，见道旁有一座庙，当地人声称庙里所供塑像通灵有时。狄青遂进庙祈告，请求神明指示胜负依据。随后，狄青取出百枚制钱，与神定约，如出战告捷则投钱尽显钱面。左右属官听此大惊，纷纷上前劝止。毕竟百钱一面，几无可能，倘神灵不称人意，徒丧军心。但是狄青不听，执意一试。一时万众屏息静视，但见狄青挥手一掷，百钱凌空坠落，皆为篆字钱面。瞬间，全军欢声雷动，声震旷野山林。狄青亦大喜于色，吩咐左右取来百钉，按钱原状疏密就地固定，以青缎覆盖。狄青亲自封盖好签钱，自称俟凯旋之日，再来取钱谢神。

正所谓"假作不知而实知，假作不为而实不可为"，尽管假痴的表象不好分辨，但真痴至癫，必然是要露马脚的。狄青掷钱一面，实际上他是做不到的。但他为激励军中士气，故意为之，看起来真痴似癫，谁会想到其内心还有更为深远的企图和谋划？此类"假痴不癫"的用计意图，对外可以迷惑敌方，对内也可以自如驭兵，虽是愚兵之计，但令行禁止、振作士气，是决胜的前提，非常时期并非不可用。所以一般常胜将军，反而没有智谋过人的名望和勇冠三军的声势。表面平庸之相，其实可能大智若愚。

皇祐五年，即公元1053年，正月初三甲辰日，狄青中军进至宾州，广南西路军政长官如余靖、陈曙等人同来迎谒。丁未日初六，朝廷复诏回文，令勿请交趾出兵。显然开封方面认可了狄青的主张，避免了大宋朝南疆其后可能出现的复杂局面。在当时，可能有人认为狄青是为己争功，俟南蛮平定，所有人都将会钦佩狄青的远略。

诸军汇合，狄青麾下包括配属车马辎重的军士总计已达三四万人，《宋史》中亦称其作战部队达三万一千多人。也正因为诸军从属各异，来源复杂，多路将领视主帅为同级，少有畏忌。每当聚将议事，总见多人各执己见，喧争不已，全没把狄青放在眼里。己酉日晨，全军开拔在即再次聚将。狄青向陈曙拱手行礼，陈曙刚起来还礼，即被狄青命人绑缚堂下。同座被缚的还有殿直指挥使袁用，堂外，陈曙所部其他校尉官共计三十二人一同被缚。随后，狄青斥责陈曙违抗军令及败战之罪，令下斩首。

按理，狄青作为经制广南盗贼事的主帅，仁宗皇帝应该会授予其绝对的权力，即可以临阵先斩后奏。但在北宋当时的政治氛围下，很明显先斩后奏的对象仅局限于其麾下一般将士。如要处置像陈曙这样几乎与其同级别的朝廷大员，应报经二院有司共拟，呈请皇帝最后定夺，且皇帝头上还顶着一条可能存在的"誓不杀大臣及言事官"的祖训。毕竟陈曙战败罪不至死，又况鲜有先例可循。所以余靖站出来想为陈曙开脱，说自己亦有节制责任。当然他不可能为陈曙承担失利的罪责，但广西路钤辖是其下职衔最高的武官，说两句好话也不算祖护。但狄青毫不买账，一句话回答，文臣无须为军旅担责。余靖只得与孙沔相对愕然，无言承应。这样，陈曙的死就避免不了了。

在宋时僧人文莹所撰《湘山野录》中，对陈曙被斩的细节有详尽的记述。不过，此段记录是借时任宾州知州程东美之口转述而来。程东美前因弃城，后获罪发配江陵，言语间明显透露着幸灾乐祸的意味。该文讲述，当陈曙猝然被绑，一时神情恍惚，一句话也说不出来，显然之前毫无思想准备。唯有裨将供奉官慨然无畏，叩首恳请狄青事后派人将其尸骨送归故里，与其未葬亡母灵柩同埋一处以尽孝心，则闭目无恨。狄青当场允诺，请二人不必担忧身后之事，一切由其代为安置。

文莹和尚没有明确这位供奉官的姓名，但能与狄青搭得上话的人，估计也只有袁用。时值寒春，两人即于廊下共饮断头酒。陈曙干号不已，酒食不进。但供奉官依然镇定自若，饮啖如常。他四顾周围士卒，自言其出身行伍，今陪绑崇仪使一同赴死，并不为憾。遂要来纸笔，挥墨写罢家书，随同三十多人一起被押赴市曹。

刑场上，用以裹覆尸首的被褥都已备齐。供奉官面北坐下，回头问刽子手，刀刃是否锋利，如一刀不能断我头颅，我到阴曹地府也不忘告你。言罢，人头落地。史书有记，狄青同时释放了张忠其弟张愿等所谓作战不利者多人；在场许多将领官员腿脚不禁战栗，自此再不敢仰望主帅狄青。一个殿中丞因弃城仅遭削职，一个崇仪使因战败却要被杀头。两人官爵不相上下，罪责大小也差不多，但结局却别于天壤。狄青为树其威，目的达成，但做法显然欠妥，甚至可能会影响到皇帝及朝廷其他官员心中对他的看法。只是因为后来狄青打了胜仗，所以仁宗对此有无责怪之意亦未表露。

翌日，狄青下令全军，调配十日粮草，拔营南进昆仑山。其领禁军为前导，孙沔居中，余靖所部在后。按地理学概论，昆仑山属大明山余脉，尽管为低山台地，但由于有连接邕宾两州的山道曲折其间，亦显出地势的险要。尤其是横踞山间的昆仑关，更有南天雄关的美誉。

当天傍晚，官军进至昆仑关前驻扎。本来，侬智高派在宾州的密探见官军多日按兵不动，已回报称未见官军有南进迹象，孰料时隔一天，官军已经尽出宾州。当然，即便狄青文韬武略兼具，并能于帷幕下做到深谋远虑，也不是所有的军事机密都能掩盖住的。义军密探亦已把官军中配备有骑兵的情况及其人数规模飞报了邕州。所以说在战前，侬智高是非常明确狄青所部的配置构成情况的。唯一他不了解的，是骑兵的战术战法。源于此前他取胜于官军的多次胜利，令其不自觉地放松了对官军骑兵的重视程度。而骑兵驰骋沙场的快速与凶猛，他之前从未见识过，更没有领教过。

又过数日，昆仑关前，官军依然踟蹰不前。时值上元节，狄青传令高挂灯烛，以应初元；并且放出风声，称其将与全军连饮三夜；首夜宴请将佐，次晚宴请中级军官，第三夜与军校宴饮。第一晚，中军营帐中乐饮至破晓。第二晚，风雨大作，夜饮如故。营外响过二鼓，狄青微恙入内，很久也不出来，传话由孙沔主持饮乐，代令行酒。其间狄青曾微微现身，数劝众人安坐续饮，以度良宵。直至拂晓，众人未敢告退。忽然斥候谍报传至，称前军昨夜占领昆仑关隘，主帅狄青已随前锋于三鼓时分通过昆仑关，令众将趋关外会食，即让大家到关南吃早饭。众将官既惊又喜，无不佩服狄青的气魄与胆识。拿狄青自己的话讲，"贼人"以为夜半风雨，他不敢来攻昆仑关，但如此重要的战略关隘，"贼兵"也没有严加防守，还会有什么作为。

官军各部趁势兼程南出岭外，进入较为开阔的谷地丘陵地带，距邕州城还有百来里路程。当侬智高及其智囊得知官军突破昆仑关后，只作片刻惊讶，便集结义军全部兵力，急出邕城，北向拒战。由于道路狭窄，官军队列连绵悠长，以致建制纷乱，将校前后失属。孙沔看出形势不妙，夜宿朝天驿时赶紧找狄青商议。其认为以目前兵行队列，如突然遇敌，短时间内一定难以聚拢应战。于是狄青当晚传令，各路各级将官务必管束从属部队，并保障军令畅达。

次日戊午，官军进抵归仁铺（今广西南宁三塘）路段，义军已经在前方列阵。远望义军，其部众皆着绛色外衣，手执藤牌、标枪；并列三阵，横截官道；遍野的火红映照着天空，其势气贯长虹。归仁铺距邕州城三十里，名出宋朝在邕宾沿路设置的递铺。因清代改驿站为塘，所以名称大变。邕宾之间在邕州段有头塘直至十塘，以传送公文的站点名称作为沿路地名。出邕州北门二十里高井岭有二塘，再北近十里为三塘，即宋时归仁铺。

辰时临战，狄青令步兵居前，骑兵拖延在后；如京副使贾逵、西京左藏库副使孙节分领左右前锋，突出阵前；以石全彬领左翼，刘几为右翼，其与孙沔、余靖居中军，令李定所部殿后。而侬智高为占先机，前阵皆为骁勇之士挺长枪排开队列，羸弱部众均列后阵。两军接战，义军依托低山土丘的有利地形，飞标刺杀官军。孙节见战局不利于己，试图抢占制高点，挥军冲至土山之下，却引来义军标枪如雨而下。孙节中枪死于阵前，右锋官军只能后退。左锋主将贾逵虑及所部忠敢军、澄海军皆由乡兵组成，首轮冲杀已有伤亡，如困敌阵必遭惨败，遂不顾狄青战前已下不接令不得妄动的军令，领所部快速占据附近山丘，凭高据守。

义军首轮获胜，气焰喧嚣。狄青平素亦器重于孙节，闻孙节阵亡不禁大惊失声、汗如雨淋，孙沔等人莫不因惧更色。但狄青毕竟久经战阵，稍做镇定随即调整部属。其令部将祝贵统领孙节余部；传令骑兵上鞍整队，准备出击；并先发三百骑迂回义军山后，以为奇兵。

阵前，贾逵部已经遭到义军的冲击。贾逵挥剑率众与敌拒战，因为地形利于官军，尚能维持。时值正午，狄青手执五色令旗登上高坡，下令骑兵主力分左右翼突击敌后。但见白旗挥下，番落及广锐军铁骑扬起沙尘，分队向义军两翼包抄而下。右班殿直"铁简"张玉率右厢突骑横贯敌阵，左右骑兵遂交击换阵。继而，两翼铁骑勒转马头，重排队列，再次相向冲杀。义军遭宋朝骑兵多番冲击，一时无以为计，三阵遭宋军分割，左右不能相顾，阵形遂乱。狄青即令步兵全线突击，以长刀、巨斧对抗义军盾牌，砍击声震彻旷野。

当侬智高意识到今番与己对战的宋军其战力、规模及所用战法与前大不相同之时，战局已向于己不利的方向迅速转变。实际上，侬智高在一年不到的时间内聚拢起来的几万义军，真正能堪精兵之名的也只是原先跟随其在安德州的强悍精壮之徒五千多人，大部则是少有战斗经验的汉民及他族部众。据此，冀望与训练有素、多经实战的宋军精锐抗衡相持，几无实现之可能。更何况侬智高所选择的预设战场过于开阔，虽间有丘石起伏，但仍便于骑兵部队回旋展开，同样意义上也就抑制了己方部众所擅长的攀登高、此起彼伏的强项战法的发挥。就战术层面而言，主将因轻敌而近似狂妄的决策是导致起义军失利的主因。

在官军优势兵力的轮番冲击下，义军逐渐溃败，最终演变成为一场难以逆转的大屠杀。史称归仁铺一役，官军捕斩义军二千二百级，只有五百多人被俘未杀；侬智高其下战将、高官黄师宓、侬廷侯、侬志忠等五十七人死在乱军之中；宋军骑兵一路追击十五里，因为慑于追击穷寇的风险，遂适时回兵。

日暮时分，侬智高领残部退回邕州城。官军尾随而至，于城外分部扎营。按孙沔的意思，趁势连夜攻城，一战定局。但狄青既有顾虑，也显沉着，主张以稳为先，不求急战。考虑到官兵不习南方水土；又值黄昏；瘴雾弥漫；有人害怕"贼人"可能会在水中下毒，士卒竟不敢饮取当地水源，狄青甚为焦虑。幸有参军来报，在高井岭军寨，发现有山泉涌出，汲之纯美甘甜，大军遂得以济。

夜晚，贾逵来到中军帐下参见狄青，请以不听号令之罪。狄青手抚贾逵后背，说，权宜违令，临机决胜，"何罪之有！"可见如不顾情势所需、结果好坏论，单就违令治罪，那么贾逵可能也没有好下场。但贾逵一定也已想到，此时的狄青断用不着再凭军令显威，胜战的威严其在几个时辰之前就已建立并正在扩展。

眼见大势已去，当晚，侬智高遥听宋营中起惊呼声，遂纵火烧城，引义军余部分路去城突围，由合江口撤往左右江流域山岭诸峒。次日天色微明，狄青引兵入城，遣裨将于振领兵向田州方向追杀"贼寇"，并将黄师宓等五十七人伪官人头枭首城上示众。当然首要至重之事，还是全城搜捕"反贼"余孽、甄别抓捕曾与"蛮贼"有过勾连的州民。形象地说，被白色恐怖笼罩下的邕州城，各处街口迅即为暗红的血色所浸染。几天下来，就有五千多所谓余寇及叛民被杀，官军搜获巨万金帛、九枚伪署官印，牲畜数千。

孙沔尽管趁晚间与狄青议定了旧城治政措施，不过白天的各部行动亦由狄青主导，最终孙沔看不过去，提出与狄青分治，后有数百人在其手下幸免留生。归仁铺战场，由裨将供奉官贾荣主领打扫战场，聚拢义军尸首合葬于归仁铺以南，为一巨坟。

此外亦有七千二百多人尝为"贼寇"胁从，如今"反贼"覆灭，终得慰遣回乡。彬县尉区有邻受命聚集全城各处被斩杀的"贼寇"尸体计三千二百二十八人于城北，加上被捕杀的"叛民"尸首，合计五千三百四十一具堆聚成山，覆土筑成京观。诚如余靖在其所撰《平蛮京观志》中所言，"血膏于原，弃甲如山；遗骸亘野，百里腥膻。"当时有人在死人堆里发现一尸着金龙衣，以为"贼首"。狄青断定这是侬智高的金蝉脱壳之计，并没有妄报朝廷以求殊荣。

当广南捷报传至开封，仁宗大喜。皇帝首先肯定了庞籍当初的举荐之功，要求宰臣立即议拟封赏广南建功将士的方案，自称"缓则不足以劝"。仁宗打算擢狄青为枢密使、同平章事。拿梁适的话讲，"功大赏薄，无以劝后。"但这一人事安排有违先皇惯例，所以遭到了庞籍的反对，仁宗只好暂且搁置此议，吩咐加封狄青的几个儿子为当朝显官。

甲子日，仁宗遣使抚问广南将校，赏赐军士特支钱。二月癸未，朝廷正式下诏，以狄青为护国节度使，复职枢密副使，保留宣徽南院使衔。乙酉日，以孙沔、余靖并为给事中，诏余靖留驻邕州，经制剿除余党并善后；石全彬领绵州防御使，狄青的两个儿子阁门祗候狄谘为西染院副使兼阁门通事舍人、右侍禁狄咏为阁门祗候；另以刘几为皇城使、知泾州，擢张玉为广西钤辖，追赠孙节忠武军节度留后，留杨文广为广西钤辖、知宜州；因金城驿失利之责，苏缄于月后被贬房州司马。

丙戌日，朝廷诏令广南西路都监萧注会同内殿崇班、邕贵七州都巡检使王成与东头供奉官于振合力追捕侬智高。己亥日，又诏以萧注权知邕州。

是月，狄青返归京师途径桂州，一行人来到昔日祭拜神灵的寺庙前。狄青命人将封于此地的签符制钱取出，传与众将与幕僚细睹。众人一看恍然大悟，原来铜钱两侧皆镌为字面，任凭狄青随意抛洒，自然百钱落地同为一面。

四月初三壬申日，狄青还朝，皇帝于垂拱殿摆酒为其贺功。同期孙沔也由岭南回到朝中，为表彰其功绩，仁宗解下自己身上的御带赐予孙沔。壬午日，仁宗依孙沔自请，命知杭州。

五月乙巳日，枢密使高若讷罢为尚书左丞、观文殿学士，狄青进位枢密使，石全彬于年后除观察使。丁未日，宋廷将正往杭州赴任的孙沔召回，命以枢密副使；以余靖为工部侍郎。据史书寥寥数言可知，狄青前前后后在枢密院待了四年，但领枢密使衔的时间则很短。因为就在第二年即至和元年三月己巳日，史书明确记载，河阳三城节度使王德用以七十六岁高龄接替王贻永为枢密使。在不到一年的时间内，枢密院正职连换了四任，据此判断狄青在这个位置上当然也坐不了几个月。

侬智高退入左右江地区后，并没有甘心于失败，其收拢残余部众，力图再攻广南。毕竟山川之利犹在，西山诸蛮六十部族亦依附于其，翻本的机会远未变得渺茫。作为广西军政长官，余靖虽挟胜战之余威，占据主动，但欲迅速荡平蛮寨、铲灭余寇也绝非易事。后来余靖采纳孔目官杨元卿等人的建议，以分化瓦解诸蛮各峒为策略，馈以黄牛、食盐，封官许愿，拉拢了大部分峒蛮首领，亦使侬智高日渐孤立。

在此情形下，侬智高遂与其母阿侬率本部族残余三千多人西入特磨峒丝苇寨，收缩防御以为缓兵。实际上侬智高与特磨峒首领侬夏诚素有渊源，原本双方共为侬氏宗亲，在侬全福死后，侬智高其母阿侬在名义上已经嫁给了侬夏诚之弟侬夏卿，所以在侬智高抵御交趾、攻战大宋之际，其亦得到了侬夏诚的巨量军援。为重执左右江诸峒统领，侬智高领兵五百，带着妻妾及六个幼子前往大理国借兵，其母阿侬及弟侬智光、长子侬继封等留守特磨峒，由其部将押衙领兵护卫。侬继封号为太子，时年十四岁。

余靖部吏石鉴看准特磨峒情势，自请说服侬夏诚袖手自保。随后与黄献珪、进士吴舜举等人引峒兵五千多人偷袭特磨峒，萧注领宋军随进，生擒守军裨将。萧注引裨将至内帐深谈，得其吐露峒寨实情，遂全军一举攻破丝苇寨，捕获阿侬及侬智光、侬继宗、侬继封等人犯。十二月丁酉，广南西路体量安抚使周沆表奏京师，上呈捷报。因侬智高还未落网，朝廷遂诏令余靖，将阿侬等人押解京师。当时阿侬年纪在六十多岁，"隆准方口"；侬智光年二十八，神智异常；有载侬智高之子侬继明，时仅八岁。

至和元年，即公元 1054 年，五月丙戌，萧注因功迁西上阁门副使。后来萧注又招募死士往大理国除杀侬智高。其时所谓的南诏国早已灭亡，再立的大理国凭密林沟壑之险与大宋共生，国尊佛教，实力不强。史称至和二年四月，侬智高在大理被杀，函首送至京师。同年六月乙巳日，侬智高母阿侬、弟侬智光、子侬继宗、侬继封等人全部伏诛。余靖恃其平寇之功，迁户部侍郎，萧注再擢引进副使。

当时，壮族山民被宋人蔑称为"撞"，其意不言自明。后来以"僮（音 zhuàng）"字改称，但被很多人念为"童"音，意义大变。新中国成立后，正式以"壮"字为其族称，壮族人民彻底与所谓"南蛮"割裂，名正而得自尊和自强，再不受他族的轻视。长期以来，纵观史籍承载，侬智高的名声未见饮誉，多以"蛮贼""叛匪"称之。直至近代，随着统治阶级的易位及治国理念的改变和进步，侬智高才为今人所认可，而定性其是抗击外强侵略及反对封建皇权统治的民族英雄。史书有言，侬智高是其父死后，其母阿侬与商人所生，甚至称其母阿侬嗜食幼童之肉，这些记载应该是当时统治者及编撰者对其母子的有意污蔑。

【原文】《智囊（选录）·术智部·狄青》南俗尚鬼。狄武襄征侬智高时，大兵始出桂林之南，因祝曰："胜负无以为据。"乃取百钱自持之，与神约："果大捷，投此钱尽钱面。"左右谏止："傥不如意，恐阻师。"武襄不听，万众方耸视，已而挥手倏一掷，百钱皆面，于是举军欢呼，声震林野。武襄亦大喜，顾左右取百钉来，即随钱疏密，布地而帖钉之，加以青纱笼，手自封焉，曰："俟凯旋，当谢神取钱。"其后平邕州还师，如言取钱。幕府士大夫共视，乃两面钱也。

【原文】《孙威敏征南录》时十有二月也。狄与公议事，公以三策料曰："贼出上计，归其巢穴。中计守邕城，自固以久王师。下计与吾战。今度其必出下计，焉何者？彼以天幸，横行大岭之外，有骄我心，骄则必出，出则必败，使吾二人者心和而谋协，狂寇奚容不诛。"